KB190731

신학책, 나는 이렇게 읽었다
- 확대경으로 본 신학 서평집

Theological Books, This is How I Read Them
- An Extensive Review of Theological Books

Theological Books, This is How I Read Them
- An Extensive Review of Theological Books
  By Rev. Hyung Yong Park, Th. M., S.T.D.

Copyright ⓒ 2016 Hyung Yong Park
Published by Hapdong Theological Seminary Press
Kwangkyojoongang-ro 50, Yeongtong-gu, Suwon, Korea

신학책, 나는 이렇게 읽었다
- 확대경으로 본 신학 서평집

1판 1쇄 발행 | 2016년 6월 10일

전   화 | (031) 217-0629
팩   스 | (031) 212-6204
홈페이지 | www.hapdong.ac.kr
출판등록번호 | 제22-1-1호
인쇄처 | 예원프린팅 (031) 957-6551
총   판 | (주)기독교출판유통(031) 906-9191

         값 18,000원

기독교 신학[基督敎神學]
서평집[書評集]

230.26-KDC6
230.016-DDC23

ISBN 978-89-97244-31-7   93230 : ₩18,000
*잘못된 책은 교환해드립니다

이 도서의 국립중앙도서관 출판시도서목록(CIP)은 e-CIP홈페이지(http://www.nl.go.kr/ecip)와
국가자료공동목록시스템(http://www.nl.go.kr/kolisnet)에서 이용하실 수 있습니다.(CIP제어번호: 2016011880)

신학책, 나는 이렇게 읽었다
– 확대경으로 본 신학 서평집

박형용 지음

합신대학원출판부

여기 내놓은 서평 집은 그동안 서평 자가 신학도 들과 신학에 관심을 가지고 있는 분들을 위해 한국 교회에 소개하기 원하는 책들을 내용 중심으로 논평한 것이다. 서평 자가 서평을 시작할 때 본서에 언급된 책들은 아직 한국어로 번역되기 이전이었지만 그동안 많은 세월이 흘러 몇 권의 책은 이미 한국어로 번역되어 신학도들의 접근을 쉽게 만들어 주었다. 이는 한국 교회의 내적 발전과 연계된 현상이기에 하나님께 감사하고 크게 기뻐하는 바이다.

본 서평 집은 신학도 들이 반드시 읽어야 할 책을 골라 내용을 소개하는 형식으로 쓴 것이다. 그래서 책 원본을 모두 읽기 전에 본 서평의 내용을 읽으면 원본의 신학적 전개를 이해하는 데 도움이 되리라 생각된다. 그런 의미에서 본 서평 집은 원본을 이해하는 안내서 역할을 할 것이다. 뿐만 아니라 원본을 구할 수 없는 독자가 본 서평 집만 읽어도 대략적으로 원본의 내용을 파악할 수 있게 될 것이다. 그리고 본 서평 집에서 다루어지고 있는 책은 모두 신학적으로 복음주의적인 입장에 서 있는 안전한 책이다. 다양한 신학적 입장을 아직 터득하지 못한 성경학도들도 안심하고 접근할 수 있도록 배려를 했다.

특히 근래의 신학계를 뜨겁게 달구고 있는 "바울에 관한 새 관점"을 개혁주의적인 입장에서 공정하게 평가해 준 개핀(Gaffin) 박사의 「보는 것으로가 아니요 믿음으로」와 베네마(Venema) 박사의 「그리스도 안에서 제공되는 은혜의 복음」을 소개할 때는 많은 지면을 할애하였다. 원래 "바울에 관한 새 관점"은 전통적인 신학 입장과 비슷한 부분이 많기 때문에 정확하게 이해하기가 쉽지 않다. 위의 두 저서를 평가하는 본서의 내용을 읽으면 독자들이 "바울에 관한 새 관점"을 이해하는데 많은 도움을 얻게 될 것이다.

서평자의 소원은 독자들이 본 서평 집에서 다루어지고 있는 저자들의 신학적 입장을 이해하는데 그치지 않고 이 모든 책들이 소개하고자하는 중심인물인 예수 그리스도를 더 깊게, 더 넓게, 그리고 더 진지하게 만날 수 있게 되는 것이다. 본 서평 자는 성경학도들이 본 서평 집을 통해 영원한 진리이신 그리스도에게 좀 더 가까이 나아가는데 조금이라도 도움이 되었다면 그것으로 만족한다.

그리고 특별히 성경을 연구하는 신학도와 성경학도들에게 도움을 주기 위해 부록으로 "신약 주석의 선택과 사용"을 덧 부쳤다. 본서의 출판에 많은 노력을 아끼지 않은 신현학 실장과 최문하 자매에게 감사의 마음을 표한다.

2016년 3월

하늘을 받들며 사는 동네(奉天洞)에 위치한
서재에서 63빌딩을 바라보면서
박 형 용 識

III. 천국의 삶과 교회

Ⅳ. 기독교인의 삶과 성결

I

신학과 신앙

우리는 무엇을 믿는가?

(*Pocket Guide to Christian Beliefs*) By I. H. Marshall
신성수 옮김/ 한국 기독학생회 출판부, 1986, 174pp.

금번 영국의 보수주의 신학자 마아샬 (I. H. Marshall) 박사가 지은 Pocket Guide to Christian Beliefs가

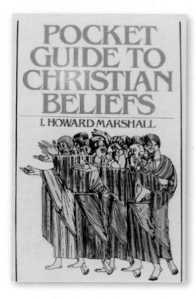

『우리는 무엇을 믿는 가?』라는 제목으로 신 성수 목사에 의해 한역 되었다. 마아샬 박사 는 본 서평을 쓰는 당 시 아버딘(Aberdeen) 대학교의 신학부 신약 교수로 활동하면서 브 루스(F.F.Bruce)에 이어 복음주의 신학지 인 The Evangelical

Quarterly의 편집장을 맡기도 했다.

마아샬 박사는 『우리는 무엇을 믿는가?』에서 기독교 신앙의 주요 내용들을 전반적으로 다루어 주었다. 저자 자신이 서문에서 밝히듯이 본서는 초보 기독교인들에게 필요하다고 생각되는 기독교 신학의 광범위한 주제들을 간략하고 명쾌하게 소개하고 있다.

비록 저자는 본서가 어린 기독교인을 상대로 저술되었다고는 하지만 본 서평자는 성숙한 기독교들에게도 본서를 권하고 싶다. 그 이유는 성숙한 기독교인도 자신이 믿고 있는 교리가 무엇인지 점검할 필요가 있기 때문이다.

제 1장 『왜 기독교 교리를 연구하는가?』라는 제목 하에 마아샬 박사는 먼저 하나님께서 자신을 계시해 주신 성경계시의 중요성을 천명한다. 그리스도인의 체험보다 성경에 나타난 하나님의 자기 계시에 대한 해설이라고 말한 다음(p. 14) 기독교 교리를 연구하는 이유는 기독교인으로 하여금 오류에 빠지지 않게 하고 참된 것과 거짓된 것을 구별할 수 있게 하기 위함이라고 말한다(p. 19). 또한 기독교 교리를 연구하는 이유는 기독교인으로 하여금 하나님에 대한 사랑으로 마음을 불태우게 하며 경배를 위한 영감을 제공하게 하기 위해서라고 말한다(p. 20).

제 2장 『하나님에 대한 우리의 지식』에서 마아샬 박사는 과학자들처럼 기독교 교리를 실험이나 경험 혹은 이성으로 발견하려 하는 것은 잘못된 방법이라고 명백히 지적한다. 이런 방법들은 그 출발이 인간이기 때문에 하나님의 진리를 발견할 수 없는 방법이라고 잘라 말한다. 마아샬 박사는 하나님에 대한 지식은 하나님이 자신을 나타내 주신 계시에서부터만 얻을 수 있다고 천명한다(pp. 23-26). 그리고 하나님이 주신 계시는 성령의 영감으로 기록되어 믿을만하며 무오하다고 잘 논증해 주고 있다.

제 3장 『우리는 하나님에 관해 무엇을 알 수 있는가』에서 마아샬 박사는 삼위로 계시는 하나님을 먼저 설명한다. "삼위일체는 가장 밀접한 사랑과 공통 목적으로써 결합된 세 위격의 통일체라고 생각하는 것이 가장 좋을 듯하다"(p. 48). "하나님은 한 하나님이시면서도 모두 동등하게 신성을 지닌 세 위격으로 존재하심을 단언하는 것이다"(p. 49). 삼위일체를 설명한 후 마아샬 박사는 하나님의 속성을 영, 사랑, 빛 등으로 설명해 주고 있다.

제 4장 『하나님의 세계』에서는 세계가 바벨론 신화처럼 생성된 것이 아니라 창조주 하나님이 무로부터(ex

nihilo) 창조하셨음을 명백히 한다. 창조주 하나님은 창조된 세계보다 더 위대하시며, 그는 전능하시고, 전지하시며, 편재하신다(pp. 63-64). 이런 초월적인 하나님이 그의 섭리로 창조된 세계를 돌보신다고 말한다. 또한 하나님은 도덕적이고 영적인 본성을 지닌 인간을 창조하셔서 다른 피조물로부터 구별시키시고 하나님의 영광을 위해 존재하고 생활하게 하셨다(p. 68). 그러나 인간의 반역으로 말미암아 죄가 세상에 들어오게 되고 그 결과로 형벌이 뒤따르게 되었음을 설명한다.

제 5장 『예수의 인격과 사역』에서 마아샬 박사는 예수님이 참 하나님이면서 참 인간임을 성경적으로 그리고 논리적으로 증명한다. 그는 가현설(Docetism)과 같은 잘못된 견해를 받을 수 없는 입장으로 규정한 후 예수님은 동정녀 마리아에게서 성령으로 태어난 하나님 자신임을 명확히 한다. 예수님의 사역은 예수님이 메시아로서 하나님의 왕권을 선포하시고 그의 죽음과 부활을 통해 사람들을 죄의 속박에서 해방시키시는 것이라고 말한다(pp. 90-92).

마아샬 박사는 예수님의 십자가상의 죽음이 대속적인 죽음임을 다음과 같이 명쾌하게 진술한다. "신약성경의 일치된 증언은, 예수가 십자가상에서 한 것이 우리를 위한 것이라는 점이다. 예수께서 그것을 견디어

냈기 때문에, 우리는 죄의 결과요 형벌인, 하나님의 임재로부터 제외되는 고통을 결코 겪을 필요가 없게 되었다. 십자가상에서 예수께서 담당하신 이와 같은 역할을 기술하는 데에는 실로 단 한마디면 족하다. 그 말은 '대신'(substitute)이다. 이 말은, 예수가 그의 사랑으로 우리를 대신하여 고통을 받았기 때문에 우리는 우리의 죄에 따른 형벌을 결코 받을 필요가 없다는 것을 뜻한다"(p. 93).

제 6장 『그리스도인의 삶』에서 그리스도인은 이미 구원을 받았고(과거), 구원을 받고 있으며(현재), 그리고 구원을 앞으로 받게 될 것이다(미래)라고 기독교 구원의 전 생애적인 관계를 말한다(p. 104). 그러므로 기독교인들은 현재 하나님과 화해를 이룬 사람들로서 영생을 누리고 사는 사람들이다. 기독교인들은 하나님의 자녀들로서 선한 일을 해야 하는데 그 이유는 선행이 사람을 하나님의 자녀로 만들기 때문이 아니라 반대로 하나님의 자녀는 선행을 마땅히 행해야 하기 때문이라고 말한다. "그리스도인은 단지 그 자신만을 위해서가 아니라 선한 일을 하기 위하여 구원받았다"(p. 125)고 말한다.

제 7장 『기독교 공동체』에서 마아샬 박사는 교회의 본

질과 활동을 다룬다. 교회의 본질에서 마아샬 박사는 예수 그리스도를 통하여 하나님을 왕으로 고백하는 백성이 교회라고 말한다(p. 129). 그리고 교회의 설립은 하나님의 계획의 절정이었으며, 교회의 활동은 증거와 선교, 교제, 경배라고 말한다. 교회는 말씀을 듣고 성례를 행하고 세례의 사역을 통해 활동하고 성장해야 한다고 말한다.

제 8장 『마지막에 될 일들』에서 마아샬 박사는 예수님의 초림으로 종말이 시작되었지만 그 완성은 재림으로 성취될 것을 분명히 한다.

"구약 성경에 약속되어 있는 새 시대는 사실상 도래 했다. 그러나 옛 시대가 끝났다는 뜻은 아니다. 복음의 메시지는 보편적으로 받아들여지지는 않았고, 죄와 죽음이 계속 지배하고 있다. 예수께서 오신 이래 현시대는 과도기 혹은 중첩기이다. 옛 시대는 심판을 받았고 종말을 맞을 운명에 처해 있으며, 새 시대는 믿음으로 그것이 임재와 능력을 인정하는 사람들에게는 이미 도래했다. 이리하여 그리스도인들은 옛 시대 가운데서 새 시대의 회원들로 산다. 하나님께서는 은혜롭게도 옛 시대를 최종적으로 끝맺기 전에 이러한 간격을 제공하였다. 이것은 모든 사람들로 하여금 복음을 듣고 새 시대의 시민이 되는 기회를 갖도록 하기 위함이다"(막

13:10; 벧후 3:9)(p. 125).

마아샬 박사의 종말관은 예수님의 초림으로 종말이 시작되었고 현재도 종말이 진행 중에 있으며 종말의 마지막은 예수님의 재림으로 완성될 것을 확실히 하는 종말관이다. 신자들이 바라보고 있는 소망은 예수님의 재림으로 이루어 질 새 하늘과 새 땅이다. 그 때에 모든 죽은 자들이 부활하게 되고 예수의 십자가와 부활을 믿고 그와 연합된 의인들은 천상의 삶을 계속하게 될 것이다(p. 165)라고 말한다.

마아샬 박사는 예수님의 재림 때에 발생할 사건들에 대해서는 우리의 무지를 인정해야 한다고 말하며(p. 157) 천년설에 관해서도 어느 학설을 독단적으로 주장하는 것은 잘못이라고 말하면서, 중요한 것은 예수님께서 재림하신다는 사실이라고 말한다. 그러면서도 자신의 입장을 "사실 여부야 알 수 없지만 곧이곧대로 필자가 생각하고 있는 바를 말한다면, 천년기란 단순히 하늘의 삶을 묘사하기 위해 성경에서 사용되고 있는 많은 실상 가운데 하나라는 것이며, 따라서 계시록 20:1-6을 재림과 심판 사이의 특정한 기간을 가리키는 것이라는 식으로 너무 문자적으로 강조하는 것은 옳지 못하다는 것이다"(p. 159)라고 천명함으로 후 천년설의 입장을 고수하는 것 같다.

마지막에 될 일들에서 마아샬 박사는 가장 중요한

것이 예수님의 재림으로, 그 재림과 함께 죽은 자가 부활하고 새 하늘과 새 땅이 설립되어 구속받은 성도들이 아버지와 아들과 성령과 함께 사랑의 교제에 들어가게 되며 하나님의 거룩한 사랑이 최종적 승리를 이룬다는 사실이라고 한다(p. 165).

본서는 매장마다 IVP 편집부가 제공한 "연구와 토의를 위한 문제"를 제 5장의 4문제를 제외하고는 각 장 모두 5문제씩 싣고 있다. 문제들은 한국적인 실정에 맞는 것들로 좀 더 사고의 정리를 하기 원하는 사람들에게 유익하리라 생각된다. 본 서평자는 우리가 믿는 신앙의 내용들을 비교적 잘 정리해 준 마아샬 박사에게 감사의 말을 드리고 싶고, 번역 냄새가 별로 풍기지 않을 정도로 읽기 쉬운 한글로 잘 번역해 준 신성수 목사에게 치하를 드린다. 본서는 목회자, 신학생, 평신도 할 것 없이 기독교 기본 진리를 재 정돈하고 습득하기 위한 목적의 도서이다.

성경무오와 교회

(Beyond the Battle for the Bible) By J. I. Packer.
Westchester: Cornerstone Books, 1980, pp.159

본서의 저자 팩커(J. I. Packer)박사는 오랫동안 영
국에 있는 트리니티 대학(Trinity College)과 라티

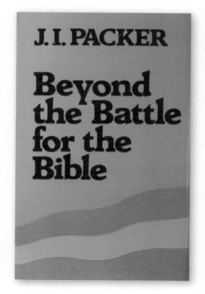

머 하우스(Latimer
House) 등에서 주님
을 위해 수고하다가
캐나다 서부 밴쿠버
(Vancouver)에 있는
리젠트 대학(Regent
College)으로 옮겨 역
사신학 및 조직신학 교
수로 봉직하신바 있다.

팩커 박사는 비교적
우리에게 잘 알려진 학

자로 성경의 정확 무오함을 믿는 철저한 보수주의 학자이다. 본서 역시 성경의 정확 무오함을 믿는 신앙의 바탕 위에 기록된 책이다.

오늘날 성경의 권위에 대한 논란이 많고 성경의 무오성에 대한 도전이 사방에서 일고 있는 이때 성경의 바른 위치를 기독교인들과 교회생활에 회복시켜야 한다는 신념으로 저술한 책이 본서이다. 본서는 전 4장으로 되어있으며 마지막 부록에 세 개의 서평이 실려 있다. 세 개의 서평은 모두 성경의 권위와 연관된 것들이다.

제1장은 시편 119:34을 인용하여 『나로 깨닫게 하소서』를 제목으로 잡았다. 팩커 박사는 성경의 권위와 무오성을 부인하는 여러 종류의 공격을 간략하게 설명하고 우리들이 이런 사람들과 논쟁을 하는 가운데 자칫 잘못하면 왜 논쟁을 하고 있는지도 모르면서 논쟁을 위한 논쟁만 하게 된다고 경고한다.(p. 13)

그러므로 우리는 논쟁 전체에만 국한되지 않은 전망으로 논쟁의 의의를 제시해 줄 중요한 질문들을 생각해야 한다고 말한다. 먼저 팩커 박사는 우리의 태도가 하나님의 말씀에만 의존하는 태도를 가져야 한다고 시편 119편을 설명함으로 제시해준다. 시편 119편은 디모데후서 3:16 이하의 말씀을 미리 설명한 성경 자체의 해석으로 "모든 성경은 하나님의 감동으로 된 것으로 교훈과 책망과 바르게 함과 의로 교육하기에 유익하니 이는 하나님의 사람으로 온전케 하며 모든 선한 일을 행하기에 온전케 하려 함이니라"(딤후 3:16-17)는 바울의 말씀을 풀어 설명한 것이다(p. 15).

시편 기자는 여러 가지 종류의 중압감과 고통 속에서도 주님의 말씀에 소망을 두고 나로 깨닫게 하소서라고 기도한다. 그런데 하나님의 뜻 이해는 성령의 말씀을 통해 우리에게 주신다. 따라서 우리는 말씀과 성령을 함께 의지하지 않으면 안 된다.

이렇게 우리의 태도를 설명하고 나서 팩커 박사는 여러 개의 질문을 통해 문제를 풀어나간다.

1. 성경 무오성은 무엇 때문에 문제가 되는가?

팩커 박사는 성경 무오성과 성경의 권위는 함께 묶여져 있기 때문에 성경의 무오성을 믿지 못하면 성경의 권위도 인정할 수 없고, 따라서 성경은 우리에게 별 호용이 없는 책으로 전락하고 만다고 성경 무오성의 중요함을 설명하고 있다(p. 19).

2. 어떤 조건 하에서 성경이 우리에게 권위를 행사하는가?

팩커 박사는 성경이 우리를 다스릴 수 있으려면 우리가 성경을 이해할 수 있어야 하며 성경이해는 성경이 바로 해석될 때만 가능하다고 말한다(p. 19). "잘못 해석된 성경은 잘못 이해된 성경이다"(p. 19). 성경을 잘못 해석함으로 로마 카톨릭이나 여호와의 증인들이 성경과는 무관한 주장들을 하게 된다고 말한다.

3. 성경 이해의 장해물은 무엇인가?

팩커 박사는 우리가 따르는 법칙들 때문에 성경을 바로 이해하지 못하는 경우가 있다고 말한다. 어떤 이는 눈을 감고 성경을 펴서 거기서 하나님의 뜻을 찾는다고 한다. 그는 이 방법의 잘못된 점을 캠벨 몰간(Campbell Morgan)의 이야기를 예로 들어 설명한다. 어떤 사람이 눈을 감고 성경을 폈는데 눈에 띈 구절이 "유다가 나가서 목을 매니라"였다. 별로 도움이 되지 않음을 알고 또 폈는데 "가서 이같이 행하라"였다. 이번에도 실망하고 다시 성경을 펴니 "네가 행할 것을 속히 행하라"는 구절이 눈에 띄었다고 한다. 이렇게 성경을 미신적으로 적용하는 사람이 있는가 하면 어떤 이는 선입견을 가지고 자신의 생각을 성경의 말씀으로 착각하는 경우도 많은 것이다.

팩커 박사는 성경해석의 세 가지 기본적 원칙을 제시한다.

1. 역사적으로 성경을 해석해야한다

성경 각 권을 역사적 문화적 바탕 위에서 해석해야 한

다. 원래 성경이 역사적 문화적 상황과 밀접한 관계 안에서 기록되었기 때문이다.

2. 유기적으로 성경을 해석해야한다

성경 66권이 1000년이 넘는 기간 동안 40명 이상의 저자에 의해 기록되었지만 서로 상충이 없다는 것을 알아야 한다.

3. 실용적으로 성경을 해석해야한다

물론 성경이 첫 독자들에게 하신 말씀이 무엇인지 알아야 하지만 바로 나에게 무슨 말씀을 하고 계신지를 염두에 두고 해석해야 한다.

그리고 바로 해석하기 위해서는 우리 눈을 어둡게 하는 장애물을 제거시켜야 한다(pp. 25-27).

그러면 성경을 이해한다는 것은 무슨 뜻인가. 어떤 사실을 상대방에게 이해시키기 위해서는 자신이 직접 설명을 하거나 다른 사람의 설명을 듣게 하거나 할 수 있다. 마찬가지로 하나님은 첫째, 성령을 통해서 말씀의 뜻을 이해하게 하시며, 둘째, 성도의 교제를 통해 말씀을 이해하게 하신다(pp. 29-31). 팩커 박사는 우리가 성도의 교제를 통해 성경을 배울 때 성경 이해에 장애 되는 것을 제거할 수 있을 뿐만 아니라 자신의 사상과 자신이 처한 시간성, 그리고 자신의 전통에 매여 다른 것을 볼 수 없는 형편으로부터 구출될 수 있다고 말한다(pp. 33-35).

제2장에서 현대 성경 무오성 논쟁을 다룬다.

팩커 박사는 성경무오설의 중요성을 말한 후 성경무오설 논쟁은 19세기에 일어난 것이 아니요 16세기에 루터(Luther), 즈빙글리(Zwingli), 칼빈(Calvin)을 통해 시작되었다고 말한다(p. 38).

팩커 박사는 성경 무오를 부인하는 설을 네 가지로 요약하며 거기에 대한 논증을 첨가한다. 성경 무오를 부인하는 네 가지 설은 첫째, 어느 책이 정경에 속하는지 명백히 구분할 수 없다. 둘째, 중요한 문제에 관해서 정경의 주장이 명백하지 않다. 셋째, 신앙과 생활의 안내자로 정경이 충족하지 않다. 넷째, 정경은 전체적으로 진실하지 않기 때문에 믿을 만 하지 않다(pp. 39-42). 이런 성경무오 부인설에 대해 팩커 박사는 네 가지 원리로 이를 논박한다. 첫째 원리는 성경은 하나님의 전달한 말씀으로 하나님은 이 말씀으로 도처에 있는 모든 사람을 가르치신다. 따라서 성경의 주장처럼 성경은 영감된 하나님의 말씀이다. 둘째 원리는 성경의 범위로 현존하는 66권의 성경이 기독교인의 신앙과 생활을 다스리는 정경임을 명백히 한다. 셋째 원리는 성경 해석에 관한 것이다. 성경은 한 저자 하나님에 의해 쓰였기 때문에 해석상 난제가 해결될 수 있다. 넷째 원리는 성경의 권위이다. 성경은 그리스도를 증거하고 있다. 우리가 그리스도에게 전적으로 복종한다면 성경에도 복종해야 한다. 그리고 팩커 박사는 특히 성경의 신실성을 부인하는데 대해 한 마디로 성경의 무오성을 믿지 못하면 성경의 권위도 인정할 수 없다고 잘라 말한다(pp. 44-47).

그리고 팩커 박사는 성경무오성 논쟁이 1960년대에 시작되어 현재에 이르기까지의 간략한 역사를 기술하고 성경 무오성에 관한 시카고 선언(Chicago Declaration)을 소개한다. 그리고 성경 무오성에 대한 중요한 질문을 제기하고 그 문제들을 풀어 나가면서 성경무오성의 중요성을 재삼 강조한다(pp. 50-61).

제3장에서는 공적인 생활과 사적인 생활에서 성경의 사용법에 대해 설명한다.

팩커 박사는 오늘날 많이 읽어서 닳아 해진 성경을 찾아볼 수 없는 것이 옛날과 다르다고 말하면서 기독교인 생활에 미치는 성경의 영향의 중요성에 대한 도전이 계속되기 때문에 교회에서나 개인 가정에서 성경이 많이 읽혀지지 않고 있음을 통탄해 한다. 그리고 우리가 해야 할 일은 성경으로 돌아가는 운동을 전개해야 한다고 호소한다(p. 64).

교회에서는 반드시 신령한 예배를 위해 성경이 읽혀져야 하며, 설교 시에 목사들이 성경 본문을 지적해 가면서 설교함으로 성도들은 자신의 성경을 소유하고 설교 시에 본문을 펴놓고 설교를 들어야 한다는 인식을 갖게 된다고 말한다. 이렇게 성경 본문을 중요하게 생각하는 것은 초대교회 사도들의 전통이며(p. 67), 더 거슬러 올라가 예수님의 가르치심이라고 말한다.

팩커 박사는 "그리스도에 관한 생명을 주는 말씀 선포를 통해서 개인 성도들이 중생을 얻게 되고 구원받은 성도들을 통해 교회가 설립 된다"(p. 71)고 말한다. 그리고 성경을 사용함에 있어서 중요한 것은 "우리가 성경을 취급하는 것이 아니요 성경으로 하여금 우리를 취급하게 해야 한다"(p. 71)고 성경 연구에 대한 바른 태도를 말한다. 성경은 문학적으로 취급해도 안 되며 하나의 유흥 물로 취급해도 안 된다. 성경은 기록된 목적에 따라 하나님을 경외하는 심정으로 접근하지 않으면 안 된다.

팩커 박사는 예배 시에 성경 낭독에 대한 역사적인 설명을 가한 후에 강단에서의 말씀 선포가 예배의 일부분으로 중요함을 설명한다. 만약 설교가 능변에 그친다면 은혜의 전달 수단이 되지 못하며 예배의 일부분도 되지 못한다(p. 84)라고 말한다. 그리고 성례식도 말씀과 연관되지 않으면 무의미하다고 말씀의 중요성을 강조한다.

팩커 박사는 강단에서만 성경을 사용할 것이 아니라, 목회 현장에서 성경을 효과적으로 사용해야 함을 바울과 디모데의 관계를 들어 설명한다(p. 91). 목사가 교회에서 성경의 위치를 확고히 하면 자연히 성도들의 가정에도 이런 영향이 미치게 된다고 말한다(p. 92). 그리고 성도들은 하나님과의 개인적인 교통을 위해 성경을 읽고 묵상하여야 한다. 팩커 박사는 본 장 끝에 성경을 읽는데 필요한 몇 가지 조언을 첨가한다.

제4장은 성경과 교회에 대해서 설명한다.

팩커 박사는 먼저 성경과 교회가 뗄 수 없는 관계임을 천명한다. 성경은 항상 교회의 책이었다. 그리고 성경은 믿음의 근원이요, 설교와 교훈과 예배와 기도와 찬양의 근원이 된다.

그런데 역사적으로 성경과 교회의 관계에 대한 논란이 있었음을 말하고 간략하게 로마 카톨릭의 입장과 그 후 개신교 내의 논란을 설명한다. 특히 개신교 내에서 인간 이성의 자율성을 내세운 이래 성경의 위치가 점점 약화되었다고 말한다.

팩커 박사는 간단히 역사적인 서술을 한 다음 성경과 교회에 대해 설명하고 교회 위에 성경이 있음을 명백히 한다.

성경은 66권으로 되어 있으며 히브리어, 아람어, 헬라어로 천년이 넘는 기간 동안 기록되었다. 그 안에 있는 내용은 역사, 기도, 환상, 이야기, 법률, 의식 등 수많은 종류의 내용이 일맥상통하게 기록되어 있다. 성경은 구약과 신약으로 되어 있는데 이 두 책은 두 가지 면에서 통일성을 이루고 있다.

첫째, 66권은 주제와 입장에 있어서 놀랄만한 통일성을 보여준다(p. 113). 성경 이야기는 통일된 계획 하에 한 분의 영웅 (성부, 성자, 성령)에 관해 설명하며 한 가지 주제에 대해 설명하고 있다. 그 이야기의 절정은 하나님의 아들이 세상에 와서 죽임을 당하고 다시 부활하여 영원히 통치하신다는 내용에 있다.

둘째, 성경의 통일성은 성경이 영감 되었다는 사실에서 나타난다. 성경은 하나님 자신의 가르침이다. 하나님이 친히 불어넣어 주신 것이다(딤후 3:16). 따라서 성경은 인간의 저작임과 아울러 하나님의 저작인 것이다. 오늘날 성경 영감설에 도전하는 것은 예수님 자신의 말씀을 그대로 받지 못하기 때문이라고 말한다(p. 117).

여기서 교회의 뜻은 선택받은 백성 전체를 가리키는 의미에서나 개 교회 혹은 개 교단을 가리키는 교회의 의미로 사용하지 않는다. 교회의 의미는 사도시대 이래 그리고 그 이전 아브라함에 이르기까지 역사적으로 계속되는 새로운 사회를 가리키는 의미로 사용된다(p. 120).

교회는 예수 그리스도의 몸이요 신부이다. 그리고 성령을 통해 대속주와 교제하는 믿음의 공동체이다. 교회는 예수 그리스도의 권세 아래 있다.

그리고 성경이 교회 위에 있다는 것을 두 가지로 나누어 증거하고 있다.

1. 성경이 교회를 형성하고 개혁해야한다

첫째, 교회의 공동생활은 복음에 의해 형성되어져야만 한다. 여기서 복음이란 하나님 말씀 전체를 가리킨다.

둘째, 복음에 접근할 수 있는 유일한 길은 성경을 통해서이다. 전통이나, 예배, 교회 의식이 중요하지 않은 것은 아니지만 성경을 통해서만 복음에 접근할 수 있는 것이다.

셋째, 성경은 성령으로 하나님의 백성에게 명백히 이해되어진다. 누구나 성경을 읽으면 성경의 메시지의 내용을 이해할 수 있다.

넷째, 교회가 일단 설립되면 계속적으로 성경에 의해 개혁되어져야 한다. 팩커 박사는 옛 슬로건인 개혁교회는 항상 개혁되어야 한다(ecclesia reformata semper reformanda)가 바로 이 사실을 증거하고 있다고 말한다. 성경은 병적인 교회를 성령을 통해 개혁시킬 수 있다고 말한다(p. 130).

2. 교회는 성경을 보수하고 성경 말씀을 지켜야한다

첫째, 교회는 성경을 보수해야 한다. 성경만이 오늘날 교회를 사도시대의 기독교와 연관시킬 수 있는 길이다 (pp. 131-133).

둘째, 교회는 성경말씀을 지켜야 한다. 누구나 하나님의 말씀을 듣기만 하고 행하지 아니하면 아무 소용이 없는 것이다(약 1:22-25). "말씀을 행하라, 진리를 행하라, 말씀을 지키라, 계명을 지키라(요일 1:6; 2:3, 5)" 등의 구절은 교회의 소명이다.

패커 박사는 성경을 지키기 위해서는 성경 말씀을 이해해야 하는데 이 성경 말씀 이해를 위한 성경해석에서 차이가 날 때 그 결과가 다를 수밖에 없음을 설명한다. 그리고 패커 박사는 결론적으로 성경을 가르치고 해석방법을 가르치는 신학교의 중요성을 강조한다. "오늘의 신학교의 모습이 내일의 전체 교회의 모습이 될 것이다(p. 139)"라고 말하면서 자라나는 신학생들이 성경을 잘못 다루도록 배운다면 교회 역시 성경을 잘못 다루게 될 수밖에 없다고 신학교육의 중요성을 지적한다.

본서는 성경의 권위와 무오성의 중요함을 재삼 느끼게 하는 책이다. 특히 본서는 지적인 신학 논쟁에 역점

을 둔 것이 아니라, 실제 신앙생활을 통해 성경의 권위
와 무오성이 얼마나 중요한지를 증거하고 있다.

성경의 무오성이 인정되지 않으면 성경의 권위도 받을
수 없고 성경의 권위가 무너지면 우리들의 신앙과 생활
을 다스릴 규범은 송두리째 없어지고 성경은 하나의 역
사서로, 교훈서로 남을 수밖에 없는 것이다. 본서는 성
경의 무오성이 결코 양보할 수 없는 중요한 교리임을
명백히 증거하고 있는 것이다.

성경관에 대한 역사적 조명

(*Decide for Yourself: How History Views The Bible*)
by Norman L. Geisler. Grand Rapids: Zondervan
Publishing House, 1982, pp. 115

본서는 미국 텍사스 주 달라스 신학교(Dallas Theological
Seminary)의 조직신학 교수를 역임하신 가이슬러 박사

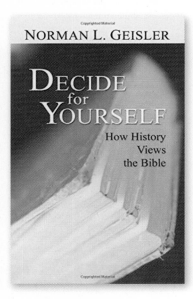

가 역사적으로 성경을
어떻게 보아왔는지에
대해 전 10장에 걸쳐
소개하고 있다. 가이
슬러 박사는 먼저 성경
이 성경에 대해 어떻게
말하고 있는지 소개한
다음 초대 교부들의 견
해로부터 신복음주의
견해에 이르기까지 대
표적인 인물들의 견해

를 소개하고 있다. 본서는 성경의 기원과 본질 그리고 성경 권위의 범위에 대한 여러 입장의 차이점을 명백하게 보여준다. 이제 각 장으로 나누어 간단히 내용을 소개하기로 한다.

제1장에서 가이슬러 박사는 성경에 대한 견해를 성경 구절을 사용하여 소개한다.

가이슬러 박사는 먼저 구약과 신약을 나눈 다음 구약 중에서 성경의 기원과 본질, 그리고 신약 중에서 성경의 기원과 본질을 성경구절을 인용함으로 설명한다.

구약에서 성경의 기원을 설명하는 구절로 출애굽기 4:30; 신명기 4:2; 이사야 59:21; 예레미야 26:2; 아모스 3:8; 사무엘하 23:2; 역대하 34:14; 스가랴 7:12을 열거하고 성경의 본질 설명은 ① 효율성(사 55:11), ② 영원성(사 40:8), ③ 생을 위한 인도(시 119:105), ④ 무오성(민 23:19; 시 19:9), ⑤ 성경의 참됨(시 119:142; 151, 160), ⑥ 완전성(시 19:7, 12), ⑦ 능력(레 23:29), ⑧ 지혜의 근본(시 119:130), ⑨ 진실성(잠 30:5-6), ⑩ 불변성(시 119:89)으로 나누어 설명하고 있다.

신약에서 성경의 기원에 대해서는 ① 하나님의 말씀(마 4:4; 요 10:35; 행 7:38; 롬 3:2; 히 3:7; 4:12), ② 하나님의 영감 된 말씀(딤후 3:16; 벧후

1:20-21), ③ 인간을 통해 전달된 말씀(마 22:43; 행 4:24-25; 고전 2:13) 등으로 설명하고 성경의 본질에 대해서는 ① 성경의 권위(마 4:10; 고전 14:37; 갈 1:8, 11-12; 살전 4:2; 히 2:3-4; 마 24:35) ② 성경의 완전성(계 22:18-19) ③ 성경의 효율성(마 22:29; 26:54) ④ 믿음의 근본(엡 2:20) ⑤ 신앙을 위한 인도(요 16:13) ⑥ 역사적 진실성(마 12:40; 19:4; 24:37- 39; 고전 11:8- 9; 딤전 2:13) ⑦ 성경의 불멸성(마 5:17- 18; 요 10:34- 35) ⑧ 절대적 진리(요 17:17)로 나누어 설명한다. 그리고 성경권위의 범위는 ① 기록된 모든 부분(딤후 3:16) ② 하나님의 모든 말씀(마 4:4; 고전 2:13) ③ 말씀의 적은 부분(마 5:17- 18) ④ 동사의 시상(마 22:29, 31- 32) ⑤ 숫자(갈 3:16)에 이르기까지 포함된다고 말한다. 가이슬러 박사는 성경의 모든 말씀이 하나님으로부터 왔기 때문에 거짓이 있을 수 없음을 성경 자체가 증언하고 있다고 요약한다.

제2장에서 가이슬러 박사는 초대교부들의 성경관을 다룬다.
가이슬러 박사는 특히 로마의 클레멘트(A.D. 30- 100), 져스틴 마터(100-165), 이레니우스(2nd century), 터툴리안(Ca. 160-225), 오리겐(211-

232), 알렉산드리아의 클레멘트(Ca. 150-250)의 성경관에 대해서 그들의 저서를 인용함으로 그들의 성경의 기원과 본질에 관한 견해, 그들의 성경해석에 관한 견해 등을 소개하고 있다. 초대 교부들은 성경이 신앙의 무오한 규범임을 믿었으며 성경의 모든 내용이 절대적으로 참되며 성경은 서로 상충됨 없는 통일된 진리임을 믿었다고 증거 한다. 그리고 성경은 그 도덕적, 영적 교훈뿐만 아니라 역사적 서술도 진실 됨을 초대 교부들은 믿었다고 한다(p. 32). 그리고 오리겐의 풍유적 해석을 제외하고 다른 교부들은 성경을 문자적으로 이해했다고 말한다.

제3장에서 가이슬러 박사는 중세 교부들의 성경관을 다룬다.
중세 교부 가운데 어거스틴(354-430)과 토마스 아퀴나스(Ca.1225-1274)가 여기서 취급된다. 어거스틴은 성경의 기원에 대해 성경은 하나님의 영감된 말씀이요(Confessions 11.4) 하나님으로부터 온 말씀(Harmony of the Gospels 1. 35. 54)으로 믿었다. 그리고 성경의 본질에 대해서 어거스틴은 성경이 권위 있는 말씀이요(Against Faustus 11.5), 신적인 말씀이며(on the Trinity 1.4.7), 역사적인 말씀이요(City of God 12.22-24), 정확 무오한 말씀(City of

God 40, 30, 5)으로 믿었다. 토마스 아퀴나스는 성경의 기원에 대해 성경은 하나님으로부터 온 계시이며 (Summa Theologica 1.1.1), 성경의 저자는 하나님 (Summa Theologica 1.1.10)이라고 믿었으며 성경의 본질에 대해서는 권위 있고(Summa 1.6.1), 정확무오한 말씀으로(Summa 1.1.8) 생각했다. 가이슬러 박사는 중세기 교부들 역시 성경이 하나님으로부터 왔다는 사실을 굳게 믿고 성경에 오류가 있을 수 없음을 굳게 믿었다고 요약한다(p.38).

제4장에서 가이슬러 박사는 개혁자들의 성경관을 다룬다. 마틴 루터(Martin Luther: 1483-1546)와 존 칼빈 (John Calvin: 1509-1564)이 여기서 취급된다. 개혁자들은 로마 카톨릭의 여러 교훈을 비 성경적인 것으로 용납하지 않았지만 성경의 영감에 대한 견해는 그대로 받았다.

루터는 성경의 기원에 대해서 성경은 하나님의 말씀을 성령이 그 저자라고 명백히 말한다. 그리고 성경은 비록 인간에 의해 기록되었지만 하나님으로부터 왔으며 잘못이 있을 수 없다고 말한다(p. 41). 루터는 성경의 본질에 대해서 ① 권위가 있으며 ② 정확무오하고 ③ 그리스도의 계시이며 ④ 과학적으로 권위가 있고 ⑤ 통일성 있는 말씀이라고 말한다. 칼빈은 성경의 기원에 대해 말하면서 성경은 하나님으로부터 온 말씀이

요 하나님이 사람을 통해 주신 말씀으로 믿었다. "성
경은 하나님의 입으로부터 우리에게 내려온 것이다"
(Institutes, 1. 18. 4). 그리고 성경의 본질에 대해 칼
빈은 권위 있는 말씀이요 원본은 무오한데 현재 역본에
서 발견되는 오류는 사서자들의 잘못으로 생겨난 것이
라고 한다(p. 47).

가이슬러 박사는 루터나 칼빈은 성경의 신적 권위를
믿었으며 역사와 과학에 관한 서술도 잘못이 있을 수
없음을 믿었다고 요약한다. 성경은 성령을 통해 주신
하나님의 말씀을 우리의 신앙에 관한 것은 물론 성경내
의 역사적 과학적 기록도 전혀 잘못이 없는 것으로 개
혁자들은 믿었다고 한다.

제5장에서 가이슬러 박사는 성경에 대한 정통적인 견
해를 다룬다.

여기서 가이슬러 박사는 핫지(A.A. Hodge)와 워필드
(B.B. Warfield)를 대표자로 내세워 그들의 견해를 정
통적인 견해로 설명한다. 성경의 기원에 대한 정통적인
입장은 ① 성경은 하나님의 말씀이다. 즉 성경은 하나
님 자신의 말씀이다. ② 성경의 사상 역시 하나님의 뜻
이다. ③ 성경은 무오하며 신앙과 행위의 절대적인 규
범이다. ④ 성경은 인간을 통해 전달되었다. ⑤ 성경
은 서로 상충됨 없이 통일성을 나타낸다. ⑥ 성경은 역
사적인 기록도 잘못 없이 기록되었다. ⑦ 성경내의 과

학적인 진술도 무오하다. ⑧ 성경은 기계적으로 전달된 책이 아니다.

그리고 성경의 본질에 대한 정통적인 입장은 ① 완전영감 ② 문자적 영감 ③ 축자영감이라고 가이슬러 박사는 진술한다. 정통적인 입장의 요약은 성경이 정확무오한 하나님의 말씀으로 우리들의 신앙과 행위뿐만 아니라 역사와 과학에 관한 기록도 잘못이 없는 것으로 믿는 것이라고 한다.

제6장에서 가이슬러 박사는 자유주의의 성경관을 다룬다.

가이슬러 박사는 감리교 신학자 드볼프(Harold Dewolf, 1905-1986)와 포스딕(Harry Emerson Fosdick, 1878-1969)의 입장을 소개하므로 자유주의 입장의 성경관을 설명한다. 드볼프는 성경은 하나님의 말씀이 아니며 인간의 작품을 수집해 놓은 것이라고 한다. 드볼프는 영감에 대해 말하면서 성경의 영감은 성경 저자들이 특별한 충동과 격앙된 상태에서 성경을 썼다는 뜻이라고 한다(A Theology of the Living Church, Harper & Brothers, 1953, p. 76). 드볼프는 성경의 본질에 대해서 말하면서 성경은 권위 있는 책이지만 그 권위가 절대적인 권위라고 말할 수는 없다고 한다. 그리고 그는 성경의 내용이 문화의 변화에 따라 적응되어져야 하며, 성경은 많은 오류를 내포하고 있는 책이라고 말한다(p.59). 이처럼 성경이 오류가 많은 책이므로 성경은 비평을 통해 교정을 받아야 할 책이라고 드볼프는 말한다. 포스딕은 성경을 오류가 많은 책으로 생각한다. 그리고 문서설과 진화론을 그대로 성경에 적용한다. 성경은 우주에 대해 잘못된 견해를 말하고 있으며 성경의 이적도 그대로 받을 수 없다고 말한다. 그리고 포스딕은 2-3,000년 전에 기록된 책의 내용을 오늘날 우리에게 적용시키는 것은 잘못이라고 한다. 포스딕은 성경 내에서 진리를 가려내는 기초는 인간 이성과 경험 그리고 그리스도의 정신이라고 말한다. 가이슬러 박사는 자유주의의 성경관은 성경은 하나님의 말씀이 아니요 하나님의 말씀을 포함하고 있는 책으로 믿는다고 요약한다. 자유주의는 성경에 많은 오류가 있기 때문에 고등비평을 이용하여 성경 내의 진리를 찾아내야 한다고 믿는다. 포스딕이 자신의 성경에 대한 견해를 후에 변경한 것은 흥미 있는 사실이다(pp. 67-68).

제7장에서 가이슬러 박사는 근본주의의 성경관을 다룬다.

여기서 라이스(John R. Rice)의 견해가 소개된다. 근본주의는 핫지와 워필드의 정통적인 견해를 받아들인다. 그러나 근본주의의 성경관은 정통적인 성경관과 완전히 일치하지 않는다. 근본주의는 성경의 기원에 대해서 말하기를 성경의 영감은 저자들을 영감한 것이 아니라 성경책 자체를 영감한 것이라고 한다(pp. 69-70). 우리가 성경의 영감을 말할 때는 "성경책을 가리키는 것이지 성경을 쓴 저자를 가리키지 않음을 기억해야 한다"(John R. Rice, Our God-Breathed Book-the Bible, 1969, p. 75). 근본주의는 기계적인 영감을 믿지 않으며 만전축자영감을 믿는다. 그리고 근본주의는 성경이 증인들의 듣고 본 것 이상을 포함하고 있으며 성경은 인간의 말 이상의 것으로 하나님이 친히 간섭하셔서 기록된 것으로 믿는다. 근본주의는 성경의 본질에 대해서 말하기를 성경은 하나님의 말씀으로 무오한 말씀이라고 믿는다.

가이슬러 박사는 라이스의 근본주의 견해는 성경 저자들이 하나님의 말씀을 받아 기록한 것으로 믿는다. 따라서 근본주의의 성경관은 하나님이 완전한 것처럼 완전 무오한 책으로 믿는 것이라고 요약한다.

제8장에서 가이슬러 박사는 신정통주의의 성경관을 다룬다.
칼 바르트(Karl Barth: 1886-1986)와 에밀 브루너(Emil Brunner: 1889-1966)의 견해가 신정통주의를 대표한다.

바르트는 성경의 기원에 대해 다음과 같은 견해를 갖는다. ① 하나님이 성경의 원천이다. ② 성경은 하나님의 말씀과 동등한 것이 아니다. ③ 성경은 세 형태의 하나님의 말씀 중 한 형태이다. ④ 성경의 목적은 도구로써 하나님의 말씀이 되어 사람을 의롭게 하고 성화시키는 데 있다.

바르트는 성경의 본질에 대해 ① 계시의 기록은 상징과 사건으로 되어 있으며 ② 성경은 하나님의 말씀에 대한 증거요 ③ 성경은 많은 오류를 포함하고 있으며 ④ 성경은 종교적 신학적 내용에 있어서도 오류를 포함하고 있다.

브루너는 성경의 기원에 대해 ① 성경이 하나님의 말씀인 이유는 하나님이 나를 거기서 만나기 때문이다. ② 성경자체는 인간의 말이다.

브루너는 성경의 본질에 대해 ① 성경은 유출된 권위를 가지고 있으며 ② 성경은 문화의 영향으로 기록되었으므로 문화가 달라지면 의미도 달라져야 하고 ③ 성경은 유오한 것이라고 주장한다. 가이슬러 박사는 신정통주의의 성경에 관한 견해는 성경의 정확 무오함을 주장하는 정통주의 견해를 배격한다고 요약한다. 그리고 신정통주의는 성경이 단순히 하나님의 말씀에 대한 증거역할만 할뿐 하나님의 말씀 자체는 아니라고 주장하며 성경이 많은 오류를 포함하고 있다고 말한다.

제9장에서 가이슬러 박사는 성경에 관한 자유복음주의 견해를 다룬다.

가이슬러 박사는 자유 복음주의의 대표자로 루이스(C. S. Lewis)를 내세운다. 루이스는 성경의 기원에 대해 말하기를 성경이 비록 인간에 의해 왜곡되었지만 성경으로부터 하나님의 음성을 들을 수 있다고 한다. 그리고 성경은 문헌으로서 하나님의 말씀의 매개체 역할을 한다고 한다. 성경의 본질에 대해 루이스는 말하기를 성경에는 신적 권위를 부여할 수 없는 부분이 있으며 (예, 고전 7:10, 12; 행 1:18-19; 눅1:1-4) 성경은 신화와 오류를 포함하고 있고 많은 부분에 있어서 잘못된 곳이 있기 때문에 본문비평을 통해 교정되어져야 한다고 말한다.

자유 복음주의는 유신론적 진화론을 받아들이고 창조기사를 신화로 취급해 버린다(p. 100). 가이슬러 박사는 루이스가 자유주의자들과 많은 부분에서 의견을 같이하지만 그리스도의 생애와 교훈 그리고 부활의 역사성은 그대로 받아들이기 때문에 이런 점에서 자유주의자들과 다르다고 요약한다.

제10장인 마지막 장에서는 성경에 대한 신복음주의 견해를 다룬다.

신복음주의 대표자로는 벌카우워(G. C. Berkouwer)와 로저스(Jack Rogers)가 취급된다.

벌카우워(Berkouwer)는 성경이 하나의 고백으로써 초자연적인 산물이 아니며 많은 인간의 제약 속에서 기록되었다고 한다. 그리고 성경은 오류가 있으며 역사적 과학적 한계 속에서 기록되었고 성경의 영감은 유기적이나 만전축자영감이 아니라고 한다. 또한 성경은 다른 책과 같이 비평을 받아야 한다고 말한다.

로저스(Rogers)는 성경의 기원에 대해 성경은 신적 권위를 가졌지만 인간의 저자에 의해 기록되었다고 말한다. 그리고 성경은 유기적으로 영감 되었으나 사건의 기술에는 유오한 점이 많이 있다고 말한다. 또한 성경의 목적은 과학이 아니라 구원이며 철학이 아니라 그리스도라고 한다.

가이슬러 박사는 신복음주의의 견해는 하나님의 말씀과 인간 저자의 말을 구분하며 전자는 무오하나 후자는 유오한 것으로 믿는다고 요약한다. 그리고 성경은 신적 계시에 대한 인간의 증언이요 다른 모든 책처럼 잘못이 있기 때문에 성경은 고등비평에 의해 판단 받아야 한다고 신복음주의자들은 주장한다.

가이슬러(Geisler) 박사는 이상 열 가지 견해를 열거하고 어느 견해가 가장 올바른 견해인지 스스로 판단하라고 말한다. 본서는 성경에 대한 여러 가지 견해를 일목요연하게 서술해주었기 때문에 성경에 대한 여러 가지 견해의 차이점을 쉽게 발견할 수 있다는 점에서 기여하고 있다고 생각된다.

아담은 신약의 교훈적 모델인가?

(*Is Adam a Teaching Model in the New Testament?*)
by J.P. Versteeg. Nutley: Presbyterian and Reformed
Publishing Co., 1978, pp.67.

본서는 신약에서 아담을 역사적 인물로 취급하고 있는
지 아니면 단순한 교훈적 모델로 취급하고 있는지에 대
해 다룬다. 벨스테그 (Versteeg)는 아담을 교훈적 모델로만 취급하는 신학적 입장의 잘못된 점을 지적하고 그 결과가 우리들의 신학 정립에 얼마나 지대한 영향을 미치는지에 대해 설명하고 있다.

본서는 전 6장으로 되어있는데 먼저 교훈

적 모델의 개념이 어떻게 사용되었는지를 설명한 다음 신약에서 아담이 사용된 성경구절을 해석하므로 신약은 아담을 역사적 인물로 취급했음을 증명한다. 그리고 성경 외의 자료를 연구한 후 아담을 교훈적 모델로 취급할 경우의 결과에 대해 설명하고 있다. 이제 각 장의 내용을 간단히 살펴보기로 하자.

제1장에서는 교훈적 모델의 개념에 대해서 설명한다. 화란 자유대학 교수로 재직하셨던 커위테트(H. M. Kuitert) 박사의「당신은 읽는 것을 이해하십니까?」Do You Understand What You Read?를 보면 교훈적 모델이란 개념이 나온다.

커위테트는 우리가 성경을 볼 때 중요한 것은 성경 저자들을 그들 자신이 시간성 속에서 보는 것이라고 말한다. 커위테트는 성경 저자가 하나님이 창조하신 궁창(창 1:6)에 대해 그때 당시에는 자연스럽게 이야기 할 수 있었지만 오늘날 우리들은 그 궁창을 문자적인 의미로 받을 수 없다고 말한다.

그러므로 궁창은 '어떤 것'이 존재하는 것과 같은 의미로 존재하는 실재라고 할 수 없다고 말한다. 그런데 아담의 기사는 궁창의 기사와 같은 문맥에서 취급되기 때문에 아담의 실재 역시 역사적이라고 할 수 없다는 것이다. 이렇게 아담의 역사적 실재를 부인하고 아담을 단순히 교훈적 모델로서 취급하는 것이다. 또한 그는 아담의 역사성 문제가 우리들에게 중요한 것만큼 바울에게는 중요하지 않았다고 강조한다(p. 3). 로마서 5장 12-21절은 아담이 처음 범죄자라고 말하는 반면 디모데전서 2장 14절은 이브가 첫 범죄자라고 말한다. 이렇게 같은 바울이 서로 상반되게 기록하고 있는 것은 바울이 역사적 사건의 진전에 별 관심이 없었음을 증거하고 있다고 말한다.

그런데 커위테트가 교훈적 모델이란 용어를 누구에게서 빌려왔는지는 명확하지 않다. 그가 교훈적 모델이란 말을 반 퓨센(C.A. Van Peursen)의 Filosofische Orientatie에 나온 '모델'이란 용어와 유사하게 사용한다. 반 퓨센은 모델들은 실재의 그림이 아니요 그것들은 오직 이해시키는 의도를 가지고 있을 뿐이라고 말한다(p. 4). 이런 의미로 볼 때 반 퓨센의 '모델'이나 커위테트의 '교훈적 모델'은 같은 의미로 사용되었다고 생각할 수 있다. 교훈적 모델의 개념은 두 가지의 상관된 요소를 포함하고 있다.

첫째, 교훈적 모델은 항상 예증하는 역할을 한다.

둘째, 교훈적 모델은 예증을 의도하는 것으로부터 떠나서는 독립된 의의를 갖지 못한다. 즉 역사적 요소는 완전히 상실되는 것이다(p. 4). 이런 교훈적 모델의 견지에서 볼 때 창세기 1-2장은 창조물들의 시작을 묘사한 내용이 될 수 없고 아담 역시 모든 인류의 생리학적 조상이 될 수 없게 되는 것이다. 벨스테그는 이처럼 교훈적 모델의 개념에 대해서 설명을 한 후 아담이 사용된 신약의 구절들을 직접 해석할 준비를 갖춘다.

제2장은 로마서 5장 12-21절의 내용을 취급한다. 벨스테그는 먼저 그리스도의 모형으로서의 아담을 다룬다. 로마서 5장 14절은 아담을 오실자의 표상이라고 한다.

그러므로 아담은 그리스도의 표상이요, 그리스도는 실재인 것이다. 표상과 실재의 관계는 약속과 성취의 관계와 같은 것이다. 그리고 아담이 그리스도를 가리키는 표상이라는 말은 구속 역사적인 관계에서 이해되어져야 한다. 그러므로 표상은 항상 구속역사의 특정한 순간에 존재하면서 같은 역사의 후기 순간을 가리키는 것이다(p. 9). 엘리스(E. E. Ellis)는 신약의 표상론에 대해 세 가지의 요소를 말한다.

첫째, 표상은 구속역사 가운데서 하나님의 구원하는 행위와 관계없이 고려되어질 수 없다.

둘째, 표상과 실재는 하나님의 구원계획에 의해 결정되어진다.

셋째, 구약의 표상과 신약의 사건은 두개의 다른 시대에 속한 것이다. 이렇게 볼 때 커위테트의 주장처럼 아담이 교훈적 모델로 그치는 것이 아니라 역사적 인물로서 구속역사의 후기에 나타날 그리스도를 가리키는 표상임을 알 수 있다.

벨스테그는 그리스도의 모형으로서의 아담에 대해 언급한 다음 로마서 5장 12-21절에 나온 한 사람의 개념에 대해 설명한다. 로마서 5장 12-21절에는 한 사람이라는 용어가 자주 나온다. 본문을 보면 한 사람 아담과 한 사람 그리스도를 비교한다. 그런데 아담과 그리스도는 각각 유일한 위치를 차지하고 있으며 이는 변경될 수 없는 것이다. 특정한 한 사람 아담을 통해 죄와 사망이 세상에 들어왔기 때문에 이 한 사람 아담의 위치를 다른 사람이 대신할 수 없는 것이다.

벨스테그는 칼 바르트와 루돌프 불트만 그리고 커위테트의 잘못을 설명하고 그리스도의 표상으로서의 아담은 역사적인 인물이었음을 증거하고 있다.

제3장에서는 로마서 5장 12-21절 이외의 다른 신약자료에서 아담이 어떻게 사용되었는지 다루고 있다. 벨스테그는 여기서 성경 네 곳을 더 다룬다.

첫째, 누가복음 3장 38절을 설명한다. 누가복음 3장 38절은 예수님의 족보기사 가운데 나오는 구절이다. 벨스테그는 누가복음 3장의 예수님의 족보와 마태복음 1장의 예수님의 족보가 서로 다른 계보를 기록하므로 이해하기 어렵다고 할지라도 이 두 족보가 역사적 사실이 아니라고 할 수 있는 아무런 근거가 없다고 말한다(pp.30-31). 유대문헌에 해박한 스트락(H.L. Strack)과 빌러백(P. Billerback)까지도 신약시대에 이 족보의 신빙성을 의심하지 않았음을 증거하고 있다고 말한다.

벨스테그는 아담의 이름이 누가복음의 족보에 다른 이름들과 같이 나오는데 족보의 성격이나 그 정확성을 고려할 때 누가가 아담은 역사적 인물로 생각지 않고 다른 사람들은 역사적 인물로 생각했다고 말할 수 없다고 한다. 누가는 다른 역사적 인물들과 똑같이 아담도 역사적 인물로 생각하고 족보를 기록한 것이다.

둘째, 고린도전서 15장 22, 45절에서 로마서 5장 12-21절의 유사성을 찾을 수 있다. 고린도전서 15장 22, 45절이나, 로마서 5장 12-21절은 아담과 그리스도를 그들에게 속한 자들을 대표하는 대표자로 취급한다. 이렇게 대표자 되는 아담을 교훈적 모델로 취급할 수는 없는 것이다. 바울이 고린도전서 15장 45절에서 '첫 사람 아담'이라고 말한 것은 인간 전체를 가리키기 위해서 사용한 것이 아니요 특정인 아담을 가리키기 위해서 사용한 것이다. 즉 인류역사의 첫 시작에 우뚝 서 있는 바로 그 인간을 가리키기 위해서이다(v. 35).

그리고 '아담 안에'라는 표현 역시 아담이 역사적

인물이라는 것을 부인할 수 있는 근거가 되지 못하며 오히려 아담이 많은 사람을 대표하는 유일한 역사적 인물이라는 것을 증거하고 있는 표현이다.

셋째, 디모데전서 2장 13-14절은 창조의 사건을 통해서 남녀 간의 관계를 설명하고 있다. 벨스테그는 우리가 '교훈적 모델'이란 용어를 빌린다면 디모데전서 2장 13-14절이 이 교훈적 모델의 개념을 지지할 수 있는 근접한 성경구절이라고 말한다(p. 38). 왜냐하면 바울이 창조의 질서를 사용하여 공적 예배석상에서 남녀의 관계가 어떻게 되어야 한다는 것을 가르치고 있기 때문이다.

그러나 우리는 이 본문 속에서 역사성을 제거시킬 수가 없다. 디모데전서 2장 13-14절은 역사적인 사건을 근거로 교훈 하는 것이지 역사와는 무관한 상태에서 교훈 하는 것은 아니다.

넷째, 유다서 14절에 '아담의 칠세 손 에녹'이란 말씀이 나온다. 에녹이 역사적인 인물임은 분명하다. 그렇다면 유다가 에녹과 아담의 사이를 명백하게 구분하여 아담의 칠세 손 에녹이라고 했을 때 에녹은 역사적 인물로 보고 아담은 단순히 교훈적 모델로 생각했다고 말할 수 없는 것이다. 여기서도 교훈적 모델의 개념이 적용되지 않는다(p. 40).

제4장에서 벨스테그는 랍비들이 아담을 어떻게 사용했는지 다룬다.

벨스테그는 랍비들이 그들의 신학적 교훈에 있어서 아담을 중요한 인물로 취급한 것은 과장 없는 사실이라고 말한다(p. 44).

벨스테그는 여기서 두 가지의 질문을 제기한다.

첫째는 신약저자들이 랍비신학에 전적으로 의존했느냐 하는 문제요, 둘째는 랍비신학에서 아담이 커위테트의 주장처럼 역사적 인물이 아니라 교훈적 모델로 사용되었느냐 하는 문제이다(p. 44).

벨스테그는 첫째 질문에 대해 랍비 문헌에서는 아담을 첫 사람으로 그리스도를 마지막 아담으로 언급한 예가 없다고 말하므로 신약저자들이 랍비신학에 전적으로 의존하지 않았음을 주장한다. 벨스테그는 쉴레(F. Schiele)와 스트락-빌러백(Strack-Billerback), 데이비스(W.D. Davies) 등의 연구를 인용하여 이 사실을 증명한다(pp.45-47). 그리고 둘째 질문에 대해서 벨스테그는 아담이 교훈적 모델로 사용되지 않았다고 말한다. 오히려 랍비문헌은 아담을 인류의 대표자로서 그를 유일하게 취급하기 때문에 아담을 교훈적 모델로 취급하는 것은 랍비문헌을 정당히 취급하지 않는 처사라고 말한다(p. 50).

제5장에서는 신약 원저자의 의도(intention)와 오늘날 우리에게 미치는 의의(significance) 사이를 떼 놓는 입장을 논박한다.

아담을 역사적 인물로 취급하지 않고 단지 신학적인 상징으로만 취급하여 원래 저자의 의도는 중요하지 않고 아담이 우리에게 미치는 의의가 중요한 것으로 생각한다. 이런 논조를 바울에게도 적용하여 바울도 아담을 사용할 때 아담이 역사적 인물이었느냐에 대해서는 큰 관심이 없었고 바울 당시 사람들에게 아담이 어떤 의의를 갖느냐 에만 관심을 쏟았다고 주장한다. 커위테트는 아담을 사용한 바울의 의도가 아담을 교훈적 모델로 제시하는 데 있었고 아담이 역사적 인물이라는 사실에는 별로 관심이 없었다고 주장한다(pp.52-53). 이처럼 의도와 의의를 구분하여 떼 놓으려는 시도는 해가 지구를 돈다는 성경구절에서 그 근거를 찾는다(수 10:12-13). 즉 그 당시의 지식적인 수준으로는 그렇게 표현할 수밖에 없었다는 것이다. 그러므로 성경저자들은 자신이 처한 시간성에 매여 영구한 진리를 기록하기 원한 것이 아니라 그 당시에 적합한 진리를 기록했다는 것이다. 그러나 우리는 바울이 아담을 사용할 때 그리스도와 상관관계 가운데서 사용하고 있음을 찾을 수 있다.

아담은 그리스도의 표상이다. 아담은 그리스도의 예표일 뿐만 아니라 그리스도는 아담의 성취이다. 그러므로 바울이 아담을 사용할 때 가졌던 의도와 오늘날 우리에게 미치는 의의를 분리시키면 결국 바울이 그리스도를 사용한 경우도 동일하게 취급해야 하는 것이다. 그럴 경우 바울은 그리스도의 역사성에는 관심이 없었고 그리스도가 우리에게 미치는 의의만 중요하게 생각했다고 말할 수밖에 없다. 그러나 그리스도의 죽음과 부활 등이 역사적 사실이 아니면 바울서신은 설자리를 잃게 되는 것이다. 따라서 바울이 아담과 그리스도를 구속 역사적인 상관관계 가운데서 사용한 것은 아담과 그리스도의 역사성을 중요시한 것이다.

제6장에서는 아담을 교훈적 모델로 취급할 경우 어떤 결과를 초래하게 되는지에 대해서 설명한다.

벨스테그는 아담을 교훈적인 모델로 취급할 경우 우리들의 신앙이 흔들리게 된다고 말한다(p. 60). 벨스테그는 아담의 역사성을 부인하면 우리는 특정한 죄에 대해 무관심하게 되고 죄책을 말할 필요가 없게 된다고 말한다(p.61). 그리고 아담의 역사성을 부인하면 그리스도의 특별한 구속을 부인하게 된다. 그리스도의 구속은 역사적인 아담의 타락이 있었기 때문에 필요했던 것이다. 더 나아가서 아담의 역사성을 부인하면 구속자의 필요성을 강조할 수 없게 되는 것이다. 이처럼 신약성경이 아담을 역사적 인물로 취급하지 않았다고 믿을 때

이것은 사소한 문제가 아니요 우리의 신앙을 송두리째 뿌리 뽑는 일인 것이다.

본서는 아담의 역사성이 얼마나 우리들의 신앙과 성경의 바른 이해에 중요한지를 구체적으로 설명해 주고 있다. 구속역사의 역사성을 중요하게 생각하지 않고 우리에게 미치는 의의만 중요하게 생각하려는 경향이 있는 이때 본서는 아담의 역사성은 물론 구속역사의 역사성의 중요함을 잘 논증해주고 있다.

하나님에 관한 교리

(*The Doctrine of God*)   Herman Bavinck, Carlisle:
The Banner of Truth Trust, 1977, pp.407.

본서는 헤르만 바빙크 박사의 걸작(magnum opus)
개혁 교의학(*Gereformeerde Dogmatiek*) 제3판 제

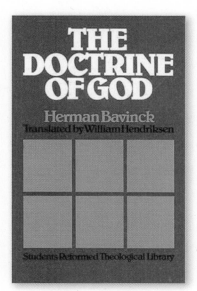

2권에서 번역한 것이
다. 바빙크의 「하나
님에 관한 교리」(The
Doctrine of God)는
신론을 연구하는 데 빼
놓을 수 없을 만큼 귀
중한 저자의 학문적 깊
이와 통찰력으로 기록
된 책이다. 그러나 저
자의 학문의 깊이도 중
요하지만 저자가 임종

시에 "지금은 나의 학문이 나를 돕지 못한다. 나의 교의학도 나를 돕지 못한다. 오직 믿음만이 나를 구원 한다"라고 말한 것처럼 하나님에 대한 진정한 믿음을 가지고 기록한 책이다.

본서는 7장으로 구성되어 있는데 제 1장은 하나님의 불가해성(不可解性), 제2장은 하나님의 가해성(可解性), 제3장은 하나님의 명칭, 제4장은 하나님의 절대적 속성, 제5장은 하나님의 보편적 속성, 제6장은 삼위일체 그리고 제7장은 하나님의 의도로 되어있다. 이제 각 장으로 나누어 간단히 소개하고자 한다.

제1장, 하나님의 불가해성(不可解性)에서, 바빙크는 교의학이 신비의 요소를 포함하고 있는데 그 이유는 신비한 하나님을 다루기 때문이라고 한다.

성도들이 계시된 하나님에 관한 진리를 완전히 이해할 수가 없다. 그러나 하나님께서 자신을 계시해 주셨으므로 영원하시며 불가해적인 하나님을 알 수 있는 것이다. 특별계시는 인격적이며 전지전능한 하나님을 말씀하고 계신다. 바빙크는 계속해서 하나님의 불가해성에 대한 이방종교와 기독교 내의 입장을 역사적으로 개요한다. 그리고 불가지론(不可知論)의 이론은 모든 인간 지식이 상대적이며 인간이 모든 사물의 척도가 되며 인간지식의 대상은 인간의 경험과 현상인데 하나님과 영

혼은 초월적인 것이므로 인간지식으로 이해할 수 있는
대상이 되지 못한다는 것이라고 말한 다음(pp.30-32)
불가지론의 약점을 지적하고 결국 불가지론은 다신 사
상을 정당화시키는 역할을 하게 된다고 평한다.

제2장, 하나님의 가해성(可解性)에서 하나님에 대한 지
식은 하나님이 계시해 주셨으므로 가능하다고 말한다.
이 세상에 무신론적인 국가가 없으며, 무신론적인 부족
이 없을 만큼 하나님의 계시는 명백하게 나타나 있으며
성경이 이를 확증하고 있다. 그런데 이방 철학자들은
하나님을 알 수 있는 본래적 개념은 인간이 날 때부터
가지고 있다고 주장하지만 초대 교부나 어거스틴, 루
터, 칼빈 등과 같은 기독교 신학자들은 이 개념을 배격
한다(pp.48-53). 그 이유는 인간이 하나님에 대한 본
래적인 개념을 가졌다고 하면 그것은 합리주의, 신비주
의로 끌려갈 뿐만 아니라 성경의 교훈과 배치되며 심리
학적 현상과도 배치되며 역사적 사건들과도 상치되기
때문이라고 한다.

바빙크는 계속해서 하나님에 대한 본래적 지식과 후
천적 지식의 차이에 대해서 설명한다. 본래적 지식은
수동적이지만 후천적 지식은 능동적으로 이 지식에 근
거하여 우주론적 논증, 목적론적 논증, 본체론적 논증,
도덕적 논증, 역사적 신학적 논증 등 하나님의 존재를

증명하려는 노력이 있게 된다고 한다. 그러나 이런 논증들이 하나님의 존재에 대한 증명이 되는 것이 아니라 기독교 신앙이 합리적이라는 증거가 되는 것이라고 말한다(pp.59-80).

제3장, 하나님의 명칭에서 바빙크는 성경 중의 이름은 사람을 묘사하는 특징을 가지고 있는데 이런 특징이 하나님에게도 적용된다고 한다.

즉 하나님과 그의 이름들과는 밀접한 관계를 가지고 있는 것이다. 그런데 하나님의 명칭들은 자신의 존재에 대한 계시가 아니라 피조물들과의 관계 가운데서 하나님을 인간에게 알려주는 역할을 하는 것이다. 이런 이유 때문에 성경은 하나님을 묘사할 때 인간이 활동하는 것처럼 묘사하는 것이다.

그 예로 안다(창 18:21), 생각한다(창 50:20), 잊는다(삼상 1:11), 기억한다(창 8:1), 말하다(창 2:16), 책망한다(시 18:5), 휴식한다(창 2:2), 앉는다(시 9:7) 등의 표현이 하나님의 활동처럼 성경에 기록되었다. 그리고 바빙크(Bavinck)는 하나님의 이름들을 정의하여 하나님의 이름들은 하나님을 지칭하는 그런 명칭들로써 우리가 그것을 사용하여 독립적이고 인격적인 존재와 대화하게 되는 것이라고 한다. 하나님의 이름은 능력 있는 하나님을 나타내는 엘(El), 엘로힘(Elohim), 통치자의 하나님 아도나이(Adonai), 전능하신 하나님 엘샤다이(El-Shaddai), 나는 스스로 있는 자 및 아버지 등이 있음을 말하고 그 명칭들에 대해 설명한다.

제4장, 하나님의 절대적 속성에서 바빙크는 하나님의 절대적 속성에 대한 반대 의견들과 문제점을 취급한 후 하나님의 독립성, 하나님의 불변성, 하나님의 영원성, 하나님의 통일성의 네 절대적 속성에 대해 구체적으로 다룬다.

하나님의 독립성은 성경의 증언뿐만 아니라 이방종교까지도 수납하는 속성이다. 하나님의 불변성은 하나님이 활동에 제한을 받는다는 뜻이 아니며 하나님께서 변화되실 수 없다는 뜻이다(신32:4, 삼상 2:2, 시 19:15). 그리고 하나님의 불변성을 부인하면 하나님의 모든 속성을 부인하는 것이 된다.

하나님의 영원성은 한정된 피조물의 한계를 초월하신 것을 뜻한다. 시간을 초월하며 장소를 초월하신 것을 뜻한다. 하나님의 통일성은 숫자적인 통일성 이상의 의미를 가지고 있다. 하나님의 통일성은 하나님의 덕이 절대적으로 완전하므로 그의 모든 속성이 존재와 상충을 갖지 않고 통일을 이루고 있다는 뜻이다(p.170).

제5장, 하나님의 보편적 속성에서 바빙크는 다섯 가지로 하나님의 보편적 속성을 취급한다.

첫째, 하나님의 영적 성질을 가리키는 영성과 불가시성을 다룬다. 하나님의 영성은 소극적으로 생각할 때 하나님은 물질로 되어 있지 않고 불가시적이며 적극적으로 생각할 때 하나님이 모든 창조세계의 절대적 근원이 되신다는 것을 뜻한다.

둘째, 하나님의 지적(mental) 속성으로 전지, 지혜, 신실성은 창조에서부터 계속적으로 섭리하시는 가운데 명백히 나타난 것으로 성경이 증거하고 있다.

셋째, 하나님의 도덕적 속성으로 선, 거룩, 의를 다룬다. 하나님의 선은 인간을 향해 명백히 나타나 있고 하나님의 거룩은 구별된 하나님으로서 명백하며 하나님의 의는 하나님께서 인간에게 의를 제공해주신 점에서 이해할 수 있다.

넷째, 하나님의 의지적인 속성으로 하나님의 의지와 전능을 다룬다. 성경에 의하면 하나님의 의지는 모든 존재하는 것의 최종 근거가 된다. 그리고 하나님의 전능은 그의 주권을 뒷받침해준다.

다섯째, 하나님의 축복을 나타내는 속성으로 완전, 축복, 영광을 취급한다.

제6장, 삼위일체에서 바빙크는 먼저 구약성경에 삼위

(시 33:6,9, 욥 28:23,28, 창 1:2, 욥 33:4, 창 28:13-17, 시 33:6). 필로(Philo)나 유대주의 신학이 삼위일체에 대해 발전을 더 시켰지만 성경의 내용과는 차이가 크다.

삼위일체의 교리는 특히 신약에서 구체적으로 설명되어진다. 신약은 추상적인 개념을 제공하지 않고 삼위일체 하나님을 전제하고 기록되었다. 삼위일체에 관한 신약의 원리는 창조에 관한 구약의 교훈에 포함된 삼위일체 교리와 관련을 갖는다(p. 264).

신약은 구약에 나타난 삼위일체 개념을 기초로 하고 있다. 이 교리는 그리스도의 생애를 통해 나타나며(마 1:8 이하, 마 3:16 이하), 그리스도의 교훈에서 나타나고(마 28;19), 사도들의 교훈에서 나타난다(고전 8:6, 12; 고후 13:14; 엡 4:4-6; 벧전 1:2; 계 1:4-6).

바빙크는 계속해서 삼위 간의 관계를 설명한 후 삼위일체 교리의 역사적 발전에 대해 설명한다. 교부들은 단순히 성경을 인용했으나 승귀한 아들을 고백했다. 2세기는 기독교 변증가들이 삼위일체 교리를 옹호했으나 영지주의의 영향을 완전히 벗어날 수 없었다. 그 후 삼위일체 교리는 이레니우스(Irenaeus)와 특히 터툴리안(Tertullian)에 의해 좀 더 구체적으로 체계를 이루는 교리로 등장하게 되었다.

그후 아다나시우스(Athanasius)와 어거스틴
(Augustine) 등에 의해 철저히 옹호되고 더 명백
히 설명되어졌다. 그리고 바빙크(Bavinck)는 삼위일
체 교리에 대한 잘못된 견해를 설명한다. 아리안주의
(Arianism)와 같이 삼위의 본질의 통일성을 희생시
키면서 세 위격만을 강조하는 경우와 사벨리우스주의
(Sabellianism)와 같이 삼위의 세 위격을 희생시키
면서 삼위의 본질의 통일성만을 강조하는 오류를 지적
한다(pp.285-296). 그리고 바빙크는 삼위일체를 바
로 이해하기 위해서는 존재(being), 인격 혹은 위격
(person)의 뜻을 바로 이해해야 하며 그리고 그 관계
를 바로 알아야 한다고 말한다. "본질의 통일성은 위격
의 삼위를 무효화시키지 않으며 위격의 삼위는 본질의
통일성을 폐기시키지 않는다."(p. 286).

바빙크는 삼위일체 교리의 의의를 세 가지로 정리한
다. 첫째, 삼위일체 교리는 우리에게 진실로 살아계신
하나님을 계시한다. 삼위일체 교리는 본질에 있어서 충
만하시고, 진정한 생명이시고, 영원한 영광이 되신 하
나님을 우리에게 계시한다. 하나님 안에는 다양성 속에
통일성이 있고 통일성 속에 다양성이 있다. 특히 질서
와 조화가 그분 안에 절대적인 방법으로 존재한다(pp.
330-331).

둘째, 삼위일체 교리는 창조 사건을 위해 그 의미가 풍부하다. 창조는 삼위 하나님을 전제한다. 이 고백을 근거로 할 때에만 우리는 하나님과 우주 사이에서 자연신론과의 관계를 바로 정립할 수 있으며 범신론과의 구별을 주장할 수 있다(p. 331).

셋째, 삼위일체 교리는 실제적인 종교에 대단히 중요한 역할을 한다. 어떤 사람이 삼위일체 하나님을 배격하면 그는 기독교 신앙의 근거를 파괴하는 것이며 모든 특별계시를 내 던져 버리는 것이다. 삼위일체 교리는 기독교 신앙, 기독교 교리의 뿌리, 그리고 새 언약을 포함하는 총화인 것이다(p. 333).

제7장, 하나님의 계획(Counsel)에 대해 다룬다. 바빙크는 하나님의 사역을 내재적인 사역과 하나님과 피조물의 관계 가운데서 생기는 사역으로 구분한다. 내재적인 사역은 하나님의 작정(decree)이요, 외적으로 나타난 사역은 창조와 섭리와 구속이다. 바빙크는 계속해서 하나님의 작정에 대한 여러 가지 다른 입장을 역사적으로 개요 한다. 특히 예정의 교리에 대해서 자세하게 다루고 있다. 그리고 타락전 선택설(supralapsarianism)과 타락 후 선택설(infralapsarianism)에 대해서 공정하게 설명한 후 어느 한쪽도 하나님의 영원한 목적에 관한 성경의 진

리를 정당하게 설명하지 못한다고 말한다(pp. 389-394).

하나님의 작정을 일직선을 그어 그 선을 중심으로 전과 후, 원인과 결과, 수단과 목적으로 설명할 수는 없다. 하나님의 작정은 여러 요소가 서로 연관되어 있는 하나의 체계이다(p.383)라고 바빙크는 말한다. 지금까지 3대 칼빈주의 학자 중의 한 사람이라고 숭앙받는 헤르만 바빙크의 신론을 간단히 요약했다. 본란이 책의 내용을 소개하는 난이므로 정상적인 서평과는 약간의 차이가 있다. 또한 지면의 제약으로 내용을 충분히 설명할 수도 없다.

본서는 하나님에 대한 교리를 개혁주의적인 입장에서 깊이 있게 다룬 책이다. 비록 저자가 개혁주의적인 입장을 취했지만 다른 입장에 대해 공정하게 취급하고 있음을 본다. 이 책이 영광 받으실 하나님의 위치를 더욱 확고하게 할 수 있기를 바란다.

믿음의 확실성

(*The Certainty of Faith*) by Herman Bavinck, trans.
by Harry der Nederlanden, St. Catharines, Ontario:
Paideia Press, 1980, pp.97.

바빙크(Herman Bavinck)는 우리에게 잘 알려진 분으
로 카이퍼(Abraham Kuyper), 워필드(B.B. Warfield)
와 함께 3대 칼빈주
의 학자 중의 한 사람
이다. 그의 개혁교의
학(*Gereformeerde
Dogmatiek*, 전 4권)
은 널리 알려진 칼빈주
의 입장의 조직신학 책
이다. 그런데 바빙크
의 영향력이나 위대함
에 비해 그의 책이 영
어권에 많이 소개되

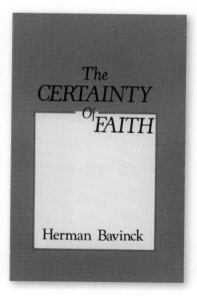

지 않았다. *Our Reasonable Faith*, *The Doctrine of God*, *The Philosophy of Revelation* 등이 이미 영어로 출판되었고, 이번에 화란어판 *De Zekerheid des Geloofs*가 *The Certainty of Faith*로 번역되어 출판되었다. *The Certainty of Faith*는 믿음의 확실성을 조리 있게 논증해주고 있다.

본서는 전 4장으로 되어 있는데 제1장 확실성의 상실, 제2장 확실성이란 무엇인가, 제3장 확실성을 위한 탐구, 그리고 제4장 확실성에 이르는 길로 되어있다. 이제 각 장을 좀 더 구체적으로 취급하기로 하자.

제1장 확실성의 상실에서 바빙크는 18세기 중엽부터 객관적 계시에 대한 의심이 싹트기 시작하여 점점 모든 부분에 걸쳐 영향을 미치게 되었다고 한다.

이런 사회적 형편 가운데서 과거에 거룩하게 여겨졌던 것으로부터의 자유를 선언하게 되므로 성경의 권위는 물론 도덕적 문제에 있어서도 큰 변화를 가져오게 되었다. 사람들은 보는 것만을 중요하게 생각하여 물질을 숭상하게 되고 권력을 영화롭게 생각하게 되었다 (p.8).

이 시대에 특히 신학자들은 성경의 권위에 대해 많은 질문과 의심과 비평을 하게 되었다. 바빙크는 성경을 참으로 믿는 기독교인들이 이런 형편을 직시하고 후

퇴할 것이 아니라 무엇보다도 중요한 믿음의 근거, 구원의 확실성 문제를 진지하게 다루므로 사회적 물결을 바른 방향으로 전환시켜야 한다고 제시한다. 그래서 바빙크는 제2장부터 확실성이 무엇인지를 다루고 그것을 얻는 길에 대해 논술하고 있다.

제2장에서는 확실성이란 무엇인가를 다룬다.

사람들은 영원에 대한 확신을 원한다. 따라서 믿음의 확실성 문제는 과학적이고 신학적인 문제일 뿐만 아니라 실제적이고 종교적인 중요성을 가지고 있다(p.11). 아무도 양심적으로 자신이 흠이 없는 사람이라고 주장할 수 있는 사람은 없다. 아무도 구원의 확신을 가지고 태어난 사람은 없다. 인간은 평화롭게 살기를 원하고 행복하게 죽기를 원한다. 인간은 자신이 누구인지 어디로 가고 있는지를 알아야만 행복한 생을 살 수 있다. 인간은 미래에 대한 확신이 없으면 생을 행복하게 살 수도 없고 평안하게 마칠 수도 없다.

　　바빙크는 소제목으로 과학과 종교적 진리를 다루면서 과학이 인간에게 얼마나 확실성을 제공하는지에 대해 설명한다. 과학은 흔히 영원의 문제나 믿음의 확실성 문제를 중요하게 생각하지 않는다. 그러나 아무리 과학이 그런 결론을 내린다 할지라도 선악에 대한 의식, 의와 심판에 대한 생각, 죽음에 대한 공포가 인간의 마음을 사로잡고 있는 사실을 어떻게 부인할 수 있겠는가. 과학의 발견이 중요한 이상으로 영원에 대한 확실성도 중요한 것이다. 과학은 우리의 영혼의 염려를 제거시키지 못한다. 영혼을 창조하신 하나님께 의존할 때만 인간의 영혼이 평안을 누릴 수 있는 것이다.

바빙크는 신학의 임무를 다루는 부분에서 신학이 비평적이고 역사적인 연구에만 몰두하고 인간 영혼의 문제에 관심을 기울이지 않으면 신학이라는 이름을 붙일 필요도 없다고 단호히 말한다(p.18). 바빙크는 역사와 경험이 매일 우리에게 보여주는 것은 신학이 우리들의 믿음의 확실성을 성장시켜야만 한다는 것이라고 한다 (p.19).

믿음의 확신이라는 소제목 하에서 바빙크는 확실성은 진리와 밀접히 연관되어 있지만 진리와 같지 않다. 진리는 사상과 실재 사이의 일치로 우리들의 양심의 내용과 우리들의 지식의 대상 사이의 관계를 표현한다. 그러나 확실성은 관계가 아니라 용량이며, 질이며, 사물을 아는 상태이다'(p.19)라고 말한다. 따라서 확실성은 영혼이 지식의 대상에 완전히 의뢰할 수 있을 때 생기게 된다. 그리고 인간의 영혼은 진리이신 하나님 안에서 평안을 누릴 수 있는 것이다. 몸이 건강해야 하는 것이 자연적인 것처럼 확실성도 영혼의 정상적이고 자연적인 상태인 것이다.

바빙크는 확실성의 기초로서의 증거에 대해 소제목으로 취급하면서 인간은 항상 과학적인 객관성의 요구가 충족되지 않을 때 마음에 의심을 갖게 된다고 말한다. 그리고 인간의 요구를 가장 잘 충족시켜 줄 수 있는 것이 전능하신 하나님의 객관적 계시라고 말한다. 이 부분에서 바빙크는 객관적 진리와 주관적 확신 문제를 다루면서(p.28), 이 두 가지는 서로 연관이 되어 있지만 다르다고 명백히 말한다. 그리고 바빙크는 제2장 마지막 소제목으로 확실성의 능력에 대해 말하는 가운데 과학적 진리를 주장하는 사람들은 그 진리 때문에 목숨을 내놓지 않지만 종교적 확신은 많은 순교자를 낼만큼 확신의 능력이 크다고 지적한다. 그 한 예로 갈릴레오(Galileo)(1564-1642)는 자신의 지동설에 대한 과학적 확신을 종교 재판소에서 세 번씩이나 번복하므로 생명을 유지했지만 많은 신앙인들은 자신의 신앙 때문에 순교했다고 지적한다.

제3장 확실성을 위한 탐구에서 바빙크는 확실성 탐구에 대한 역사적 고찰을 한다.
믿음의 확실성이 귀중하고 의의가 있기 때문에 인간은 여러 가지 방법을 통해서 많은 희생을 감수하고도 확실성을 얻기 위해 노력했다.
첫째로 비기독교적 종교에서도 확실성을 얻기 위해

노력하며, 그들까지도 자신들의 마음에 평안을 가질 수 있을 만큼 어떤 대상에 대한 확실성을 가질 수 있다. 그러나 그들의 확실성은 거짓 소망 가운데서 이루어지는 확실성이며, 그들이 진리이기를 바라는 그것을 믿을 뿐이다.

둘째로 로마 카톨릭에서의 확실성은 인간이 연약한 만큼 연약하다. 왜냐하면 로마 카톨릭의 진리 체계는 성령의 증거에 의해 그리스도를 믿음으로 얻는 구원의 확신이 아니라 인간의 공로와 선행에 의존하는 것으로 항상 조건적이기 때문이다.

셋째로 종교개혁시대는 많은 변화를 가져왔다. 루터(Martin Luther) (1483-1546)와 개혁자들은 하나님이 값없이 주시는 은혜 안에서 확신을 찾았다 (p.38). 개혁자들의 특징은 성경에서 그들의 믿음의 확실성을 찾는 것이다. 그들의 믿음은 소망이나 의견이나 추측이나 짐작이 아니며 지식과 동의도 아니고, 모든 의심과 공포를 감싸버릴 수 있는 분명한 지식과 요동할 수 없는 신뢰이며 확신인 것이다(p.40).

넷째로 정통주의와 경건주의에서의 확실성을 바빙크는 취급한다. 정통주의는 그들의 믿음을 고백한 것이 아니라 그들의 고백을 믿게 되어 결국 합리주의로 길을 터놓게 되었다. 이처럼 정통주의는 역사적 증명과 합리적 논증에 그들의 확실성을 의존하게 되었다. 반대로 경험을 중시하게 된 것이다.

다섯째로 경건주의에 대한 반동에서 모라비안 형제들이나 개혁주의적인 감리교도들이 신앙생활에 대한 소생하는 힘을 제공한 것만은 귀한 것이지만 기독교를 단순히 죄인이 회개하고 다른 사람을 회개시키는 협착한 종교로 만든 데 대한 책임이 있다고 지적한다 (p.48).

여섯째로 더 큰 불확실성이라는 소제목으로 바빙크는 지금까지 이야기한 신앙생활의 여러 가지 요소가 혼합되어 신앙의 불확실성이 더 심화되어졌다고 말한다.

제4장에서 바빙크는 확실성에 이르는 길을 다룬다. 믿음의 대상은 전적으로 의존할 수 있고 무오하며 영원한 진리여야 한다. 그런데 인간의 말이나 과학적 연구의 결과나, 상상으로 만들어진 이상이나 인간의 논리를 통해 만들어진 명제는 모두 유오하며 흔들릴 수밖에 없는 것들이다. 본질적으로 우리가 의존할 수 있는 것은 하나님으로부터 온 말씀과 약속뿐이다(p.51).

이런 종교적 성격 때문에 모든 종교가 계시에 호소하는 것이다. 계시 즉 신의 권위가 종교가 의존할 수 있는 유일한 기둥이 되는 것이다(p.52).

바빙크는 계시의 중요성을 언급한 후 여러 종교의 계시를 비교 연구하면 기독교가 다른 모든 종교보다 탁월하다는 것이 명백해진다고 말한다(p.56). 그리고 바빙크는 기독교의 모든 증거가 기독교를 진리로 믿게 하는데 불충분할 수는 있지만 그렇다고 기독교의 계시가 비역사적인 것으로 진리가 아니라고 말하는 것은 더욱 불합리한 주장이라고 말한다(p.59). 바빙크는 믿음의 확실성을 얻기 위해서는 증명만 가지고는 불충분함을 논술한다(pp.60-64). 기독교 계시가 역사적인 것이지만 합리적이고 과학적인 증명만 가지고는 텅 빈 무덤은 발견할는지 모르나 살아 계신 하나님은 찾을 수 없다고 한다(p.63). 왜냐하면 믿음은 역사적 기록의 진리에 대한 동의만이 아니라 구원의 복음을 마음으로 신뢰하는 것이기 때문이다(pp.63-64).

바빙크는 하나님의 계시를 통해 그 당시의 역사적 자료를 찾으려고 하면 우리에게 실망을 안겨줄 것이라고 계시의 성격을 말한다. 그리고 자유주의는 믿음의 확실성을 경험의 방법으로 찾으려고 한다고 말한다. 그런 경험을 감각적 인식으로 생각할 때 성경계시의 진리가 감각적 인식이 될 수가 없음이 분명하며, 또한 경험을 내적 경험으로 생각할 때에는 비록 기독교에서 내적 경험에 대해 많은 내용을 언급하고 있지만 기독교인의 내적 경험은 믿음 뒤에 따라 오는 것이기 때문에 믿음의 확실성의 기초가 될 수 없다고 말한다. 따라서 경험의 방법으로 믿음의 확실성을 얻으려는 시도는 실패할 수밖에 없는 것이라고 한다(p.67).

결국 믿음의 확실성을 획득할 수 있는 길은 복음적인 방법이다. 복음은 인간의 뜻에 의지하지 않고 하나님의 명령에 의지한다. 그러나 하나님은 강제하시지 않는다. 여기에 복음의 호소에 대한 자의적 결단이 필요하며 새로운 마음이 필요한 것이다(p.71).

한편으로 하나님이 명령하시고 다른 편으로 인간의 자의적 결단과 새로운 마음이 필요하다고 하는 것은 불합리한 것같이 보인다. 그러나 모든 성도들은 그들의 믿음과 소망이 하나님의 은혜로 인한 것임을 가르쳐준다(p.80). 그리고 바빙크는 믿음의 근거가 객관적 진리인 하나님의 말씀이라고 말한다. '하나님의 말씀은 인간이 그 위에 설 수 있는 튼튼한 기초요, 매달릴 수 있는 반석이요, 그의 사상의 출발점이요, 그의 지식의 원천이요, 그의 생애의 법칙이요, 그의 길의 빛이요, 발의 등불이다'(p.84).

바빙크는 확실성의 디멘션을 다루면서 인간은 진리에 대한 확실성뿐만 아니라 자신의 구원에 대한 확실성이 필요하다고 말한다. 그런데 믿음은 지식과 같아 마치 사람이 어떤 사물을 알게 되면 안다는 것을 확신할 수 있는 것처럼 믿음과 확실성을 분리시킬 수 없다고 한다. 믿음이 확신 자체이기 때문에 모든 의심을 제거하는 것이다(p.85). 그런데 어떤 교회는 하나님의 말씀만을 의지해야 하는 이 믿음의 확실성을 담대히 선포하지 못하고 인간의 노력을 가미시켜야 하는 것으로 잘못 실천해왔다. 성례의 본질도 믿음의 확실성이 하나님의 말씀에만 근거해야 된다는 것을 가르친다. 왜냐하면 성례는 말씀의 표지요, 인침이며, 따라서 말씀에 의해 조종 받아야 하기 때문이다. 우리가 성례를 통해 믿음의 확신을 가지게 되는데 성례는 말씀과 함께 그 효력을 발생하는 것이다.

바빙크는 책의 말미에서 믿음의 확실성은 열매를 맺을 수밖에 없다고 천명한다. 행함이 없는 죽은 믿음은 있을 수 없다고 말하면서 모든 경험과 선행은 믿음의 뿌리가 아니라 믿음의 열매라고 말한다. 바빙크는 믿음의 확실성이 있어야 우리의 신앙생활이 염려와 근심과 공포 없이 하나님의 자녀 되는 담대함과 신뢰를 가지고 좋은 열매를 맺게 된다고 말한다.

본서는 믿음의 확실성에 대한 입문과 같은 책이다. 책의 내용도 평이 할 뿐만 아니라 부피도 큰 부담을 가지지 않고 읽을 수 있는 정도이기 때문에 평신도나 신학생들에게 큰 도움이 될 수 있는 책이라 믿는다. 그리고 간접적인 인용을 통해서 그리고 이름으로만 많이 알려진 바빙크의 사상을 일부이긴 하지만 이 책을 통해서 직접 접할 수 있는 것도 큰 유익이라 하겠다.

성경과 미래

(*The Bible and the Future*) By Anthony A.
Hoekema, Eerdmans, 1979, pp.343.

안토니 후크마(Anthony A. Hoekema)는 「방언문제 연구」(*What about Tongues-Speaking?*), 「성령세례」

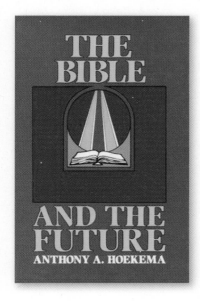

(*Holy Spirit Baptism*)
로 우리에게 이미 알려
진 학자이다. 그는 미
국 그랜드 래피드스
(Grand Rapids)에 위
치한 칼빈신학대학원
(Calvin Theological
Seminary)의 조직신
학 교수로 봉직하면서
여러 권의 학문적 깊이
가 있는 저서들을 내놓

았다. 이상에서 언급한 방언문제의 책 이외에도 *The Four Major Cults* 그리고 *The Christian Looks at Himself* 등 훌륭한 책을 저술했다. *The Christian Looks at Himself*는 정정숙 교수에 의해 1979년에 이미 한역되었다. 성경과 미래 (*The Bible and the Future*)는 기독교 종말론에 관한 저서로 철저한 성경 주석을 근거로 마지막 때의 일들에 대한 간명한 연구이다.

후크마는 하나님의 나라의 임함을 현재적으로만 취급하려는 학자들과(C.H. Dodd) 미래적으로만 취급하려는 학자들(A. Schweitzer)이 있음을 지적하고 본인은 하나님의 나라가 이미 시작이 되었고, 미래에 완성될 것이라는 입장을 취하고 있음을 명백히 하고 있다. 따라서 본서는 제1부와 제2부로 나뉘어져 있으며, 제1부에서는 시작된 종말론(Inaugurated Eschatology)을 1장에서 6장까지 전체 6장으로 나누어 다루고 있으며, 제2부는 미래 종말론(Future Eschatology)을 7장에서 20장까지 전체 14장으로 나누어 다루고 있다. 이제 각 장의 내용을 간략하게 더듬어 보기로 하자.

제1장에서 구약의 종말론적 전망이 처음에는 뱀의 머리를 상할 구속주의 오심을 단순하게 대망 했지만(창 3:15), 시간이 흐름에 따라 종말론적 대망은 점점 더

풍요하게 된다고 말한다.

구약 성도들의 종말론적 전망을 종합적으로 고찰하면,

　　① 오실 구속주

　　② 하나님의 나라

　　③ 새로운 언약

　　④ 이스라엘의 회복

　　⑤ 성령을 부어주심

　　⑥ 주의 날

　　⑦ 새 하늘과 새 땅 등의 개념들로 요약될 수 있다.

제2장에서 신약 종말론의 본질을 다룬다.

후크마는 본 장에서 신약의 종말론은 성도가 이미 즐기고 있는 것과 아직 소유하지 못한 것 사이 즉 '이미'와 '아직'('already' and 'not yet') 사이의 긴장으로 특징 지워진다고 말하면서 세 가지로 신약의 종말론을 설명한다.

　첫째, 구약이 예언한 위대한 종말론적인 사건이 이미 발생했다는 것을 신약에서 찾을 수 있다.

　둘째, 구약의 저자들이 한 사건으로 예언한 것이 두 단계를 통해 성취될 것으로 신약은 설명한다. 즉 현재 메시아 시대와 앞으로 올 미래의 시대의 두 단계를 통해 구약의 예언이 성취될 것을 설명한다.

　셋째, 이 종말론적 두 단계는 현 시대의 축복이 앞으로 올 더 큰 축복의 보증이 되는 관계에 놓여 있다.

제3장에서 후크마는 역사의 의미를 취급한다.

후크마는 고대 헬라의 역사관인 순환적 역사(cyclical view of history)과 무신론적 실존주의적 역사관을 배격하고 기독교적인 역사관을 진술한다.

첫째, 역사는 하나님의 목적을 성취해 나간다.

둘째, 하나님은 역사의 주인이시다.

셋째, 그리스도는 역사의 중심이시다.

넷째, 새로운 시대가 이미 시작되었다.

다섯째, 모든 역사는 신천신지를 향해 움직인다.

제4장에서는 하나님 나라에 대해 설명한다.

후크마는 하나님 나라의 현재면과 미래 면이 예수님의 교훈에서뿐만 아니라 바울 사도의 교훈에서도 발견된다고 말한다(pp.44-51). 예수 그리스도 안에 있는 성도는 현재 하나님 나라의 축복을 즐기며 의무를 가지고 있는 반면 그가 누리고 있는 하나님 나라는 준비 적이요, 불완전하기 때문에 이 시대 마지막에 완성될 것을 바라보면서 사는 것이다(p.51). 그리고 하나님 나라는 회개와 신앙을 요구하며 전적 헌신을 요구한다(p.53).

제5장에서는 성령과 종말론과의 관계를 취급한다.

종말론에 있어서 성령의 역할은,

첫째, 예언적 증표로 종말론적 시대의 시작을 준비

하며,

둘째, 성령은 오실 구속자 위에 임하여 그를 필요한 은사로 무장한 것이며,

셋째, 성령은 이스라엘의 장래 새로운 생활의 근원이 되는 것으로 나타난다. 새로운 시대에 있어서 성령은 우리들이 그리스도 안에서 하나님의 아들임을 확신시켜주며, 동시에 하나님의 아들 됨의 풍요는 예수님의 재림 때 가서야 명백히 드러나게 될 것을 증거 한다(p.60).

그리고 또 다른 성령의 역할은 첫 열매의 역할로 우리가 현재 성령을 소유한 것은 첫 열매를 소유한 것으로 이는 장차 완전한 수확을 약속해 주는 것이다(p.61). 후크마는 미래 축복의 보증으로서의 성령의 역할, 성도들의 부활에 있어서 성령의 역할 등을 본 장에서 다룬다.

제6장에서는 '이미'와 '아직' 사이의 긴장을 설명한다. 첫째, '이미'와 '아직'의 긴장은 우리가 보통 부르는 때의 표징이라고 할 수 있다.

둘째, 교회는 그리스도에 의해 구원받은 백성이므로 이 긴장을 경험하게 된다.

셋째, 이 긴장은 기독교인으로 하여금 책임성 있는 생활을 하게 만든다.

넷째, 새로운 사람이면서도 아직 불완전한 우리들의 자화상은 이 긴장을 반영해 준다.

다섯째, 이 긴장은 성도들이 당하는 고난의 의미를 알게 해 준다.

여섯째, 문화에 대한 우리들의 태도가 이 긴장과 연결되어 있다. 전체 기독교인의 생활은 우리들이 이미 그리스도 안에 있다는 생각으로 살아야 할 뿐만 아니라 영광스러운 왕국을 완성시킬 그리스도의 재림을 갈망하면서 살아야 한다.

제2부에서는 미래 종말론을 다룬다. 그런데 7장에서 9장까지는 개인에게 적용된 종말론을 취급하며, 10장에서 20장까지는 우주적인 종말론을 취급한다.

제7장에서는 육체적 죽음을 취급한다.

후크마는 죽음과 죄와의 관계를 설명하고 나서 성도들에게 죽음은 저주가 아니라 축복이라고 결론 내린다(p.84). 그 이유는 그리스도께서 죽음을 정복하셨기 때문이다. 우리들의 죽음은 '영원한 생명으로 들어가는 것'(p.85)이다. 죽음은 우리들의 마지막 대적인데 그리스도의 사역으로 우리들의 친구가 된 것이다(p.85). 그러므로 기독교인들에게 죽음은 끝이 아니요, 영광스러운 새 시작이 되는 것이다.

제8장에서는 불멸성에 대해서 설명한다.

첫째, 성경은 영혼의 불멸성이란 표현은 사용하지 않는다.

둘째, 성경은 영혼이 고유한 불멸성을 갖고 있기 때문에 계속 존재한다고 가르치지 않는다.

셋째, 성경은 죽음 후의 단순한 존재가 바람직스럽다고 가르치지 않으며, 교제 관계에 있는 생이 인간이 바랄 수 있는 최상의 선한 것이라고 주장한다.

넷째, 인간의 미래에 대한 성경의 중심된 메시지는 몸의 부활 교훈이다.

제9장에서는 중간기 상태를 설명한다.

우리가 죽은 후에는 몸 안에 있지 않다. 바울은 죽는 순간 주님과 함께 있기를 소망했다. 그런데 성경은 우리들이 부활의 몸으로 되기 전 상태에서 주님과 어떤 교제 관계에 있는지를 설명하지 않는다.

물론 우리가 죽은 후에 몸 안에 있지 않기 때문에 우리들의 현재생활을 괴롭히는 고난과 불완전과 죄로부터는 구원받게 될 것이다. 후크마는 중간기 상태에 대한 성경의 교훈은 몸의 부활과 세상의 갱신과 분리해서 생각할 수 없다고 말한다(p.108). 그리고 벌카우어(Berkouwer)를 인용하여 성도들은 미래에 대한 '이중대망'을 한 것이 아니라 '단일대망'을 해야 한다고 말한다. 우리는 죽음 후에 그리스도와 함께 영원한 영광스러운 존재로 될 것을 바라보아야 한다.

제10장에서는 재림에 대한 대망에 대해 설명한다.
후크마는 예수님의 재림에 대한 잘못된 견해들을 비평한다. 예수님께서 재림의 때에 대해 착각했다고 생각하는 슈바이쳐(Schweitzer)와 (p.111) 초대 기독교회가 예수님의 재림을 잘못된 전망으로 이해했다고 주장하는 쿨만(O. Cullmann)의 입장을 비판한다. 후크마는 예수님도 그랬고, 바울도 그랬듯이 재림의 때에 대해서는 불확실하지만 재림은 분명히 이루어질 것이라고 주장한다(p.126). 그리고 이 재림의 확실성은 우리들로 하여금 위엣 것을 바라보는 생을 살 수 있도록 한다고 말한다.

제11장에서는 때의 표징에 대해서 설명한다.
후크마는 먼저 때의 표징을 잘못 이해하는 네 가지의 잘못된 견해를 지적한다. 첫째, 때의 표징을 마지막 때에 국한시키는 것이요 둘째, 때의 표징을 비정상적인 사건으로만 생각하는 것이며 셋째, 때의 표징을 사용하여 그리스도의 재림의 정확한 때를 계산하려는 시도요 넷째, 때의 표징으로 미래에 발생할 사건들의 정확한 때를 알아맞히려는 시도이다. 그리고 후크마는 때의 표

징이 하나님께서 과거에 하신 것을 지적하며, 그리스도
의 재림을 가리키며, 하나님 나라와 악의 세력이 투쟁
관계에 있는 것을 가르치며, 결단을 요청하며, 그리고
깨어 근신할 것을 요청한다고 말한다(pp.133-135).

제12장에서는 구체적인 표징들에 대해서 설명한다.
여기서는 하나님의 은혜를 나타내는 표징과, 하나님
을 반역하는 것을 가리키는 표징 그리고 하나님의 심판
을 가리키는 표징에 대해 취급한다. 후크마는 "하나님
의 은혜를 나타내는 표징"으로 (1)복음의 전 세계적인
전파, (2)이스라엘의 완전한 구원을 들고, "하나님을 반
역하는 표징"으로 (1)고난, (2)배도, (3)적그리스도를
들고, "하나님의 심판을 가리키는 표징"으로 (1)전쟁,
(2)지진, (3)기근을 든다.

제13장에서는 재림의 본질에 대해서 취급한다.
후크마는 전환난설자(pretribulationists)처럼, 재림
을 이중적으로 생각하지 않고 단순히 단일한 사건으로
취급한다. 후크마는 예수 그리스도의 재림이 두 단계로
나타날 것을 성경은 지지하지 않는다고 지적한다. 후크
마는 예수님의 재림이 예수님 자신이 재림하는 인격적
인 재림이요, 누구나 볼 수 있는 가시적인 재림이며, 영
광스러운 재림이 될 것이라고 주장한다.

제14장에서는 주요한 천년설 견해를 설명한다.

후크마는 무천년설 입장을 고수하면서도 다른 입장을 정중하게 취급한다. 후크마는 계시록 20:4-6에 언급된 천년을 죽은 성도들의 영혼이 그리스도와 함께 하늘에서 현재 통치하고 있는 것을 묘사하고 있는 것으로 해석하는 무천년설이 옳다고 설명한다(p.174). 무천년설은 그리스도께서 그의 말씀과 성령으로 그의 백성을 통치함으로 하나님의 나라가 이미 이 세상에 실현되었지만 성도들은 미래의 영광스럽고 완전한 하나님 나라가 성취될 것을 바라보면서 살고 있다고 주장한다(p.174). 무천년설은 예수님의 재림으로 이 완전한 하나님의 나라가 실현될 것을 주장한다.

제15장에서는 세대주의적 전천년설을 비판한다.

첫째, 세대주의는 성경계시의 기본적 통일성을 해친다. 비록 "뉴 스코필드 성경"(New Scofield Bible)의 편집자들이 구원의 근거는 하나이며 구원은 그리스도의 죽음과 부활로 성취된 그리스도의 공로를 근거한 하나님의 은혜로만 가능하다고 가르치지만, 세대주의적 체계는 구속역사의 기본적 통일성보다 구속역사의 여러 세대 간의 차이가 더 두드러지게 강조된다(pp.195-196)

둘째, 이스라엘을 위한 하나님의 목적과 교회를 위

한 하나님의 목적이 다르다는 교훈은 잘못되었다. 세대주의는 성경이 이스라엘을 이야기할 때는 교회를 뜻하는 것이 아니요 성경이 교회에 대해 이야기할 때는 이스라엘을 뜻하지 않는다고 주장한다(p. 196). 그러나 신약의 교회는 유대인과 이방인을 모두 포함하고 있다. 셋째, 구약은 미래에 지상 천년왕국이 있을 것이라고 가르치지 않는다. 그러나 구약의 여러 구절들이 하나님께서 그의 백성들을 위해 준비하신 영광스러운 새 땅을 묘사하고 있음에 틀림없다.

넷째, 성경은 유대인들이 그들의 땅으로 복귀할 것에 대해 가르치지 않는다. 성경이 새로운 땅을 언급할 때는 유대인들만 그 땅으로 들어간다는 뜻이 아니요 하나님의 구속받은 모든 백성이 들어갈 것을 뜻한다(p.212).

다섯째, 왕국이 지연되었다는 세대주의의 교훈은 성경적이 아니다. 세대주의는 유대인들이 그리스도를 받아들이지 않았기 때문에 그리스도가 왕국 설립을 미루었다고 가르친다. 그러나 모든 유대인들이 예수 그리스도를 받아들였다면 예수님이 십자가를 가실 필요가 없었는가라고 질문할 수 있다(p. 213). 성경은 그렇게 가르치지 않는다.

여섯째, 교회를 괄호 속에 넣는 세대주의의 교훈은 성경의 지지를 받지 못한다. 세대주의자들은 구약이 결코 교회를 예고하지 않았다고 주장하지만 구약은 유대인들과 함께 이방인들이 구원의 복을 나눌 것이라고 가르친다(p. 214).

일곱째, 그리스도의 재림 후에도 구원받을 사람이 있게 될 것이라는 교훈은 성경에 근거가 없다. 세대주의자들은 예수님의 재림 후에 수많은 사람들이 구원을 받게 될 것이라고 가르친다. 그러나 성경의 여러 구절들(예: 고전 15:23)은 예수님의 재림으로 구원을 받을 기회는 끝이 난다고 가르친다.

여덟째, 세대주의 천년은 계시록 20:4-6에 나온 천년과 다른 것이다. 세대주의자들은 계시록 20:4-6에 언급된 그리스도의 천년 통치는 이스라엘을 한 국가로 회복시키실 약속을 성취하기 위한 목적이 있다고 가르친다. 그러나 계시록 20:4-6은 유대인에 대해 한마디의 언급도 하지 않는다(p. 222).

후크마는 세대주의적 전천년설은 성경과 조화를 이룰 수 없기 때문에 마땅히 배척되어야 한다고 주장한다(p.222).

제16장에서 후크마는 계시록 20장에 나타난 천년에 대해 무천년설 입장으로 비교적 자세하게 설명한다. 후크마는 계시록 20:1-6을 다른 천년설 입장과 비교하면서 무천년설을 지지하는 내용으로 설명한다. 계시

록 20장은 그리스도의 천상 통치를 묘사하며 현 시대에 있는 사단의 매임을 묘사한다.

제17장에서 후크마는 몸의 부활을 설명한다.

후크마는 성도들의 부활은 천년왕국의 시작에 있을 것이며, 불신자들의 부활은 천년왕국의 마지막에 있을 것이라는 전천년설자의 입장을 배격한다(p.239). 그는 전천년설자의 입장을 배격하는 이유로 첫째, 성경은 신자와 불신자의 부활이 동시에 일어남을 가르치며 둘째, 성경은 마지막 날인 그리스도의 재림 때에 신자들이 부활할 것을 가르치고 셋째, 데살로니가전서 4:16과 고린도전서 15:23-24에 기초한 두 단계(two-phase)의 부활은 결정적인 견해가 되지 못한다고 설명한다. 후크마는 성경이 부활체의 정확한 성질에 대해 별로 언급하지 않는다고 설명하면서 부정의 방법(in terms of negations)으로 미래의 존재에 대해 설명한다고 한다. 즉 썩지 않고, 약하지 않으며, 욕되지 않고, 죽음과 눈물과 고통이 없는 존재로 미래의 존재를 설명한다(고전 15:42-43, 계 21:4).

제18장에서는 최종적 심판을 다룬다.

후크마는 최종적 심판의 때는 이 시대의 끝에 일어날 것이며(p.255), 심판자는 그리스도가 되고(p.256),

심판 받을 자는 천사를 포함한 모든 인류가 심판 받게 될 것이라고 말한다. 그리고 심판 날의 의의는 첫째, 세상의 역사가 의미 없는 반복이 아니라는 것을 지적해 주며 둘째, 구원과 영원한 행복이 예수 그리스도와의 관계에 의존된 것을 계시해 주며 셋째, 심판 날을 피할 수 없음이 성결한 생활을 촉구하며 넷째, 심판 날은 하나님의 최종적인 승리와 구원사역의 완성에 있다고 한다.

제19장에서는 악한 자의 영원한 형벌에 대해 취급한다. 후크마는 성경이 영원한 형벌에 대해서 가르치며 과거의 기독교회가 이 교훈을 가르쳤다고 말한다. 그리고 영원한 형벌교리의 의의는 설교적인 차원에서도 강조해야 한다고 한다.

제20장에서는 새 땅에 대해 설명한다. 후크마는 현재의 지구가 완전히 없어질 것이라는 견해를 받지 않고 갱신이 될 것이라는 견해를 주장한다. 현재의 땅이 예수님 재림 때에 완전히 새롭게 되어 신천신지를 이루게 될 것이라고 한다.

후크마는 부록으로 종말론에 관한 근래의 경향에 대해 귀한 논문을 실어주었다. 본서는 어려운 제목들을 비교적 평이하고 간명하게 기록해 주고 있다. 종말론에

관해 연구하고자 하는 성경학도는 한번 꼭 읽어야 할
책으로 사료된다. 본서의 구조를 고려하여 비교적 간략
히 다룬 것을 애석하게 생각한다.

두 세상 사이에서

(*Between Two Worlds: The Art of Preaching in the Twentieth Century*) John R. W. Stott. Eerdmans, 1982, pp.351.

본서는 유명한 설교가가 그의 경험을 토대로 쓴 책이다. 본서의 저자 스톳트(Stott) 박사는 성경적 진리만

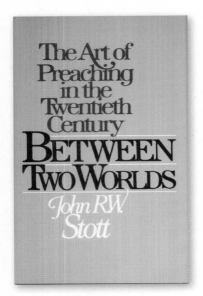

을 강조하지 않고 기독교인의 사회에 대한 책임도 그의 다른 저서들을 통해서 강조한다. 그는 균형 잡힌 기독교 진리를 제창하는 것이다. 이런 경향이 Between Two Worlds에서도 나타난다. 스톳트 박사는 설교가가 한편으로는 성

경에 근거해야 하지만 다른 편으로는 현세를 무시해서는 안 된다고 강조한다. 그는 '현세의 형편이 설교하기 더욱 어렵게 만들지만 그렇다고 현세가 설교의 필요성을 조금이라도 감소시키지 않는다'(p.9)고 말한다. 사실은 이 책의 제목이 암시해 주듯이 이런 균형이 다른 설교에 관한 책과는 다른 이 책의 특징인 것이다.

본서는 8장과 결언으로 되어있다. 각 장 뒤에 주가 나오며 책 말미에는 참고 목록이 있어 더 많은 연구를 위해 큰 도움을 준다. 제1장은 역사적 개요로 설교의 영광, 제2장은 설교에 대한 현대의 장애물, 제3장은 설교의 신학적 기반, 제4장은 다리 놓는 역할로써의 설교, 제5장은 연구에 대한 호소, 제6장은 설교준비 방법, 제7장은 신실과 진지, 제8장은 용기와 겸손 그리고 끝맺는 말로 되어 있다. 이제 간단히 각 장의 내용을 간추려 보도록 하자.

제1장, 설교의 영광에서는 예수님으로부터 시작하여 현재에 이르기까지 설교에 대한 역사적 개요를 한다. 스톳트 박사는 설교가 기독교에 있어서 필요 불가결한 요소임을 지적하고 기독교 역사의 페이지 속에 설교의 영광이 면면히 흐르고 있음을 소개한다. 그는 예수님으로부터 시작하여 사도들, 그리고 교부들의 설교에 대해 설명한다. 그리고 크리소스톰(John Chrysostom)의

설교 특징을 네 가지로 나누어 설명하는데 첫째, 성경적, 둘째, 성경해석의 간결성과 솔직성, 셋째, 도덕적 적용의 현실성, 그리고 넷째, 책망하는 데 있어서 담대함이라고 한다(p.21).

계속해서 스톳트박사는 탁발승들과 개혁자들의 설교에 대해 설명하면서 탁발승들은 설교의 기교를 많이 발전시켰으며 말씀을 중요하게 생각했다고 한다. 그리고 루터(Luther)나 칼빈(Calvin) 등 개혁자들은 하나님의 말씀에 우선권을 둔 점이 그들의 설교를 힘 있게 했다고 한다(p.25).

그리고 스톳트 박사는 청교도들과 복음주의자들 역시 하나님의 말씀을 강조했다고 말한다. 스톳트박사는 19세기와 20세기에도 비록 고등비평의 영향으로 성경이 공격의 대상이 되긴 했지만 하나님의 말씀에 근거한 능력 있는 설교가 계속되었음을 지적하고 있다. 스톳트 박사는 두 가지로 제1장의 역사적 개요의 가치를 말한다. 첫째, 길고 전반적인 기독교 전통은 설교의 중요성을 보여준다. 20세기의 긴 기간동안 설교의 중요성이 강조되어 왔다. 둘째, 길고 전반적인 기독교 전통은 설교의 중요성에 대해 일관성 있게 증거하고 있다. 기독교 전통의 일치는 설교의 중요성을 같은 논리와 같은 용어를 사용하여 분명하게 증거하고 있다.

제2장, 설교에 대한 현대의 장애물을 스톳트 박사는 세 가지로 나누어 취급한다.

첫째는 권위에 대항하는 분위기가 설교의 확신을 저해시킨다.

18세기 계몽주의 이후 점점 성경의 권위를 인정하지 않으므로 성경 말씀에 기초해야 할 설교가 권위를 상실하게 된 것이다. 여기에 대한 대안은 다음과 같다.

① 인간의 본성이 권위를 요구하고 있음을 인식해야 한다.

② 계시의 교리가 권위 없이는 성립이 될 수 없음을 알아야 한다.

③ 권위는 바로 하나님에게서부터 나오는 것을 인식하고 복음의 적절성을 기억해야만 한다.

둘째는 현대인들이 텔레비전에 너무 매료되어 많은 시간을 낭비하고 있는 것이 설교에 대한 현대의 장애물이라고 지적한다.

스톳트 박사는 TV의 영향을 다섯 가지로 말한다.

① TV는 인간을 육체적으로 게으르게 만든다.

② TV는 인간을 지적으로 무비평적으로 만든다.

③ TV는 인간을 감정적으로 무디게 만든다.

④ TV는 인간을 심리적으로 혼란 되게 만든다.

⑤ TV는 인간을 도덕적으로 어지럽게 만든다.

이에 대한 기독교인의 태도는,

① 부모들이 좀 더 철저한 자제로 자녀를 양육해야 한다.

② 기독교인들이 매스 미디어에 영향을 행사할 수 있도록 되어야 한다.

③ 좀 더 구체적인 대책으로 TV에 매료된 사람들을 깨우칠 수 있도록 계획을 세워야 한다.

셋째는 현대에 팽배한 의심의 분위기가 장애물이 된다. 그러나 우리는 확신과 신념을 가지고 복음을 선포해야만 하는 것이라고 한다.

제3장, 설교의 신학적 기반을 취급하면서 스톳트 박사는 테크닉보다도 확신이 중요함을 설명한다.

스톳트 박사는 신학이 방법론보다도 중요하다는 것이라고 말한다.

첫째, 하나님에 대한 확신이다.

① 하나님이 빛이시다.

② 하나님은 활동하신다.

③ 하나님은 말씀하신다에 대해 확신을 가져야 한다.

둘째, 성경에 대한 확신이다.

① 성경은 기록된 하나님의 말씀이다.

② 하나님은 성경을 통해 아직도 말씀하신다.

③ 하나님의 말씀은 능력이 있다는 사실에 대해 확신을 가져야 한다.

셋째, 목회에 대해 확신을 가져야 한다. 자신의 사역은 하나님의 양을 먹이는 사역임을 알아야 한다.

넷째, 설교에 대한 확신을 가져야 한다.

그런데 설교에 대한 확신을 위해서는 본문에 충실한 강해 설교여야 한다. 강해 설교는 우리에게 한계를 정해주고 우리의 설교 내용이 성경 본문에 충실할 것을 요구하며 우리가 피해야 할 약점이 무엇인지 알려준다. 그리고 강해 설교는 우리에게 설교의 확신을 주는 것이다(pp.126-133).

제4장, 다리 놓는 역할로써의 설교에서 스톳트 박사는 설교자의 여섯 가지 특징을 열거한다.

① 설교자는 좋은 소식의 메시지를 부여받아 그 소식을 선포할 소식 전달자이며,

② 설교자는 씨를 뿌리는 자요,

③ 설교자는 그리스도를 대신한 사신이고,

④ 설교자는 하나님의 권속을 책임 맡은 자며,

⑤ 설교자는 목자요,

⑥ 설교자는 인정받은 일꾼이다(pp.135-136).

이 여섯 가지의 특성은 설교자에게 메시지가 주어져 설교자는 그 메시지를 주어진 형편에 적용시켜야 한다는 뜻이 함축되어 있다. 따라서 설교자는 문화적 차이를 넘어야 하며 역사적 차이도 넘어야 한다. 그리고 설교

자는 인간 생활에 연관된 모든 문제를 담대히 다루어야 하는데 도덕적인 문제, 성적인 문제, 금전적인 문제, 개인의 도덕, 교회의 의무, 사회적, 정치적 문제에 대해 담대히 취급해야 한다(pp.151-168).

그리고 설교자는 논쟁적인 문제를 완전히 피해서도 안 되며 신속한 대답을 제공하여 사람들로부터 생각할 수 있는 기회를 빼앗아도 안 된다. 설교자는 명백한 성경 진리를 선포함으로 기독교 정신을 개발해야 한다 (p.173).

제5장, 연구에 대한 호소에서 스톳트 박사는 하나님의 말씀을 시대에 맞게 선포하려면 성경 본문의 연구와 우리가 처한 형편을 연구하지 않으면 안 된다고 말한다. 따라서 설교자는 성경 공부를 해야 하는데 성경 공부의 특징은, 첫째, 포괄적이어야 하며, 둘째, 하나님의 말씀을 듣기 위해 열린 마음으로 해야 하며, 셋째, 성경 공부는 기대하는 마음으로 해야 한다고 말한다(pp.181-188).

그리고 스톳트 박사는 현대 세상을 알기 위해 필요한 서적을 읽거나 영화 감상을 통해서도 그렇게 할 수 있다고 말한다. 그리고 중요한 것은 연구의 습관을 길러야 한다고 말하면서 실제적인 방법을 제시한다. 즉 한 달에 하루 조용한 시간을 갖는다든지 혹은 식구들과 타협하여 조용한 시간을 갖는다든지 할 수 있다고 말한다. 그리고 우리의 직무에 적합하게 계획을 세워서 시간을 활용하지 않으면 안 된다고 한다.

우리들은 그리스도와 그의 소명의 소생하는 비전으로 게으름에서부터 깨어나야 하며 우리의 우선순위를 바로잡아야 한다고 말한다(p.209).

제6장, 설교준비 방법에서 스톳트 박사는 설교를 준비하지 않는 것이 큰 잘못임을 지적하고 과거 훌륭한 설교자로 영향을 미친 사람들은 설교준비를 많이 했던 사람들이라고 말한다.

그리고 스톳트 박사는 구체적으로 설교준비 방법을 제시해준다.

① 먼저 본문을 택한다.
② 본문에 대해 묵상한다.
③ 주요한 사상들을 발췌한다.
④ 주요한 사상에 관련된 자료들을 정돈한다.
⑤ 서론과 결론을 첨가한다.
⑥ 설교를 기록한 후 메시지를 위해 기도한다.

제7장과 제8장에서는 설교자들이 갖추어야 할 특성을 다룬다. 신실, 진지, 용기 그리고 겸손에 대해서 구체적으로 취급한다. 설교자의 신실은 두 가지의 요소를 함

축하고 있다.

첫째, 그가 강단에서 말한 것은 신실하다는 것이며

둘째, 그가 말한 것을 그는 지킨다는 뜻이 있다. 설교와 설교자가 뗄 수 없는 관계이기 때문에 신실성이 더욱 더 요청되는 것이다. 설교자의 진지함은 신실성보다 한 걸음 더 나아간다. 신실성은 말하는 것을 뜻하고 행하는 것이지만 진지함은 말하는 것을 느끼기 때문이다(p.273).

스톳트 박사는 유머를 사용하더라도 진지함은 손해 보지 않는다고 유머의 유용성을 말한다. 그리고 설교가 너무 짧아서는 안 된다고 설교의 길이에 대해서도 관심을 쏟는다. 설교자의 용기에 대해 스톳트 박사는 구약의 선지자들이나 신약의 예수님, 사도들 모두 의로운 형편에 있었으나 용감한 설교자였다고 말한다. 그리고 위클립(John Wycliffe)이나 루터(Martin Luther)역시 용감한 설교자였다.

스톳트 박사는 용기 있는 설교자가 되기 위해서는 체계적인 성경해석을 해야 한다고 말하면서 그 유익을 몇 가지로 말한다.

① 체계적으로 강해설교를 하면 우리가 보통 때 피하거나 무시해버릴 구절을 취급할 수 있다.

② 성도들이 어떤 주일날 어떤 특정 구절을 왜 강해하는가라는 의아심을 갖지 않게 된다.

③ 성경의 내용을 체계적으로 설명해 나갈 수 있다. 스톳트 박사는 겸손에 대해 다음과 같이 설명한다.

첫째, 설교자는 하나님의 말씀에 순복하고 실천해야 하기 때문에 겸손해야 한다.

둘째, 설교자의 동기가 하나님께 영광을 돌리기 위해서이니 겸손해야 한다.

셋째, 설교자는 성령님께 의존해야 하기 때문에 겸손해야 한다(pp.320-328). 겸손의 본은 바로 예수님이 보여주셨고 바울 사도가 보여주셨다.

마지막으로 끝맺는 말에서 스톳트 박사는 설교가 기독교에서 필요 불가결한 것임을 재 강조한다. 교회를 강건하게 할 수 있는 요소는 성경적 설교가 가장 좋은 요소라고 말한다. 우리는 설교할 때 사람 앞에서 설교한다고 생각하기보다 하나님의 면전에서 설교한다고 생각하여야 한다. 하나님은 우리가 하는 행동을 보시며 우리가 말하는 것을 들으신다. 하나님이 우리를 보시고 우리의 말을 들으신다는 생각이외에 어떤것도 우리의 게으름과 위선과 비겁함과 교만을 속히 제거할 수 있는 것은 아무것도 없다(p.335). 내 자신을 잊는다는 것이 성취하기 어려운 목표이지만 다른 분의 존재가 우리 속에 가득 차 있으면 우리 자신을 잊을 수도 있는 것이다. 본서는 설교를 하는 사람이 한번쯤 읽고 스스로 새롭게 해야 할 책이다.

성경 난해 구절 사전

(*Encyclopedia of Bible Difficulties*) By Gleason L.
Archer. Zondervan, 1982, pp.476.

성경을 읽어 내려가면 때로 오류인 듯한 느낌을 갖게 하
는 구절들이 있다. 구약의 숫자가 신약의 숫자와 잘 맞

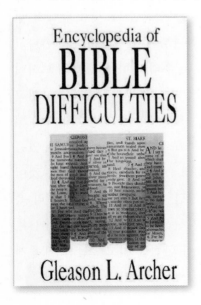

지 않는다든지 구약
의 이름이 신약의 이름
과 잘 맞지 않는다든
지 혹은 신약이나 구
약 자체 내에서도 서
로 조화를 이루지 못
하는 듯한 구절들이 있
다든지 또는 같은 사건
이 서로 다르게 묘사
되어 있는 경우가 있
다. 그리고 좀 더 신학

적인 차원에서 개혁주의적인 신학 입장과 어떤 성경 구절의 내용이 어떻게 조화를 이룰 수 있겠는지에 대한 의심을 갖게 하는 구절들이 있다. 커스터 (Stewart Custer)가 이 문제에 대해 그의 책 「영감이 무오를 요구하는가?」(*Does Inspiration Demand Inerrancy?*) (The Craig press, 1968)의 제8장과 9장에서 약간 다룬 바 있으나 대단히 빈약한 것이었다. 그런데 이번에 쉬카고 근처 디어필드에 위치한 트리니티신학대학원 (Trinity Evangelical Divinity School)의 구약학 교수를 역임하신 아쳐(Archer) 박사께서 「성경 난해 구절 사전」(*Encyclopedia of Bible Dictionary*)을 펴내신 것이다. 아쳐 박사는 성경 66권이 정확무오한 하나님의 말씀임을 믿는 믿음을 근거로 본서를 저술했다. 비록 어떤 특정한 문제를 해석함에 있어 약간의 해석적 차이는 있을 수 있겠지만 성경 66권을 하나님의 말씀으로 믿는 성경 학도는 아쳐 박사의 기여에 감사를 표하지 않을 수 없을 것이다.

본서는 난해한 성경 내용을 어떻게 다루어야 할 것인지를 설명한 후(pp.15-17) 무오성의 중요성을 설명하고 우리들의 성경이 무오하다는 사실을 증명하는 성경 무오성에 대한 간명한 서론이 있은 후 성경 각 권에서 찾아볼 수 있는 문제들을 취급하고 있다. 창세기에서 계시록까지 전체를 다루는 중 구약의 미가, 나훔,

하박국, 스바냐, 학개와 신약의 고린도후서, 빌립보서, 데살로니가전서, 디도서, 빌레몬서, 야고보서, 요한 2서, 그리고 요한 3서 등 13개의 책만 다루지 않고 다른 성경 모두를 다루고 있다.

본서를 소개함에 있어 본서의 성격상 각 권을 모두 소개하는 것이 원칙이나 지면 관계로 허락되지 않는 고로 먼저 난해한 성경 내용을 취급하는 방법을 간추려 소개한 후 각 권의 문제들을 선별적으로 소개하고자 한다. 아쳐 박사는 성경을 기도하는 마음으로 조심스럽게 연구하는 사람에게는 성경에 나타난 어려운 문제들을 해결할 수 있는 길이 열려있다고 말하면서 8가지로 안내 지침을 설명한다.

① 먼저 충분한 설명이 존재할 것이라고 확신하라. 항공역학 기술자는 벌이 어떻게 나는지 정확히 이해할 수 없지만 날 수 있다는 설명은 반드시 있을 것이라고 믿는다. 마찬가지로 성경에 오류인 듯한 구절이나 내용이 있을 경우 그 내용이 왜 그렇게 기록되었는지를 설명하는 방법이 있을 것이라고 믿어야 한다.

② 우리는 성경 내에서 문제가 되는 듯한 내용을 취급할 때 우리의 생각의 방향을 바로 가져야 한다. 성경은 하나님의 말씀으로 정확무오하거나 혹은 유오한 인간의 기록으로 잘못이 있거나 둘 중의 하나이다. 우리들이 예수님의 말씀을 순종하고 따르면 예수님의 주장

처럼 성경은 하나님의 말씀임을 믿고 따라야 한다. 그리고 어려운 내용에 봉착하게 되면 하나님께서 그 어려운 내용을 이해시켜 주실 때까지 겸손하게 인내심을 가지고 기다려야 한다.

③ 어려운 내용이 나타나는 문맥과 구조를 조심스럽게 연구하되 그 구절이 나타나는 책 전체 그리고 나아가서 성경 전체와 비교하면서 난해 구절과 교리를 연구하도록 하여야 한다.

④ 조심스런 주석을 밑받침으로 하지 않은 성경해석은 바르지 못하다. 이는 성경 저자의 뜻을 찾아내기 위해 원어의 뜻을 연구하고 다른 성경에서 그 용어들이 어떤 의미로 사용되었는지 등을 연구해야 함을 함축하고 있다.

⑤ 병행구절의 경우는 조화를 이루어야 한다. 성경의 한 저자가 기록한 내용과 다른 저자가 기록한 내용이 다를 경우 각 기록자의 신실성과 그 기록들의 무오함을 믿고 서로의 기록을 조화시킬 때 그 사건의 전모를 더 밝히 볼 수 있게 되는 것이다.

⑥ 복음주의 학자들이 쓴 좋은 주석을 참고하여야 한다. 일반적으로 성경에서 문제점으로 대두되는 것들이 이런 주석에서 취급되어진다. 그리고 좋은 사전이나 백과사전도 큰 도움을 준다. 그러므로 이런 서적들을 참고하여야 한다.

⑦ 성경의 난해한 것들은 성경 전수과정 중 복사자들의 잘못에서 기인된 것이다. 구약의 경우 비슷한 모형의 자음이나 혹은 모음을 잘못 읽음으로 인해 발생된 것이 있다. 이런 경우 본문비평의 노력으로 난해한 것들을 해결할 수가 있는 것이다.

⑧성경에 기록된 역사적 사건이 고고학적 발견과 차이가 날 때에 흔히 성경을 믿기보다는 고고학적 발견을 믿으려고 한다. 그러나 성경 자체 역시 고고학적 신빙성을 가지고 있는 자료임을 기억해야 한다. 이방나라에서 발견된 비문이나 어떤 기록의 사본이 성경의 기록과 차이가 있을 때 이방나라의 것을 무조건 더 믿으려고 하는 것은 정확성을 증명하려는 일반법칙에 위배되는 것이다. 지금까지 나타난 자료로는 성경만큼 인간 이해를 초월해서 예언과 성취의 형태로 정확성과 신빙성을 증거 하는 자료가 없다. 이는 하나님만이 하실 수 있는 것임을 기억해야 한다.

아처 박사는 이렇게 성경의 난해한 구절과 내용을 어떻게 대해야 할 것인지에 대한 안내지침을 설명한 후 성경의 무오성에 대해 서론 격으로 설명하면서 성경의 무오성이 없으면 성경의 신빙성도 존재할 수 없으며 성경 원본의 무오성은 대단히 중요한 것으로 어떤 사람의 주장처럼 우리가 성경 원본(autograph)을 현재 소유하고 있지 않기 때문에 무오성을 논함은 어불성설(語

不成說)이라고 하는 주장은 마치 우리가 현재 사용하고 있는 모든 계량기가 100% 완전하지 않기 때문에 완전한 계량기가 세상에 하나도 존재하지 않는다고 주장하는 것과 다를 바 없다고 성경 유오를 주장하는 사람들을 일축해 버린다(p.28). 그리고 아쳐 박사는 현재의 성경의 정확성을 본문 비평의 여러 가지 방법을 설명함으로 증명하고 있다.

이제 본론에 해당되는 난해한 듯한 문제들을 아쳐 박사가 어떻게 해결하고 있는지 선별적으로 소개하고자 한다.

〈창세기〉

문제/ 아담과 하와는 구원을 받았는가? 타락 후 하나님께서 짐승의 가죽으로 그들을 옷 입혔을 때 하나님은 아담과 하와에게 피의 제사와 속죄에 대해 가르치셨는가? 아담은 그의 가족의 대제사장이었는가?

답/ 이런 질문에 대해 아쳐 박사는 죄 용서를 받았던 첫 사람들은 의심할 것 없이 아담과 하와였다. 비록 명백하게 언급은 되어 있지 않지만 창세기 3:9-21은 그들의 회개와 죄 용서함 받은 것을 전제하고 있다. 확실히 처음 조상들이 선악과를 먹은 자신들의 죄에 대해 책임회피를 한 것만은 사실이지만(창3:12-13) 그들이 결코 범하지 않겠다고 약속했던 죄를 범했다는 사실을 인정하고 있는 것이 함축되어 있다. 그리고 하나님께서 아담과 하와에게 내린 벌을 볼 때 용서와 은혜가 있었던 것을 알 수 있다. 하나님은 그들이 받아 마땅한 심판을 받도록 내버려두시지 않고 사랑의 동기에서 나온 단련을 시키는 것이다. 그리고 창세기 3:15절은 구세주의 오심의 첫 선포인 것이다. "내가 너로 여자와 원수가 되게 하고 네 후손도 여자의 후손과 원수가 되게 하리니 여자의 후손은 네 머리를 상하게 할 것이요 너는 그의 발꿈치를 상하게 할 것이니라"(창 3:15).

창세기의 내용으로 보아 하나님이 벌거벗은 아담과 하와를 가죽옷으로 옷 입히실 때 대속적 희생의 속죄의 피에 대해 가르쳤다고 생각하는 것이 논리적이다. 아담의 둘째 아들 아벨은 참다운 신자였을 뿐만 아니라 제단 위에 무흠한 양을 바치는 대속적 희생에 대해 잘 알고 있었다(창 4:4). 이런 교훈은 누구에게서 받은 것이겠는가. 그리고 성경에 아담의 죄에 대한 회개의 명백한 기록이 없다고 해서 그가 930년 동안의 지상생애 기간 중에(창 5:4) 자신의 죄에 대한 회개를 전혀 하지 않았다고 결론 내릴 수는 없는 것이다.

그러므로 구원받은 성도로 처음 죽은 사람은 아벨이었지만 아담과 하와 역시 하나님의 은혜로 구원받을 믿음을 소유한 첫 인간의 조상이었다고 결론 내릴 수 있는 것이다(pp.75-76).

문제/ 멜기세덱은 역사적 인물이었는가? 신화적 존재였는가?

답/ 창세기 14:18-20의 기록은 멜기세덱이 역사적 인물임을 증명해 주고 있다. 멜기세덱은 살렘(아마 예루살렘)왕으로 전쟁에서 돌아오는 아브라함을 영접했고, 그에게 하나님의 이름으로 축복해 주었다. 멜기세덱은 참 신자였음에 틀림없고 하나님을 경배한 신실한 자였음이 틀림없다.

그런데 멜기세덱의 부모에 대한 기록이 없고 그의 출생과 죽음에 대한 기록이 전혀 없다(히7:3). 이런 이유 때문에 멜기세덱을 역사적 인물로 생각하지 않고 신화적 존재나 천사로 취급하는 주장이 있었다. 그러나 성경 본문은 멜기세덱을 메시아의 표상으로 삼기 위하여 그의 부모, 그의 출생과 죽음에 대한 기록을 의도적으로 빼놓은 것이다. 그러므로 멜기세덱은 부친도 있었고 모친도 있었지만 메시아의 통성과 불멸성을 강조하기 위해 그의 부친과 모친이 없는 것으로 묘사된 것이다(pp.91-93).

〈욥기〉

문제/ 욥이 역사적 인물이었는가 아니면 허구적 영웅이었는가?

답/ 욥기 42장 전체 중 39장이 시적인 형태로 되어 있기 때문에 어떤 학자들은 욥이 역사적 인물이 아니요 이스라엘 백성이 바벨론 포로 생활을 할 당시 그들의 역경을 대표하는 허구적 인물이라고 주장한다. 이에 대해 아쳐 박사는 네 가지로 욥의 역사성을 증명한다. 첫째, 욥기 1:1에 "우스 땅에 욥이라 이름 하는 사람이 있었는데"라고 나오는데 이 표현은 "유대 왕 헤롯 때에 아비야 반열에 제사장 하나가 있으니"(눅 1:5)와 같은 표현으로 욥의 역사적 존재를 입증한다. 둘째, 성경 다른 곳에서 역사적인 인물과 함께 욥을 언급함으로 욥의 역사성을 증명하고 있다(겔 14:14). 셋째, 욥기 1장, 2장에 기록된 여호와와 사단의 이야기를 근거로 욥의 역사성을 부인하는 것은 마태복음 4장과 누가복음 4장에 기록된 예수님이 사단에게 시험받은 기록을 의심하는 것과 같다. 우리는 하나님의 계시의 신실성을 의심할 수가 없는 것이다. 넷째, 히브리어보다 아람멕 용어가 많다는 근거로 욥의 역사성을 부인할 수는 없다. 그 이유는 욥이 살던 때에 그곳에 아람멕을 사용한 역사적 증거들이 있기 때문이다.

우리는 이상에 열거한 이유로 욥이 역사적 인물이었음을 증거 할 수 있고 야고보(약 5:11)의 기록이 사실임을 증거 할 수 있다(pp.235-237).

〈마태복음〉

문제/ 마태복음 27:9은 어찌하여 스가랴의 예언을 예레미야의 예언처럼 말씀했는가?

답/ 스가랴에 나온 말씀은 "내가 그들에게 이르되 너희가 좋게 여기거든 내 품삯을 내게 주고 그렇지 아니하거든 그만두라. 그들이 곧 은 삼십 개를 달아서 내 품삯을 삼은지라. 여호와께서 내게 이르시되 그들이 나를 헤아린 바 그 삯을 토기장이에게 던지라 하시기로 내가 곧 그 은 삼십 개를 여호와의 전에서 토기장이에게 던지고"(슥 11:12-13)라고 나와 있다. 이 말씀은 마태복음 27:9-10의 내용과 완전하게 일치되지 않는다. 그 이유는 마태복음 27:9-10이 스가랴의 말씀뿐만 아니라 예레미야의 말씀도 포함하고 있기 때문이다. 예레미야 32:6-9에는 밭을 사는 기록이 있고 예레미야 18:2, 19:11 등은 토기장이에 관한 내용이 나온다. 그러므로 마태는 구약의 두 예언서의 말씀을 성령의 영감으로 혼합시켜 마태복음으로 기록할 때 소선지의 이름보다는 대선지의 이름을 밝히는 1세기의 습관에 따라 스가랴보다 예레미야의 이름을 사용하여 예레미야의 예언이라고 기록한 것이다. 이런 예는 말라기 3:1과 이사야 40:3을 인용한 마가복음 1:2-3에서도 찾아볼 수 있다.

〈히브리서〉

문제/ 중생한 성도가 영벌로 멸망 받을 수 있는가?

답/ 히브리서 6:4-6과 10:26-31은 마치 중생한 성도도 타락할 수 있는 듯이 기록하고 있다. 아쳐 (Archer) 박사는 이 경우를 예수님의 제자 유다의 경우와 비교하면서 히브리서의 기록은 진정으로 예수를 구주로 고백하는 선택된 백성에 대한 기록이 아니요 형식적인 기독교인을 가리킨다고 말한다. 첫째, 한번 비췸을 얻은 것을 복음의 진술에 따라 외적인 신앙고백을 한 상태를 가리킬 수 있고, 둘째, 하늘의 은사를 맛보는 것은 다른 기독교인들과 교회에서 즐거운 교제에 참여한 것을 말하며, 셋째, 하나님의 선한 말씀을 맛보는 것은 목사의 설교를 듣고 지적으로 인정하는 것이요, 넷째, 내세의 능력을 맛보는 것은 마치 유다가 12사도와 함께 파송 받아(눅 10:17) 복음을 접할 때 하늘의 능력을 다른 사도들과 함께 맛본 것과 같은 것이다.

아쳐 박사는 이렇게 히브리서 6:4-6과 10:26-31의 내용은 형식적인 기독교인의 모습을 가리키고 있다고 설명한다(pp.419-421).

지면관계로 더 이상 소개하지 못하고 구약에서 3문제 신약에서 2문제만 소개한다. 이외에도 아담과 하와의 아들들은 어떻게 결혼했는가(p.77). 제4계명에도 불구하고 토요일이 어떻게 주일로 교체되었는가 (pp.116-121). 하나님은 라합의 거짓말을 어떻게 인정하셨는가(pp.155-156), 죽음 후에도 복음을 믿을 기회가 있는가(pp.423-424), 요한일서 3:9은 죄 없는 완전을 가르치는가(pp.428-429), 계시록 7:3-8과 14:1의 144,000은 누구를 가리키는가(pp.432-434) 등의 궁금한 문제들을 잘 풀어 해석해 주고 있다. 본서는 성경을 공부하는 성경학도는 누구나 특히 신학생, 목사님들이 서재에 비치하므로 성도들로부터 쇄도해오는 어려운 난제를 해석해주는 데 큰 역할을 하리라 믿는 것이다. 특히 이 책은 성경무오설을 바탕으로 기록되어졌기 때문에 더욱 귀한 것이다.

마가의 세계

(*Conflict in Mark: Jesus, Authorities, Disciples*), by
Jack D. Kingsbury, 김근수 역, CLC, 2003, pp. 152.

본서는 마가복음을 세 부분으로 나누어 문예적 접근으로 각 부분을 설명한다. 첫 번째 부분은 마가복음 1:1-

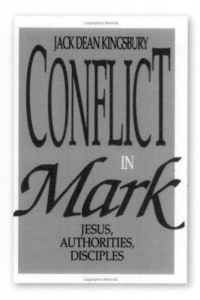

13까지로 구분하고, 둘째 부분은 마가복음 1:14-8:26까지로 구분하며, 셋째 부분은 마가복음 8:27-16:8까지로 구분한다. 이 세 부분을 근거로 본서를 4장으로 구성한다. 제 1 장은 서론 부분으로 나머지 3장에서 다룰 등장인물들을 소개한다. 저자는 제 2 장에서 제 4 장까지 등장인물들을 구체적으로 다룬다.

제 1 장에서 저자는 예수님과 예수님의 주변 인물들을 소개한다.

저자는 항상 진실한 모습을 가지신 예수님을 주인공으로 삼고 그 주변 인물들을 소개한다. 제자들은 예수님을 추종하는 사람들로서 예수님의 반대자들은 아니지만 인간적인 것들을 생각하고 갈등의 모습을 보여준다. 그리고 저자는 예수님을 반대하는 그룹으로 종교관원들과 군중들을 등장시킨다. 그 당시 종교관원들은 예수님이 그들의 목적 성취에 위협적인 인물로 생각하여 공동전선을 펴서 예수님을 공격한다. 군중들은 종교관원들처럼 일관되게 예수님을 반대하지는 않지만 예수님에 대한 믿음의 결여로 호의적일 때도 있지만 자신들의 이익이 결부되어 있을 때에는 항상 예수님을 반대한다. 저자는 시몬의 장모나 야이로 그리고 예수님의 머리에 값비싼 기름을 부은 한 여인이나 헤로디아의 딸과 예수님의 십자가를 진 구레네 시몬 같은 인물을 조연들로 설명한다. 이들은 잠시 등장했다가 무대 밖으로 벗어난 것으로 설명된다. 저자는 마가복음 전체를 근거로 예수님을 중심으로 주변에서 예수님을 호의적으로 생각하는 인물들과 악의적으로 생각하는 인물들을 소개한다.

제 2 장은 마가복음을 첫째부분(막 1:14-8:26)과 둘째부분(막 8:27-16:8)으로 나누어 예수님의 활동과 생애의 여정을 설명한다.

본서의 저자는 첫째부분에서 예수님이 공적 사역을 통해 복음을 선포하고 제자들을 불러 모으고 이적을 행하므로 예수님의 초자연적인 신분을 조금씩 펼쳐 보인다. 하지만 인간들의 무지는 예수님이 누구이신지를 정확하게 파악하지 못한다. 저자는 둘째부분에서 십자가의 길을 걸어가신 예수님의 삶을 조명한다. 저자는 마가가 예수님을 메시아로(막 8:27-30), 다윗의 아들로(막 10:46-11:1; 12:35-37), 하나님의 아들로(막 11:11이하) 묘사하면서 성전에서 머무르시는 예수님, 고난당하시고 죽으시고 다시 부활하신 예수님을 설명하고 있다고 소개한다.

제 3 장은 종교 관원들의 이야기를 통해 예수님과의 갈등을 부각시킨다.

예수님과 종교관원들과의 갈등은 권위 문제로 귀결된다. 마가는 예수님을 하나님의 권위를 대행하시는 권위자로 묘사하고, 반면 종교 관원들은 권위 없는 사람들로 규정한다. 예수님과 종교 관원들의 갈등은 성전에서 그 절정에 이른다(막 11:27-12:34). 왜냐하면 성전은 하나님의 임재의 장소이며 동시에 그 당시 종교관원들의 통치의 중심지였기 때문이다. 갈등의 결과는 예수님이 십자가에서 처형됨으로 종교지도자들의 승리로 나타나는 것 같지만 실상은 하나님의 간섭으로 예수님이 부활하시므로 예수님의 승리로 끝난다.

제 4 장에서 저자는 마가가 둘째부분(막 1:14-8:26)의 사역을 묘사하면서 제자들을 소개한 것으로 설명한다. 제자들은 변함없는 충성심을 보여 주도록 부름을 받았다. 하지만 제자들은 예수님의 오신 목적을 분명하게 깨닫지 못한다. 예수님은 "하나님의 일"을 생각하지만 제자들은 "사람의 일"을 생각한다. 예수님과 제자들의 갈등은 마가 이야기의 끝부분(막 8:27-16:8)에서 두드러지게 나타난다. 결국 제자들은 예수님을 저버리고 예수님을 배신한다. 그럼에도 불구하고 부활하신 예수님은 제자들을 모으고 자신이 십자가에 못 박히셨지만 부활하신 하나님의 아들이심을 깨닫게 하신다. 마가는 예수님과 제자들의 갈등을 소외와 갈등으로 남겨두지 않고 화목으로 전환시킨다.

본서가 사용한 문예적 접근은 성경본문을 문학적 문서로 취급하여 이야기의 흐름과 구조, 대칭, 직유, 은유, 성격묘사와 전개, 행(line)들의 길이 등에 관심을 가지고 접근하는 방법이다. 성경 본문을 일련의 문학적 기법을 활용하여 본문을 이해하려는 시도이다. 그런데 문예적 접근은 성경 66권을 정확무오한 하나님의 말씀으로 인정하고 출발해야 한다. 만약 성경의 완전성과 무오성이 전제되지 않으면 문예적 접근은 독자의 감정과 쾌감을 충족시킬 수는 있지만 저자의 의도와 다른 결론에 도달할 위험이 있다.

II

복음과 바울

어떻게 복음서를 읽을 것인가?

(How To Read The Gospel and Acts?) Joel B. Green 저/
정옥배 역/한국기독학생회 출판부, 1988, 초판, pp.202.

본서는 저자가 서문에서 밝힌 바대로 복음서와 사도행전에 대한 주석도 아니요 내용을 전체적으로 소개한 개요에 해당한 책도 아니다. 오히려 본서는 복음서와 사도행전이 어떤 성격을 가지고 있으며 어떤 배경에서 기록되어 졌는지를 밝히고 또 저자들이 어떤 방법으로 복음서와 사도행전을 기록했는지를 밝힘으로 원래의 메시지를 바로 터득할 수 있

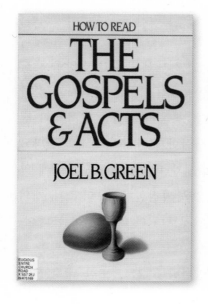

도록 길잡이 역할을 해 준다. 본서는 3부로 나뉘어져 있다.

제 1부에서 저자는 복음서를 어떻게 접근해야 할 것인가를 설명한다.

복음서는 나사렛 예수를 중심으로 구속의 메시지를 우리에게 전해준다. 나사렛 예수의 사건은 하나님이 우리와 함께 하신 사건이요 세상 역사에 특별한 방법으로 개입한 사건이다. 그리고 예수님의 중심 메시지는 하나님 나라이다(영어 본 p.17). 그러므로 우리의 신앙은 역사적 예수를 기초하여야 하지만 거기에서 멈출 수 없고 나사렛 예수를 주와 그리스도로 동일시하는 신앙이 뒷받침되어야 한다. 복음서는 이런 신앙을 일세기의 신앙으로만 국한시키지 않고 시간적으로, 문화적으로, 지리적으로 다른 오고 오는 세대에 똑같은 신앙을 갖도록 해주는 역할을 한다(p.20). 저자는 복음서가 하나가 아니요 네 개인 이유를 복음서 저자들의 목적과 전망의 차이에서 찾는다. 사람마다 자신의 목적과 전망으로 글을 쓸 경우 비록 주제가 비슷할지라도 내용에 약간의 차이가 있을 수 있음을 지적한다. 그리고 네 개의 복음서는 어느 것이 다른 것보다 더 나은 것이 아니요, 서로 권위를 분담하고 있음으로 우리에게 더 정확한 복음을 전해주고 있다고 말한다(p.27). 또한 네 복음서의 기록 목적과 전망이 서로 다르기 때문에 서로 다른 청중들에게 복음을 의미 있게 전달하는 데 효과적이 되는 것이다(p.29).

저자는 예수 그리스도를 바로 이해하기 위해서는 예수 이전의 역사적 형편을 알아야 한다고 말한다. 따라서 그는 기독교 이전의 유대주의가 어떻게 형성되었는지를 설명하고 예수님 당시에 분파들이 어떤 역사적 배경으로 형성되게 되었는지를 설명한다.

저자는 제 1부를 마무리 지우면서 우리가 복음서를 읽을 때 20세기 오늘의 역사적 상황에서 읽을 것이 아니요, 1세기 팔레스틴의 역사적 상황에서 읽어야만 그 속에 담겨져 있는 메시지를 바로 이해할 수 있다고 말한다.

제 2부에서 저자는 복음서들이 예수의 복된 소식을 전한 설교의 특성을 가지고 있음을 규명한다.

첫째, 각 복음서는 설교로써 특별한 상황과 연관되어 있다. 각 복음서는 특별한 필요를 충족시키도록 계획되어진 것이다. 둘째, 각 복음서는 설교이기 때문에 하나님께서 그 복음서들을 통해 말씀하고 계심을 이해해야 한다. 복음서에 기록된 예수님의 말씀과 행위를 통해 부활하신 주님께서 계속되는 새로운 세대의 사람들에게 권위 있게 말씀하신다. 셋째, 각 복음서는 설교로서 역사와 신학을 특이하게 조화시킨 것이다. 사건의 해석이 잘 융합되어 예수의 이야기가 전해지고 청중들은 권위 있는 메시지에 도전을 받게 되는 것이다 (pp.57~58).

저자는 복음서들이 설교의 성격을 가지고 있음을 전제하고 "역사로서의 복음서"와 "신학으로서의 복음서" 부분에서는 복음서 저자들이 어떻게 역사적 사실과 그 해석을 잘 조화시켰는지를 많은 예를 들어 설명한다. 그리고 복음서 저자들의 궁극적 목적은 청중들이 예수 그리스도를 믿음으로 영원한 생명을 얻도록 하기 위한 것임을 밝힌다.

저자는 제 2부에서 흔히 바울만이 신학자요, 복음서 저자들은 신학자가 아닌 것처럼 취급하는 입장을 떠나 복음서 저자들도 바울과는 다른 역할을 맡은 신학자임을 명백히 한다. 그러므로 신학자인 복음서 저자들이 복된 소식을 전하기 위해 복음서를 쓸 때 역사와 해석을 잘 조화시켜 주었기 때문에 복음서를 읽을 때 이런 특성을 이해하고 읽어야만 본래의 메시지를 바로 터득할 수 있다고 말한다.

제 3부에서 저자는 복음서들의 메시지에 대해 취급한다. 저자는 복음서의 서술들을 해석하는 다섯 가지의 해석 원리를 설명함으로 복음서 메시지 이해에 도움을 준다. 첫째, 복음서의 모든 이야기는 선택적이요, 전체를

다 포함하고 있지 않다. 이 사실은 우리가 복음서를 읽을 때 우리들이 중요하게 생각하는 것보다는 복음서 저자가 중요하게 생각하여 전하고자 하는 메시지를 찾아야 한다는 교훈을 준다. 둘째, 복음서들은 우리들이 가지고 있는 질문에 대한 답으로 쓰여진 것이 아니다. 20세기를 사는 우리들은 우리들에게 중요한 질문이 있지만 그런 질문들은 1세기 복음서 저자들의 관심사가 아니었다. 셋째, 복음서의 이야기들은 여러 가지 의미를 가지고 있는 풍유적인 이야기로 취급되어서는 안 된다. 복음서의 이야기는 하나의 중요한 요점만을 나타내도록 설명되어진 것이다. 넷째, 복음서의 서술들은 가끔 직접적으로 가르치기도 한다. 복음서의 서술을 단순히 문자적으로만 취급하면 복음서가 원래 의도한 의미를 놓칠 수 있는 것이다. 다섯째, 복음서 이야기들은 모든 경우에 하나님의 뜻이 동일하게 나타나야 하며 하나님이 동일한 방법으로 사역해야 함을 보장하는 명제적인 진술이 아니다. 하나님은 어떤 경우에는 어떤 방법으로 다른 경우에는 다른 방법으로 그의 뜻을 이룰 수 있음을 알아야 한다(pp.105-109).

저자는 복음서들이 이야기이기 때문에 항상 문맥을 중요하게 생각하여야 하며 독립된 어록인 것처럼 보이는 것일지라도 그 주변의 문맥에 비추어 이해해야 함을 강조한다. 이와 같은 방법으로 복음서의 메시지와 사도행전의 내용을 이해해야 한다고 저자는 주장한다. 저자는 예수님의 교훈의 방법을 여러 가지로 설명하는 가운데 그 중 예수님이 가장 즐겨 사용한 방법이 비유임을 설명한다. 그리고 저자는 비유가 반드시 한 요점만 나타내는 것이 아니요, 여러 가지 중요한 요점들을 가르칠 수 있다고 말한다. 그 예로 씨 뿌리는 자의 비유(막 4:3-8)는 ① 좋고 나쁜 토양을 구분하지 않고 씨를 구별 없이 뿌리는 은혜가 명백히 나타나고 ② 심판과 방해로 인해 모든 씨가 열매를 맺지 않는다는 것과 ③ 그럼에도 불구하고 어떤 씨는 열매를 맺게 될 소망이 있고 ④ 열매 맺는 것이 왕국의 근본적인 특성이며 ⑤ 씨를 사용한 점과 씨가 자라는 시간이 필요하다는 개념은 왕국이 즉시로 오지 않고 시간을 경과하면서 올 것이라는 점 등이 중요한 요점들이라고 설명한다(pp.142-143).

저자는 또한 비유의 기능이 교훈을 가르치기 위한 것이 아니요 반응을 이끌어내기 위한 것이므로(p.141) 우리는 비유를 해석하기 위해 많은 노력을 기울일 것이 아니요 오히려 조용히 앉아 비유를 들음으로 그 메시지에 도전을 받아야 한다고 말한다. 그리고 저자는 예수의 메시지의 중심 주제가 하나님의 왕국임을 설명한다. 그린(Green)은 독자들을 복음서가 기록된 1세기로 초청하여 복음서 기록 당시의 상황에 비추어 복음서의 의미를 이해할 수 있도록 한 다음 거기에서 머물지 않고 복음서들이 1세기 독자들에게 예수를 중심한 복된 소식을 전함으로 그들로부터 예수를 주로 고백할 수 있게 하는 신앙의 반응을 이끌어 낸 것처럼 복음서들이 오늘날도 같은 역할을 한다고 강조한다.

저자는 복음서를 중심한 여러 가지 어려운 문제들을 그의 심오한 통찰력을 발휘해서 명쾌하게 설명해 줌으로 본서를 읽으면 복음서에 관한 여러 가지 질문들이 자연히 해결되는 느낌을 갖게 한다. 일반 성도는 물론 신학도들도 본서를 일독함으로 복음서와 사도행전에 대한 이해를 깊게 할 수 있으며 나사렛 예수가 1세기 사람들에게는 물론 오늘 우리에게 어떤 의미를 갖는지 더 밝히 알 수 있으리라 생각된다.

본서는 정옥배 전도사에 의해 평이하면서도 책임성 있게 번역되고 IVP에 의해 출판되었다. 오늘날 서점에 나와 있는 많은 번역본의 신실성을 믿기 어려운 때에 성실하게 원저자의 뜻을 바로 전달해 준 역자의 수고를 치하하고 싶다. 바라기는 본서를 통해 복음서를 보는 우리의 안목이 밝혀져 그리스도의 메시지를 더 밝히 볼 수 있게 되었으면 한다.

하나님 나라

(*The Coming of the Kingdom*) 헤르만 리델보스지음,
오광만 옮김. 엠마오 펴냄, 신국판, 673쪽.

새로 출판된 책을 진열해 놓은 서점의 신간 소개 서가를
훑어보면서 때때로 마음속의 희열을 느낄 때가 있다. 그

때는 반드시 필요한 책
이나 번역본을 보았을
때이다. 리델보스 박사
의 673페이지에 이르는
「하나님 나라」는 바로
그런 기쁨을 가져다 준
책이다.

본서의 저자 리델보
스(Ridderbos) 박사는
캄펜(Kampen)대학을
마치고 암스테르담의

자유대학(Free University)에서 박사학위를 받은 후 1943년 이래 약 40년 간 캄펜신학교 신약교수로 봉직하셨던 귀한 개혁주의 신학자이시다. 리델보스 박사는 세계적으로 알려진 신약학자로 한국에도 그의 저서 「바울과 예수」(삼영서관, 1984), 「바울신학」(지혜문화사, 1985) 등을 통해 이미 알려진 학자이다.

「하나님 나라」는 「바울신학」(Paulus)과 함께 리델보스 박사의 많은 저서 중 쌍벽을 이루는 걸작이라고 할 수 있다. 「바울신학」은 예수님의 강림, 죽음, 그리고 부활을 시작으로 종말론적인 구원의 때가 임했음을 선포한 것이 바울신학의 중심 주제임을 명쾌하게 제시하고 있다. 반면 「하나님 나라」는 복음서의 교훈을 하나님 나라의 관점에서 해석하며 확증하고 있다.

본서 전체 신학적 골격은 하나님 나라가 예수 그리스도의 사역과 선포로 이미 임했으나 그 완성은 아직 미래로 남아 있다는 하나님 나라의 현재면과 미래 면을 균형 있게 유지하는 것이다. 하나님 나라가 이미 임했을 뿐만 아니라 앞으로 완성될 것이라는 리델보스 박사의 결론은 특별히 새로운 것은 아니지만, 리델보스 박사가 이 주제를 다루면서 자신들의 신학적인 전제에 의해 하나님 나라 개념에 채색된 옷을 입힌 극단적인 학자들의 입장을 철저하고도 정당하게 취급할 뿐만 아니라 그들의 입장을 논박하는데 있어서 적절한 자료를 활용하고 성경본문을 탁월하게 주해한 점이 본서를 더욱 돋보이게 하고 유용하게 만드는 것이다.

리델보스 박사는 도덕적 차원의 하나님 나라 개념이나(Ritschl), "철저한 종말론"(Consistent Eschatology)에 근거한 하나님 나라 개념(A. Schweitzer), 그리고 "실현된 종말론"(Realized Eschatology)에 근거한 하나님 나라 개념(C. H. Dodd) 등을 다룰 때 편견을 갖지 않고 그들의 입장을 정당하게 제시한 다음 그들의 장점과 약점을 성경본문 주해에 비추어 명쾌하게 지적하는 것이다

리델보스 박사는 본서의 제 1장과 제 2장에서 하나님 나라에 대한 배경적인 설명을 한 다음, 제 3장에서 하나님 나라의 임함은 예수님의 복음 선포, 이적을 행하심, 귀신을 쫓아냄, 그리고 예수님 자신의 인격적 사역 등을 통해 성취되었음을 논증하고, 제 4장에서는 이미 임한 하나님 나라가 완성된 하나님 나라가 아니요 그 완성은 앞으로 있을 것이기에 현재는 임시적 성격이 있음을 설명한다.

제 5장에서 7장까지는 하나님 나라 복음의 내용을 하나님께서 주신 구원과 인간에게 요구하신 명령의 두 부분으로 나누어 설명한다. 리델보스는 "구원의 은사는 명령을 포함하고 있으며, 역으로 천국의 명령 혹은 요구 역시 예수께서 선포한 구원에 속한다"(p.248)라고 말함으로 이 두 부분을 나누어 생각할 수는 없지만 일종의 도식으

로 필요하다고 말한다.

그리고 제 8장에서는 하나님 나라와 교회의 밀접성을 설명하고 교회는 복음전도를 통해 그리고 교회의 활동을 통해 하나님 나라를 확장해야할 책임을 가지고 있음을 분명히 한다. 제 9장에서는 성만찬의 구속사적 의미를 해석함으로 하나님 나라와의 관계를 설명한다. 마지막 장인 제 10장에서는 하나님 나라의 미래 면을 설명하면서 하나님 나라의 완성은 도덕적 발전이나 역사적 과정의 방법으로 실현되지 않고 인자의 권능의 역사에 의해 실현될 것임을 명백히 한다(p.563).

리델보스의이 기념비적인 저서는 복음서에 나타난 중심된 교훈을 우리에게 전달할 뿐만 아니라, 신학을 하는 사람들이 어떻게 신학활동을 해야 하는지 그 방법론까지 제시하고 있는 것이다. 신학은 구속 역사적인 전망을 가지고 주해적으로 해야 한다.

본서는 신학을 하는 사람은 물론이고 진리를 심각하게 생각하는 사람은 꼭 읽어야할 책이다. 아무쪼록 본서가 많이 읽혀져 하나님 나라 건설에 보탬이 될 수 있기를 소원한다.

부활과 구속

(*Resurrection and Redemption*) 리차드 B. 개핀/
손종국 역. 엠마오 펴냄, 신국판, 1985, pp.199.

본서는 현재 미국 필라델피아에 소재한 웨스트민스
터(Westminster) 신학교의 신약신학 주임교수를 역

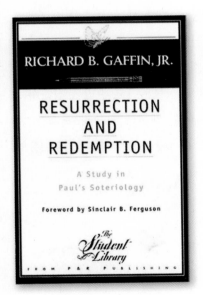

임하신 리차드 개핀
(Richard B. Gaffin,
Jr)박사가 「부활과 구
속」이라는 제목으로
1969년 미국 웨스트
민스터신학교에 신학
박사(Th.D) 학위논문
으로 제출한 것을 내용
상 큰 변경 없이 수정
만 가하여 출판한 것이
다. 개핀 박사는 그 후

조직신학 교수로 자리를 옮겨 후학들을 가르치다가 현재는 은퇴한 상태이다. 본서의 특이성은 몇 가지 점에서 신학도 들에게 유익한 제시를 한다.

1. 신학적 방법론

본서는 바울을 신학자로 인정하고 바울 서신을 취급하였다. 보스(G. Vos)와 리델보스(H. Ridderbos)의 입장에 서서 개핀 박사는 바울을, 계시 기록을 할 때 단순히 하나의 기계로서만 사용되지 않고 완전한 인격자로서 자기에게 주어진 자료들을 조직적으로 연구 분석하고 해석하여 성경을 기록한 신학자로 취급하는 것이다. 칼빈주의 3대 학자 중의 한 사람인 카이퍼(A. Kuyper)박사까지도 바울을 신학자로 취급하지 않았다. 그러므로 카이퍼 박사는 주장하기를 성경은 신학이 될 수 없고 단순히 신학의 기초가 될 뿐이라고 말한다. 그러나 개핀 박사는 보스(Vos)와 더불어 바울을 신학자로 취급하는 것이다. 개핀은 바울이 신학자로서 고도로 발전된 조직적인 마음을 가지고 있기 때문에 다른 성경 저자들과는 차이가 있다고 말한다. 이 말은 하나님의 계시 기록에 있어서 성경저자들의 서로 다른 특성을 인정하는 것이다.

　말씀 계시는 하나님의 구속적인 사역을 확증하는 역

할을 하거나 해석하는 역할을 한다. 각 성경에서 이 두 요소는 서로 배타적인 것은 아니지만 그 강조에 있어서 차이가 있는 것이다. 예를 들면 복음서들은 확증하는 면에 강조를 두지만 바울 서신들은 해석하는 면에 강조를 두는 것이다. 바울 사도는 하나님의 구속 사역을 확증하는데 더 많은 관심을 쏟은 것이 아니라 구속 사역을 해석하는데 더 많은 관심을 쏟은 것이다. 바울의 관심은 구속 역사가 그리스도의 죽음과 부활에서 그 절정을 이룬 것을 믿고 그 구속역사를 설명하는데 있었다. 하나님은 그의 계시 전달에 있어서 바울의 교육적 배경과 성격을 유기적으로 사용하신 것이다. 이렇게 볼 때 바울은 기독교 자료를 조직적으로 다룬 신학자라고 생각할 수 있는 것이다.

개핀은 바울을 신학자로 생각하고 그의 서신을 신학적 활동의 결과로 산출된 정확무오한 계시로 생각할 뿐만 아니라 또한 바울을 우리와 같은 구속 역사적 긴장에 처한 사람으로 생각하는 것이다. 오늘날 신학자들은 바울과 함께 한편으로 "말세를 만난"(고전 10:1) 사람들로서 미래를 내다보는 입장에 서있는 것이다. 이처럼 바울과 우리는 '이미'와 '아직'의 구속 역사적 긴장 속에 처해 있는 것이다. 바울과 오늘날 신학자들은 예수님의 죽음과 부활을 되돌아보고 재림을 내다보는 구속 역사적 긴장 속에 살고 있다. 그러므로 오늘날 신학자들은 바울 사도가 구속 역사적 입장 가운데서 구속 사건들을 해석한 것처럼 같은 입장에서 "영세 전부터 감추어졌다가 이제는 나타내신바 되었으며 영원하신 하나님의 명을 따라 선지자들의 글로 말미암아 모든 민족이 믿어 순종하게 하시려고 알게 하신 바 그 신비의 계시"(롬 16:25,26)를 해석하고 그것이 오늘날 우리에게 어떻게 적용되어져야 하는지를 천명해야 하는 것이다. 따라서 오늘날 신학자들은 자신의 형편에 맞는 신학을 수립하기보다 성경 계시에 기초를 둔 신학을 수립해야 하는 것이다. 오늘날 많은 신학자들이 성경 계시(Text)는 뒷전으로 미루어 놓고 자신들의 처지(Context)에 맞추어 신학을 수립하기 때문에 신학세계는 혼미에 빠지고 방황하게 되며, 신학 자체가 처지의 변화에 따라 계속 변해지는 것이다. 바른 신학은 항상 본문의 뜻으로 우리의 처지를 해석하게 하는 것이다.

신학적 방법론에서 한 가지 더 고찰해야 할 것은 해석적인 성격이다. 즉 우리들의 신학이 본문에 그 기초를 두고 해석적으로 수립되어야 한다는 것이다. 해석적인 특성을 고려할 때 바울의 신학 활동, 즉 성경 기록 행위와 우리들의 신학 활동 사이에 연속성이 있음을 찾아볼 수 있다. 반면 바울의 신학 활동은 무오(無誤)하지만 우리들의 신학활동은 유오(有誤)한 것이다. 여기서 바울의 신학활동과 우리들의 신학활동 사이의 차이점, 즉 불연속성을 찾아볼 수 있다.

이렇게 볼 때 바울을 해석하는 사람은 첫째, 바울과 함께 구속 역사적 입장에 서서 같은 해석적 관심을 가지고 해석해야 하며, 둘째, 바울을 신학자로 생각하고 그의 서신들을 취급해야 하고, 셋째, 바울의 신학 활동과 우리들의 신학활동 사이에 불연속성이 있음을 인식해야 하는 것이다.

2. 성도의 구원에 있어서 부활의 중요성

그리스도의 죽음과 부활은 결코 분리시킬 수 없는 사건이다. 죽음이 없으면 부활이 있을 수 없고 부활이 없으면 죽음의 의미가 상실되는 것이다. 그러므로 성도들의 구원에 있어서 그리스도의 부활은 죽음 못지 않게 중요한 역할을 차지하고 있다. "예수는 우리가 범죄한 것 때문에 내줌이 되고 또한 우리를 의롭다 하시기 위하여 살아나셨느니라"(롬 4:25). 그러나 서방 교회에서는 성도들의 구원 문제를 논할 때 예수님의 죽음을 그의 부활보다 더 강조하여 다루었다. 예수님의 죽음을 속죄(atonement)의 성취로 강조하여 생각하는 태도 때문에 예수님의 부활은 큰 관심의 대상이 되지 못한 것이다. 그러나 바울서신에는 부활에 대한 강조가 명백하게 나타나 있다. 바울에게 있어서 예수님의 부활은 구속의 완성, 구속의 종결로서 이해할 수 있는 것이다. 예수님의 죽음보다도 예수님의 부활에서 구속의 성취를 찾을 수 있는 것이다. 예수님의 죽음과 예수님의 부활을 대칭시켜서는 안 된다. 그러나 구속의 완성은 그리스도의 부활을 통해서 더 결정적으로 성취된 것이다.

개핀 박사는「부활과 구속」에서 그리스도의 부활과 성도들의 부활의 연합을 강조한다. 고린도전서 15:20의 "첫 열매" 개념이나 골로새서 1:18의 "먼저 나신자" 등의 표현 속에 그리스도의 부활과 성도들의 부활의 연합이 명백하게 나타나 있다. 바울은 이 연합 개념을 근거로 미래에 있을 성도들의 육체 부활을 설명하는 것이다. 개핀 박사는 과거에 발생한 그리스도의 역사적 부활을 명백히 하면서도 에베소서 2:5, 6과 골로새서 2:12, 12; 3:1 그리고 로마서 6:3 이하의 구절은 성도들의 현재 경험, 즉 그리스도와 성도들의 실존적인 관계를 설명하고 있음을 천명한다. 이것이 가능한 것은 그리스도와 성도들이 부활에 있어서 유기적으로 연합되었기 때문이다. 그리스도와 성도들의 유기적인 연합은 무덤에서의 예수님의 부활과 성도들의 최초 중생경험, 그리고 성도들의 미래 육체 부활의 전반적인 관계에서 나타나고 있는 것이다.

바울 사도는 그리스도와 성도들의 연합을 강조하기 위해 그리스도의 부활에 있어서 그리스도 자신의 역할을 수동적으로 묘사한다. 복음서는 예수님이 자신의 부활에 있어서 능동적인 역할을 했다고 더 강조한다(요 2:19; 10:17,18). 그러나 바울 사도는 그리스도가 그의 부활에서 수동적인 역할을 한 것으로 묘사한다. 그러면 왜 복음서는 예수님의 능동적 역할을, 바울 서신은 수동적 역할을 강조하여 같은 부활 사건을 묘사하는가? 우리는 여기서 바울의 심오한 부활신학을 접할 수 있다. 바울 사도는 그리스도의 부활을 묘사하는 가운데 그리스도의 신성과 능력을 강조하지 않고 오히려 그리스도와 성도들의 밀접한 연합을 강조하기 원한 것이다. 바울 사도는 예수님의 부활과 성도들의 부활 사이의 차이점에 관심을 두지 않고 오히려 그 두 사이의 공통점에 관심을 쏟은 것이다. 여기서 우리는 죽기까지 복종하신 그리스도의 수난과 영광의 부활이 모두 그에게 딸린 성도들을 위한 것임을 명백히 볼 수 있다.

바울 사도의 부활신학에 중요한 위치를 담당하고 있는 것은 성령의 역할이다. 왜냐하면 성령이 예수 그리스도의 부활에 도구로 사용되었을 뿐만 아니라 신자들의 육체 부활에도 도구로 사용될 것이기 때문이다. "예수를 죽은 자 가운데서 살리신 이의 영이 너희 안에 거하시면 그리스도 예수를 죽은 자 가운데서 살리신 이가 너희 안에 거하시는 그의 영으로 말미암아 너희 죽을 몸도 살리시리라"(롬 8:11). 여기서 바울의 부활에 대한 가르침이 삼위일체적임을 알 수 있다. 하나님 아버지께서 성령을 도구로 아들 예수를 죽은 자 가운데서 살리신 것이다. 그런데 예수를 부활시키는데 도구로 사용된 성령이 성도들 안에 내주하고 있는 것이다. "성령으로 아니하고는 누구든지 예수를 주시라 할 수 없느니라"(고전 12:3). "너희 몸은 너희가 하나님께로부터 받은바 너희 가운데 계신 성령의 전인 줄을 알지 못하느냐"(고전 6:19; 3:16). 성령은 성도들이 예수를 믿을 때에 성도 안에 내주 하신다. 성령이 내주하지 않는 진정한 성도는 있을 수 없다. 그런데 바로 이 성령을 보증으로 주셔서 우리의 육체 부활을 확실하게 하신 것이다. 그러므로 성도들의 육체 부활은 자신이 성도가 된 것만큼 확실한 것이다.

개핀 박사는 바울 신학의 중심주제인 부활을 성도들의 구원과 결부시켜 다룬 다음 예수님의 부활 자체에 대한 새로운 이해를 제공한다. 예수님은 부활로 인해 "살려주는 영"(고전 15:45)이 되셨다. 그리고 바울이 "주는 영이시니"(고후 3:17)라고 예수님과 성령을 기능적으로 동일시한 만큼 부활 후의 그리스도의 존재는 시간과 공간을 초월한 존재 양태임을 알 수 있는 것이다. 이런 관점에서 볼 때 예수님이 십자가를 지시기 이전 "내가 아버지께 구하겠으니 그가 또 다른 보혜사를 너희에게 주사 영원토록 너희와 함께 있게 하리니"

(요 14:16)라고 말씀한 후 곧 "내가 너희를 고아와 같이 버려두지 아니하고 너희에게로 오리라"(요 14:18)고 하신 말씀을 이해할 수 있다. 또한 예수님이 대전도명령을 하시면서 "내가 세상 끝 날까지 너희와 항상 함께 있으리라"(마 28:20)하신 말씀도 이런 관점에서 이해할 때 예수님의 부활의 심오한 측면을 터득하게 되는 것이다.

본서는 바울 신학 연구에 새로운 활력소를 제공할 것이다. 우리들은 본서를 통해 하나님께서 우리에게 주신 계시의 내용을 깊이 있게 터득할 뿐만 아니라 그 연구 방법론도 배워야 할 줄 믿는다.

나는 계시를 믿는다

(*I Believe in Revelation*)　by Leon Morris. Grand
Rapids:.Eerdmans, 1976. pp.159.

본서는 "I Believe series" 중의 하나로 출판된 책
이다. 이 series는 Michael Green을 editor로 지금까

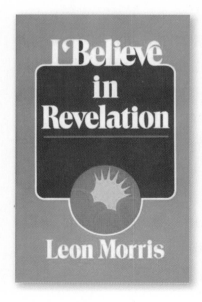

지 Michael Green
에 의해 I Believe
in the Holy Spirit,
George E. Ladd에 의
해 I Believe in the
Resurrection of Jesus,
Max Warren에 의해 I
Believe in the Great
Commission, James
M. Houston에 의해 I
Believe in the Creator,

Stephen Travis에 의해 I Believe in the Second Coming of Jesus, Michael Green에 의해 I Believe in Satan's Downfall, David Watson에 의해 I Believe in the Church, Eddie Gibbs에 의해 I Believe in Church Growth, George Carey에 의해 I Believe in Man, I. H. Marshall에 의해 I Believe in the Historical Jesus, David Watson에 의해 I Believe in Evangelism, Alister E. McGrath에 의해 I Believe (Understanding and Applying the Apostles' Creed) 그리고 본서가 출판되어 나왔다.

모리스(Leon Morris)는 보수주의 신약학자로 그의 많은 저서와 강연을 통해서 세계적으로 알져진 학자이다. 모리스는 호주 멜본에 있는 리들리 대학(Ridley College)의 학장으로 봉사하셨던 귀한 보수주의 학자이시다. 모리스처럼 깊이 있는 신학자가 신학의 성격과 진로를 결정하는데 중추적인 역할을 하는 주제인 계시를 다루어 준건 다행이라고 생각한다.

계시에 대해서 지금까지 개혁주의 학자들이 많은 글을 썼기 때문에 학자들은 이제 또 무슨 다른 책이 계시에 대해서 개혁주의적인 입장으로 쓰여질 수 있을까 하는 의구심을 가질 수도 있다. 그러나 모리스(Morris)는 그의 어느 책에서도 그렇지만 본서에서도 계시에 대한 새로운 통찰력을 제공해 주고 있다. 그는 우선 계시를 간단하면서도 적절하게 다음과 같이 정의한다. "계시는 우리들 자신의 발견할 수 있는 능력을 초월해서 밖에서부터 우리에게 전달된 지식이다. 계시는 어떤 다른 사람이 우리에게 나타내는 지식이다. 기독교에서는 그 용어가 중요한 의미를 내포하고 있는데 왜냐하면 계시는 하나님께서 그 자신을 인간에게 나타내는데 먼저 행동을 취하셨다는 것을 뜻하기 때문이다. 그러므로 하나님에 관한 지식은 인간의 부지런한 연구를 통해 얻어진 산물이라고 생각할 수 없고 오히려 하나님의 은혜와 그의 뜻이 알려진 것으로 이해해야 한다"(p.10).

모리스는, 계시는 하나님이 자신을 나타내신 것이라고 못 박으므로 계시의 초자연적 기원을 분명히 하는 것이다. 모리스는 신약학자 답게 예수님과 그의 제자들의 성경에 대한 태도를 해석적으로 다루면서 주장하기를 예수님은 성경을 권위 있는 책으로 설정했기 때문에 무슨 주제가 발생하든지 그 문제의 해결책을 성경에서 찾았고 성경이 제공하는 해결책에 최종적인 권위를 부여했다고 한다.(pp.49-57). 이처럼 예수님은 신약성경에 권위를 부여했으며 구약 전체를 하나님의 말씀으로 받은 것이다(참고 눅 24:26, 27, 44). 그러므로 예수님이 복음서에서 구약의 구절들을 인용하신 후 "그러나 나는 너희에게 이르노니"라고 말했지만 이는 구약을 폐기한다는 뜻이 아니요(마 5:17-18 참조). 오히려 구약 율법의 올바른 뜻을 해석해 주셨다고 모리스는 설명한다(pp.54,55).

신약계시를 설명하면서 모리스는 주장하기를 예수님 자신의 말씀이 구약의 말씀보다 결코 열등하게 생각되어지지 않았으며(p.62), 신약성경의 저자들도 그들의 글에 대한 태도 가운데서 구약의 저자들처럼 영감의식을 가지고 있었다고 말한다. 그 한 예로 하나님의 성령의 은사를 성도들이 어떻게 사용해야 한다는 규범을 제시하면서(고전 14:) 바울은 그가 말한 것이 하나님의 영감으로 된 것이라는 깊은 확신 속에서 글을 썼다고 말한다(p.63). 이 사실은 신약 저자들이 자신의 글이 다른 사람들의 글과 다르다는 것을 인정할 뿐만 아니라 신약 서신들이 영감으로 기록된 것을 우리에게 설명한다고 말한다.

신약 저자들의 신약에 대한 태도와 그 후 로마의 클레멘트나 익나티우스, 폴리갑 등이 표시한 그들의 글에 대한 태도를 비교하면 신약의 권위가 돋보이게 나타남을 모리스는 지적한다.

신약 저자들은 자신들의 확신에 대해 권위를 부여했지만 로마의 클레멘트는 "로마에 체재하는 하나님의 교회가 고린도에 체재하는 하나님의 교회에게"라고 씀으로 자신의 글에 비해 특별히 권위 있는 것이라는 것을 인정하지 않고 있다. 그리고 성경에 대한 교부들의 태도는 성경이 특별한 권위를 가지고 있는 책으로 자신들의 서신과는 비교가 되지 않는 것으로 생각했다.

계속해서 모리스는 성경의 권위에 대해서 다음과 같이 말한다. "기독교인들은 성경 안에 그들의 권위가 항상 의존되어 있는 것을 알았다. 기독교인들이 그들의 신앙과 행위를 측정하는 표준도 성경이었다. 그들은 과거나 현재를 막론하고 기독교의 본질을 성경에서 찾았고 따라서 그들은 성경에서 진정한 기독교를 올바로 계승하고 있는지 아니면 심각하게 잘못되고 있는지를 찾아냈던 것이다"(p.141).

이처럼 성경은 온 세기를 통해 신앙과 행위의 표준이 될 만큼 다른 책과 달리 취급을 받고 있지만 신앙의 눈이 없을 때 이를 인정하지 않는다고 말한다. 또한 모리스는 성령의 작용이 있을 때에만 성경의 말씀이 하나님의 말씀으로 되어 질 수 있다는 신정통주의적 계시관을 강력하게 배척하면서 성경은 우리가 받든 배척하든 객관적으로 하나님의 말씀으로 존재하지만 성령의 내적 증거에 의해서만 성경이 하나님의 말씀이라는 사실을 확신하게 된다고 성령의 사역을 강조한다(p.122).

계시를 객관적인 설명으로 인정하려고 하는 사람들에게 모리스는 예레미야나 바울이나 예수님까지도 진리의 확실성을 객관적인 설명으로 입증하려 하지 않았다고 말하면서 신적인 계시를 확실히 받을 수 있는 길은 살아 있는 신앙을 통해서만 가능하고 아무것도 이 신앙을 대치할 수 없다고 주장한다.

모리스(Morris)는 성경 계시를 믿지 못하는 사람들에게 성경 주해를 통해서 자세히 해답을 제공하고 있다. 그는 50명 이상이나 되는 성경계시 반대자들을 언급하고 그들의 입장을 간단히 설명한 후 그에 대한 답을 제공한다.

「나는 계시를 믿는다」는 본서를 읽으므로 계시에 대한 개혁주의적인 새로운 통찰력을 제공 받을 수 있고 자유주의 신학자들의 성경 계시에 대한 입장도 잘 익힐 수 있게 된다.

이 책을 읽는 사람은 결코 실망하지 않으리라 믿고 성직자는 물론 평신도에게 일독을 권하는 바이다. 한 가지 애석한 것은 이 책이 아직 한국어로 번역되지 않았기 때문에 더 넓은 독자층을 가질 수 없다는 점이다.

신약 연구(1-4)

(*The New Testament Student:* 4 vols.)

Vol.1 Studying the New Testament Today(1974) (pp.198)

Vol.2 The New Testament Student at work(1975) (pp.258)

Vol.3 The New Testament Student and Theology(1976) (pp.226)

Vol.4 The New Testament Student and Bible Translation(1978) (pp. 241)

Phillipsburg: Presbyterian and Reformed Publ. Co., Editor,

John H. Skilton

미국 필라델피아에 위치한 웨스트민스터신학대학원 (Westminster Theological Seminary)에서 스톤하우스

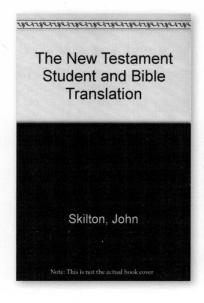

The New Testament
Student and Bible
Translation

Skilton, John

Note: This is not the actual book cover

(Ned B. Stonehouse) 의 후계자로 다년간 신약 주임교수로 후배를 양성했던 스킬톤 (Skilton) 박사가 교수 생활에서 은퇴한 후 시작한 series로 전체 4권으로 구성되어 있다. 스킬톤 박사의 해박한 지식과 학적인 깊이는 그에게서 배워본 사람

이면 누구나 인정할 것이다. 그러나 그는 결코 그의 해박한 지식과 깊은 학문이 그의 사랑과 자비를 학생들에게 전달하는데 방해물이 되지 않게 하며 그의 겸손의 태도는 그의 깊은 학문을 더욱 돋보이게 한다. 이와 같은 훌륭한 인격의 소유자 스킬톤 박사가 후배 양성을 위해 편집한 본 저서들은 신약을 전공하는 신학도들에게 귀중한 자료가 될 줄로 믿는다.

Volume 1인 *Studying the New Testament Today*는 스킬톤 박사의 전임자인 스톤하우스 박사의 업적을 기념하는 것으로 편집되었는데 16개의 주옥같은 논문들이 실려 있고 3개의 박사학위 논문이 간략하게 개요 되어 실려 있다.

여기 실려 있는 논문들이 모두 무게 있는 것들이지만 그 중 한 예만 든다면 헨드릭센(William Hendriksen)의 "마태복음의 미"(The Beauty of Matthew's Gospel)는 헨드릭슨 박사가 1015pp.나 되는 그의 마태복음 주석(*The Gospel of Matthew: New Testament Commentary*, Baker Book House, 1973)을 완성하고 쓴 논문으로 마태복음이 얼마나 아름답게 기록되었는가를 설명해 주고 있다. 그는 마태복음의 내용이 예수님께서 수난의 길을 통해 영광의 면류관을 받는 과정을 유기적으로 잘 기록했다고 말한다. "비록 마태복음 초두의 강조가 예수님의 영광에 초점을 두고 있지만 수난의 길은 이미 예표 되어 있다. 비록 다윗과 아브라함의 아들(예수님)이 면류관을 받을 가치가 있는 것으로 서술되지만 이 면류관을 받도록 인도하는 십자가의 길이 이미 예시되어 있다"(pp.54f.). 헨드릭슨은 마태복음을 가리켜 "마태복음은 잘 짜여진 유기적 조직체이다. 그것은 아름다운 꽃 봉우리가 점차적으로 펴지는 것과 같다"(p.58)라고 말했다.

이외에도 개핀(Gaffin)의 "The Place and Importance of Introduction to the New Testament", "Commentary Hermeneutics and Study of the New Testament", 클라우니(Edmund Clowney)의 The Final Temple 등은 귀중한 논문들이다. 또한 스톤하우스(Ned B. Stonehouse)의 "A New Testament Professor's Charge to His Colleague: Dr. Stonehouse's Last Public Address,"는 스톤하우스 박사가 그의 후임 교수인 스킬톤(John H. Skilton) 박사의 교수직 임용에 즈음하여 그에게 권면하는 내용을 실었다. 우리는 이 글을 통해 한 신학 선배 교수가 후배 교수에게 성경에 충실할 것과 신앙고백에 충실할 것 그리고 인간의 영혼을 귀하게 여길 것을 권면하는 내용을 읽는다. 여기서 우리는 웨스

트민스터신학대학원의 전통이 어떻게 90년 가까운 역사를 지내오면서도 처음 시작할 때의 목적과 헌신을 희석시키지 않고 굳게 지킬 수 있었는지의 이유를 들여다볼 수 있다.

Volume 2인 *The New Testament Student at Work*는 한때 Westminster 신학교에서 초청 교수로 강의했고 Reformed Episcopal Church의 신학교에서 신약 교수로 활약하던 퀘너(Fred C. Kuehner) 박사가 1975년에 갑자기 세상을 떠났기 때문에 퀘너 박사의 업적을 기념하기 위하여 편집된 것으로 퀘너 박사 뒤를 이어 Reformed Episcopal Church 신학교에서 신약을 가르치고 있는 허터(Theophilus J. Herter) 박사가 퀘너 박사의 장례식 때 행한 설교를 책의 목록 이전에 첨가하였다. 여기 실린 논문들도 모두 훌륭한 논문들이지만 특히 메이천(J. Gresham Machen)의 *"The Virgin Birth of Christ"*는 같은 제목으로 출판된 그의 책(Harper and Row, 1930)이 학계의 인정을 받는 것처럼 본 논문도 깊이 있는 귀중한 논문이다. 방대한 책(pp.415)을 읽기 전에 본 논문을 먼저 읽고 책을 읽으면 큰 도움이 되리라 생각된다.

여기서 언급하고 싶은 다른 한 편의 논문은 오랫동안 총신에서 교수로 수고하셨던 간하배 선교사의 "역사적 예수의 새로운 연구"(The New Quest for the Historical Jesus)이다. 이 논문은 원래 *Themelios* 6(1969)에 게재되었던 것으로 여기에 다시 실린 것이다. *Themelios*를 얻기가 힘든 요즘 본 논문이 이 책에 실리므로 신학도들에게 큰 편리를 제공한 셈이다. 본 논문은 간하배 선교사가 그의 예리한 통찰력과 깊이 있는 학문으로 불트만(Bultmann)이후 역사적 예수 연구를 둘러싸고 쟁론이 되고 있는 것을 잘 파헤쳐 놓고 있다. 이 논문에 대한 하나의 일화를 소개하고자 한다. 이 논문이 *Themelios*에 처음 소개되었을 때 저자의 이름이 영어 표기로 Kan Ha Bae(간하배)라고 소개되었다. 웨스트민스터 신학교(Westminster) 조직신학 주임교수를 역임하셨던(신약 주임교수 역임) 개핀 박사가 이 논문을 처음 읽고 영어의 고상함이나 그 내용의 깊이에 감명을 받고 도대체 간하배라는 한국 사람이 누구일까 하고 궁금해 하던 중 본 평자가 웨스트민스터신학 대학원에 유학하던 시절 개핀 박사가 1971년 본 평자에게 간하배라는 한국인이 누구냐고 물어서 간하배가 Harvie Conn이라고 하자 함께 크게 웃은 적이 있다.

또한 신약을 공부하는 학도들에게 실제적인 면에서 크게 도움을 줄 수 있는 모리스 (Leon Morris)의 "On Writing a Commentary"나 스킬톤 (John Skilton)의 "Working Lists of Commentaries on the New

Testament"는 아주 귀한 자료들이다.

Volume 3인 *The New Testament Student and Theology*는 머레이(John Murray)의 업적들을 기념하기 위해 편집된 것으로 17개의 훌륭한 논문이 수록되어 있다.

머레이의 "확정적 성화"(Definitive Sanctification)나 "조직신학"(Systematic Theology), 개핀의 "조직신학과 성경신학"(Systematic Theology and Biblical Theology)과 같은 논문들은 성경신학에 관심 있는 성경학도들은 누구나 철저하게 연구할 필요가 있는 귀중한 논문들이다. 그리고 샤프(Ronald Scharfe)의 "Recent Periodical Literature on the New Testament"는 그 첫째, 둘째 보고를 통해 근래에 소개된 신약에 관한 논문들을 간단하게 소개해 주었기 때문에 특히 여러 가지 정기 간행물(Periodicals)을 구하기 힘든 한국에서는 더할 나위 없이 귀중한 자료가 될 것이다.

Volume 4인 *The New Testament Student and Bible Translation*은 Part I에서 여러 저자들이 성경 번역에 관해 쓴 글들을 모았다.

여기서 읽을 수 있는 공통 주제는 성경은 하나님이 언어로 그의 계시를 인간에게 주셨기 때문에 계속적으로 번역되어야 한다는 이론이다. 그리고 본서의 Part II 는 다섯 학자의 논문을 실었다. 키스터마커 (Current Problems and Projects in New Testament Research), 아담스 (On Writing), 브레머 (The Aims and Nature of the Work in New Testament at the Reformed Bible College), 그리고 스트롱 (The Olivet Discourse and the Lord's Return 와 New Testament Interpretation of Old Testament Prophecy)등의 학자들이 쓴 다섯 편의 논문들이다.

지면상 본 series에 나온 논문들을 낱낱이 소개할 수 없어 섭섭함을 금하지 못하지만 본 series는 여러 가지 면에서 신약을 연구하는 학도들에게 큰 도움을 줄 것은 의심할 여지가 없다. 바라기는 스킬톤 박사의 노력의 결과가 계속 교회를 건강하게 하는데 사용이 될 수 있기를 바란다.

신약의 문헌과 역사

(*The New Testament: An Introduction to its Literature and History*)　by J. Gresham Machen,
The Banner of Truth Trust, 1976, pp.386

금번에 배너 오브 트루스 트러스트(The Banner of Truth Trust) 출판사에서 또 한 권의 유용(有用)한 책을 펴내었

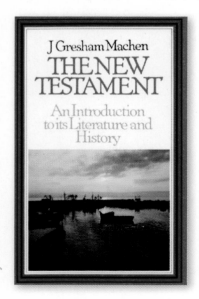

다. 사우스 웨일스 성경대학 (South Wales Bible College)에서 신약강의를 담당했던 쿡 (W. John Cook) 목사가 메이천 (Machen) 박사의 강의를 책의 형태로 편집하여 내놓게 된 것이다. 본서의 내용 중 약간이 정기간행물에 실리긴 했지만 책의 형태로는

이번이 처음이다.

　본서의 제목자체가 암시해 주듯이 본서는 다른 신약 개론들과는 그 내용에 있어서 다르다. 일반적으로 신약 개론은 책의 앞부분에 신약의 배경적인 문제들, 즉 신약의 언어문제, 본문비평, 정경성 문제 등을 다룬 다음 각 책의 저자, 저작 장소, 연대, 특징 등을 다루고 있지만 메이천 박사의 본서는 제 1세기 이전에서부터 시작하여 제 1세기동안 하나님이 역사상에서 어떤 사역을 하셨는가를 맥을 짚어가며 다루어 주었다. 이런 점에서 독자들은 본서에서 본서의 장점과 일관성을 만나게 될 것이다.

　이처럼 기독교 역사의 진전을 토대로 신약의 각 책을 설명하려고 시도했기 때문에 신약의 약속이 역사상에서 성취된 사실을 다룬 다음(pp.44-48) 신약 책 중 제일 먼저 사도행전을 다루고 있다. 사도행전의 복음전파 과정과 밀접히 연관시켜 설명하기 위해 그 다음으로 바울서신들을 데살로니가 전·후서, 갈라디아서, 고린도전서, 고린도후서, 로마서, 골로새서, 빌레몬서, 에베소서, 빌립보서, 디모데전서, 디도서, 디모데후서의 순서로 다루고 있다. 그 후에 공관복음, 요한복음, 야고보서, 히브리서, 베드로전서, 베드로후서, 유다서, 요한서신들 그리고 계시록을 다루어 주었다.

　그리고 285페이지 이후부터는 일반 책의 부록과는

그 성격이 판이하지만 구태여 구분하자면 부록이라고
할 수 있겠는데 그 중 "기독교 메시지"(The Christian
Message, pp.305-310), "말씀과 성례"(The Word and
the Sacraments, pp.311-317), "기도"(Prayer, pp.319-
329), "기독교와 인간관계"(Christianity and Human
Relationships, pp.366-372) 등은 주옥같은 논물들로 본
서를 더욱 빛나게 하고 있다.

본서는 처음서부터 끝까지 메이천 박사의 심오한
학적 깊이와 말씀에 대한 그의 사랑과 열정이 잘 담겨
져 있다. 뿐만 아니라 어려운 내용을 쉽게 전달하는 메
이천 박사의 기술은 그의 사상을 더욱 명료하게 해주며
독자들에게 더욱 흥미를 북돋아 준다.

메이천 박사의 말씀에 대한 확신은 다음 몇 구절이
증명하고도 남음이 있다. "기독교는 한 책의 종교이다.
종종 그 사실은 경시되어졌다. 만약 성경이 보통 책이
라면 그 경멸은 정당한 것으로 인정되어야 한다. 그러
나 성경은 보통 책이 아니다. 그것은 하나님에게서부터
온 메시지인 것이다"(p.19). "교회는 죽은 선생의 기억
에 기초된 것이 아니고 살아 계신 주님의 임재 위에 기
초되었다. '그가 살아 나셨다'(He is Risen)는 메시지는
복음의 심장부인 것이다"(p.59). "신약의 저자들은 성
경을 만들지 않았다. 그들이 했던 것은 이미 있었던 성
경(O.T.)에 첨가했을 뿐이다. 그러면 그들이 무슨 권

한으로 첨가(添加)시켰는가? 어디에서 필요한 권위를 찾을 수 있는가? 궁극적으로 그 권위는 예수님에게서 찾을 수 있다. 예수님이 스스로 구약의 저자들과 동등한 권위를 주장하셨고 그의 주장은 이적들과 그의 인격에 의해 보장받고 있다. 예수님이 말한 것은 무엇이거나 의심할 여지없이 진실하며 예수님이 명령한 것은 무엇이거나 순종되어야 한다"(pp.13-14).

기록된 성경이 하나님의 말씀이라는 확신과 예수님이 부활하여 살아 계신 주님이라는 확신이 본서의 페이지마다 잘 나타나고 있다.

또한 서문(pp.9,10)에서 저자가 기록했듯이 이 책을 진지하게 연구한다면 독자들은 복음의 전파에 대하여 경이를 가지게 될 것이다. 이는 기독교의 역사적인 진전이 단순히 인간의 산물이 아니요 "인간의 구원을 위해 영원히 역사 하시는 신의 힘이 인간의 생활에 개입하셨다"(p.10)는 사실을 더욱 굳게 확신할 것이기 때문이다. 저자는 히브리어로 쓰여진 구약이 어떻게 헬라세계에서 통용되어질 수 있었겠는가 라는 문제를 다루면서 "문제가 심각할 수도 있었다. 그러나 하나님의 섭리 가운데 그 어려움은 극복되었다. 구약이 히브리어 책이었지만 기독교 시대가 이르기 전 구약은 헬라어로 번역되어진 것이다. 그래서 처음부터 기독교는 헬라어 성경을 소유할 수 있었다"(p.31).

이처럼 모든 역사의 사건을 하나님의 섭리로 받고 역사를 주관하시는 하나님 편에서 볼 때 역사상 사건의 참뜻을 찾을 수 있다는 메이천 박사의 확신을 찾아볼 수 있다.

본서의 구조가 간단한 논문들로 엮어 있기 때문에 그룹이나 교회에서 단체로 공부하는데 편리하며 특히 각 장 뒤에 나오는 연구과제들은 단체 성경공부에 편리하게 사용되어질 수 있을 것이다.

한 가지 불편한 점이 있다면 각주(footnote)가 없어서 더 연구를 원하는 사람들에게 도움을 주지 못하며 성구의 색인이 되어 있지 않다는 점이다. 또한 보통 신약개론처럼 각 책의 저자, 저작 연대, 저작 장소 등을 일목요연하게 보기를 원하는 독자들에게는 실망을 줄 수도 있으나 사실상 본서가 그런 형식으로 쓰이지 않았다는 것이 본서의 장점이기도 한다.

앞으로 본서가 일반 평신도들의 성경공부를 위해서 그리고 신학교의 신약서론 과목의 참고도서로 크게 이바지 할 것을 믿고 그 출현을 기뻐하는 반면 하나님의 말씀을 사랑하는 사람은 누구나 일독하기를 권하는 바이다.

바울 신학

(*Paul: An Outline of His Theology*)   by Herman
Ridderbos. trans. by John R. De Witt. Grand
Rapids: Eerdmans, 1975, pp.587.

리델보스(Ridderbos)는 우리에게 잘 알려진 화란의 신
약신학자이다. 그의 책 「하나님 나라」(*The Comming*

of the Kingdom),
「바울과 예수」(Paul
and Jesus)는 이미 우
리의 귀에 익숙한 책들
이다.

그런데 리델보스 박
사께서 복음서를 중심
한 그의 저서 「왕국의
강림」에서 보여주었던
학적 깊이와 통찰력을
그의 「바울 신학」에

서도 보여주고 있다. 그의 바울신학은 처음에 Paulus: Ontwerp van zijn Theologie라는 제목으로 1966년에 화란어로 출판되었으며, 약 10년이 지난 후 영어로 *Paul: An Outline of His Theology*라는 이름으로 드 위트(John R. De Witt) 박사에 의해 영역되었다.

리델보스 박사는 그의 바울신학을 다음과 같은 구조로 저술하였다.

1. 역사적으로 본 바울 해석사
2. 근본적 체계
3. 죄 가운데의 삶
4. 하나님의 의(義)의 계시
5. 화해
6. 새 생명
7. 새로운 순종
8. 하나님의 백성으로서의 교회
9. 그리스도의 몸으로서의 교회
10. 세례와 성찬
11. 교회의 건립
12. 주님의 미래

제1장에서 리델보스 박사는 역사적으로 바울신학이 어떻게 취급되었는지를 구체적으로 다룬다.

튜빙겐학파(The Tübingen School)는 헤겔의 법칙을 적용하여 바울이 영과 육의 대칭을 무한과 유한의 대칭으로 생각했다고 바울을 해석했다. 자유주의학파(The Liberal School)는 헬라의 인간론을 근거로 영을 고등한 이성적 원리로, 육을 낮은 감각적 성질로 바울이 생각했다고 해석했다. 종교사학파(The History of Religions)는 바울을 해석함에 있어서 바울의 사상이 그 당시 초대 공동체의 종교적 경험에서 빌려 온 것으로 생각한다. 따라서 종교사학파는 기독교를 유대주의적 개념, 동양적 개념, 헬라적 개념, 신비적 개념 등의 혼합주의의 산물로 생각하는 가운데 바울 사상을 해석하고 있다. 종말론적 해석(The Eschatological Interpretation)은 바울 사상 가운데 종말론적 요소가 있음을 강조하는 데는 큰 기여를 했지만 바울의 종말론이 구약의 유대주의보다는 묵시문학에 나타난 유대주의를 배경으로 하고 있다고 주장함으로 바울의 진의를 곡해하고 있는 것이다.

제2장에서 리델보스 박사는 바울 연구의 역사적 고찰을 근거로 바울 사상의 근본적 체계를 제시한다.
'바울의 선포의 전체 내용은 그리스도의 강림, 죽음, 부활과 함께 시작된 종말론적 구원의 때를 선포하고 설명하는 것으로 요약될 수 있다'(p.44)고 리델보스는 힘주어 강조한다. 바울 사상을 이해하기 위해서는 그리스도의 죽음과 부활로 구원 역사가 완성되어졌음을 믿고 그런 입장 가운데서 바울을 연구해야 한다고 한다. 리델보스는 바울 서신을 볼 때 불트만처럼 인간론적인 입장에서보다 구속 역사적인 입장에서 해석하고 있는 것이다.

제3장 '죄 가운데서의 삶'에서는 죄 문제와 율법문제를 상세하게 다루고 있다.

죄가 세상에 팽배하기 때문에 한 사람도 의인이라고 할 수 없으며 따라서 인간은 노력으로 하나님 앞에서 의롭게 될 수가 없다. 인간은 율법을 성취함으로 의를 이룰 수가 없다는 것이다. 그 이유는 인간이 하나님께서 요구하신 정도로 율법을 지킬 수 없기 때문이며 또한 자기 스스로 의와 생명을 얻는다고 생각하는 자체가 죄이기 때문이다.

리델보스는 로마서 7장 7-25절을 해석함에 있어서 바울이 회개 후에 성도로서의 자신을 바라보면서 좀 더 하나님께 합당한 생활을 하지 못함을 안타깝게 생각하며 기록한 것으로 생각하지 않는다. 즉 바울이 성도들의 성화의 과정을 묘사한 것으로 생각하지 않는다. 오히려 리델보스는 바울 사도가 신앙인이 된 후에 자신이 율법 아래 있었던 때의 상황을 되돌아보면서 탄식하는 것으로 해석한다(pp.129 이하). 이 부분의 해석에서 리델보스는 다른 개혁주의 학자들의 해석과 차이를 보인다.

제4장에서 리델보스는 하나님의 의(義)의 계시를 다룬다. 여기서 구원은 죄로 연유된 비참한 상태로부터의 회복만을 뜻하지 않고 그리스도의 죽음과 부활의 구속적 의의를 나타낸 것이라고 강조한다(p.159). 그러므로 그리스도 안에서의 구속은 제 1 아담으로 인해 상실된 것을 회복하는 것만을 뜻하지 않고, 더 영광스러운 영역에로의 구원을 가리킨다. 리델보스는 칭의의 종말론적인 성격을 강조하며 그리스도 안에서만 믿음으로 칭의를 받을 수 있다고 말한다. 율법은 결코 칭의를 이룰 수 없다. 율법은 오히려 우리가 죄인임을 지적하여 그리스도의 필요성을 제시하는 역할을 한다.

제5장에서 리델보스는 화해를 칭의와 연관시키면서 설명한다.

'하나님과의 화평을 이룬 화해는 칭의의 결과라고 말할 수 있다(롬 5:1). 그러나 우리는 화해의 조건을 말할 수 있는데 그것은 하나님의 화해하는 행위의 결과이다. 반대로 우리는 하나님의 칭의의 행위로 효과를 가져오게 된 하나님과의 화해된 관계로서 칭의를 말할 수 있다'(p.182). 리델보스는 화해를 설명하면서 구속으로서의 그리스도의 죽음, 속량, 양자로 입양 등을 구체적으로 다룸으로 성도들과 그리스도와의 관계를 명백히 해준다.

제6장 새 생명에서는 그리스도와 함께 성도들이 죽었고, 그리스도와 함께 성도들이 부활했다는 연합개념을 강조하여 설명한다.

리델보스는 바울서신의 표현인 '그리스도 안에'와 '성령 안에'의 관계를 설명하면서 성도가 그리스도 안에 있다는 것은 곧 성령을 소유한 것을 뜻하는 것으로 이는 양심의 주관적 상태를 가리키지 않고 존재의 객관적 상태를 가리킨다고 해석한다(p.221). 이처럼 객관적 상태로 그리스도 안에서 새로운 사람이 된 성도는 매일매일의 개인적 생활에서 성령의 특징을 나타내도록 되어 있다고 말한다(pp.223-231).

제7장 '새로운 순종'에서는 바울서신 속에 나타난 직설법적인 진술과 명령법적인 진술이 같이 나타나는 것을 지적하고 성도의 생활이 이 두 면에 모두 연관된 것을 말한다.

"그리스도 안에 있는 자는 죄에 대하여 죽었다"(롬 6:2). 그러나 이 사실이 결국 명령적인 진술로 우리에게 적용된다. "그러므로 죄가 너희 죽을 몸에 왕 노릇하지 못하게 하여......이제는 너희 지체를 불의의 병기로 드리지 말며......하나님께 드리라"(롬 6:12, 13: p.254). 리델보스는 계속해서 성화의 문제, 완전한 상태의 문제, 통일성과 다양성 등을 여기서 다룬다.

제8장과 9장에서는 교회에 대해서 다룬다.
하나님의 백성으로서의 교회는 하나님의 주권적 은혜로 선택받은 백성으로서 구원받은 사람들로 구성되며 이 교회는 그리스도의 몸으로서 이 땅 위에서 그리스도를 대신하여 그의 사역을 계속해 가는 것이다. 예수님이 시작하신 하나님의 나라를 예수님 승천 이후 교회가 계속적으로 확장해 나갈 책임을 맡았다.

제10장에서는 상징으로서의 세례와 성찬을 강조하지 않고 성도들이 그리스도와 연합된 것을 강조하여 설명한다.
성도들은 세례와 성찬에 참여함으로 그리스도의 희생과 부활이 가져온 축복에 진실로 참여하게 되는 것이다. 세례는 그리스도의 죽음과 연합하여 세례 받는 것이며, 성찬은 그리스도의 몸과 피와 연합함으로 그리스도의 죽음과 접하게 되는 것이다(p.424).

제11장 '교회의 설립'에서는 교회의 성장과 밀접히 연관시켜 취급한다.

교회의 설립과 교회의 성장은 구속 역사적 배경을 지니고 있다. 그런데 교회의 설립을 위해서는 교회의 영적 무장이 필요하다. 그것은 성령의 은사이며 직무이다. 그리고 성령의 은사는 다양한 것이다.

제12장 마지막 장에서는 그리스도의 재림과 성도들의 생활과의 연관을 설명한다.

리델보스는 바울이 그리스도의 초림부터 종말론적 구속의 시대가 시작된 것으로 보고 종말이 실현된 측면과 앞으로 이루어질 미래의 측면이 있다고 말한다. 바울은 재림에 대한 기대를 선포하지만 결코 현재생활을 무시하지 않았다. 현재의 고난과 환난의 때를 최대한 이용하여 적극적으로 거룩한 생활을 할 수 있도록 권했다(엡 5:15, 갈 6:10). 리델보스는 바울이 그의 서신에서 중간상태를 말하고 있지 않다고 말한다(p.498). 성도들은 예수님이 재림하실 때에 완성된 영원한 상태로 들어가게 된다. 그때에 성도들은 부활생명을 가지고 하나님과 함께 영원히 살게 될 것이다.

리델보스 박사는 심오한 바울 사상을 균형 있게 다루어 주었다. 리델보스 박사는 성경구절의 체계적인 주석을 통하여 그의 입장을 논증하고 있다. 그가 그렇게 할 수 있는 것은 성경을 권위 있는 하나님의 말씀으로 믿으며 또한 성경이 최종적인 말을 할 수 있다고 믿기 때문이다.

리델보스 박사의 「바울 신학」을 서평 함에 있어 몇 가지 지적하고자 하는 것은 사도행전의 자료를 취급하지 않은 점이요, 너무 구속 역사에 강조를 둠으로 바울이 개인적인 구원은 강조하지 않은 것과 같은 인상을 주기 쉽다는 점이다.

리델보스의 「바울 신학」(Paul)은 바울을 연구하는 학도는 물론, 강단에서 설교하는 설교자도 바울 사상에 관해 연구하고 설교할 때 이 책을 참조하지 않고는 결론을 내려서는 안될 만큼 귀중한 자료라고 서평자는 믿기 때문에 리델보스 박사의 걸작(magnum opus)을 즐거운 마음으로 감히 소개한다.

신약 신학

(*A Theology of the New Testament*) by George E.
Ladd. Grand Rapids: Eerdmans, 1974, pp.661.

래드(Ladd)교수는 미국 캘리포니아 주(California) 파사
데나(Pasadena)에 있는 풀러 신학교(Fuller Seminary)

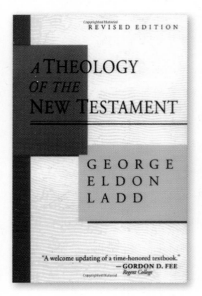

에서 신약 교수직을 역
임한 바 있다. 그는 보수
주의 신학자로 학계에서
인정받고 있으며, 그의
걸작(magnum opus)인
661페이지의 「신약 신
학」(*A Theology of the
New Testament*)은 스
티븐스(G. B. Stevens)
가 「신약 신학」(*The
Theology of the New*

Testament)을 1906년 미국에서 출판한 이래(1st ed.; Edinburgh, 1901) 포괄적이고 학적인 깊이가 있는 신약 신학 분야의 책으로는 70여 년 만에 처음 출판된 책이다.

비록 래드 박사가 서문에서 이 책은 신약신학 분야를 학생들에게 소개하기 위해서 썼다(p.5)고 말하지만 이 책의 학적인 깊이는 각 페이지마다 빛을 발하고 있는 것이다.

래드의 신약신학은 크게 여섯 부분으로 나누어진다. 각 부는 여러 장으로 구성되어 있는데 각 장마다 아주 귀하고 또 최근에 발간된 참고서적들이 나열되어 있어 계속 연구할 사람들에게 큰 도움을 준다.

제 1부는 공관복음을 다루는데 맨 처음에 신약신학의 역사와 본질을 다루는 아주 귀한 서론이 있다. 래드가 여기서 마태복음 마가복음 누가복음의 특징을 따로 취급하지는 않았지만 공관복음에서 찾을 수 있는 주제인 하나님 나라개념, 교회와 왕국의 관계, 인자, 하나님 나라의 아들, 종말론, 등 중요한 주제들을 자세하게 다루고 있다. 그가 하나님 나라 개념을 다루면서 이 세상과 오는 세상을 같은 직선상에 놓지 않고 예수님의 부활을 기점으로 이 세상과 오는 세상이 병존하는 것으로 생각한 것은 의미심장하다(pp.68f; cf. G. Vos, The Pauline Eschatology, p.38).

래드는 '신약에는 이중적 의미가 있다. 하나님의 뜻은 하늘에서 이루어진다. 그의 왕국이 이 땅 위에 임한다. 오는 세상에서는 하늘이 이 땅 위에 강림하여 역사적 존재를 구속받은 생애의 새로운 차원으로 이끌어 올린다'(계 21:2-3)라고 말한다(p.69).

제1부에서 1장 서론, 2장 세례 요한, 3장 천국의 필요, 4장 하나님 나라, 5장 구원의 새로운 시대, 6장 천국의 하나님, 7장 천국의 신비, 8장 천국과 교회, 9장 왕국의 윤리, 10장 메시아, 11장 인자, 12장 하나님의 아들, 13장 메시아직의 문제, 14장 메시아의 사명, 15장 종말론을 심도 있게 다룬다.

제2부에서는 요한복음을 취급한다.

여기서는 공관복음과 같은 점이 무엇이며 또 다른 점이 무엇인지에 관심을 두고 글을 썼다. "넷째 복음서의 신학을 연구하는 목적은 적극적으로 요한의 사상을 정립하는 것도 있지만 또한 공관복음서와 같은 점 그리고 다른 점이 어느 정도인가를 발견하는 데도 있다"(p.222)고 말하므로 이 책에서 요한복음서를 어떻게 다루었다는 것을 암시하고 있다. 래드의 이 목적이 요한의 이원론, 기독론, 영생, 기독교인의 생활, 성령, 종말론 등의 주제를 다루면서 아주 훌륭하게 성취되었다고 할 수 있다.

다음 구절에서 공관복음과 요한복음의 관계의 일면을 엿볼 수 있다.

해석된 역사는 사건들을 단순한 연대로 나열하는 것보다 그 형편의 내용을 더 진실하게 표현할 수 있다. 만약 요한복음이 신학적인 해석이라면 그것은 요한이 역사 안에서 발생했다고 확신하는 사건들을 해석한 것이다. 공관복음의 의도 역시 "예수님 자신의 말"(ipsissima verba)을 기록하기 위한 것이 아니고, 예수님 생애의 사건들을 자서전 쓰듯이 기록하기 위한 것도 아니다. 그들은 예수님의 초상화들이며, 그의 교훈의 요약들이다.

마태와 누가는 마가에 있는 자료를 자유스럽게 재배정했고, 예수님의 교훈의 내용도 상당한 자유를 가지고 기록했다. '만약 요한이 마태와 누가보다 더 많은 자유를 구사했다면 그것은 더 깊고 더 진실한 예수님의 초상화를 그리기 위해서였다'(p.221f).

비록 여기서 래드가 공관복음의 의도가 예수님 자신의 말을 기록하기 위한 것이 아니라고 말하므로 공관복음도 신학적으로 다룰 수 있다는 암시를 하고 있지만 그는 공관복음을 요한복음보다 더 역사적인 책으로 생각하는 것 같다(p.28).

제2부에서 16장 비평적 문제, 17장 요한의 이원론,

18장 기독론, 19장 영생, 20장 기독교인의 삶, 21장 성령, 22장 종말론이 포함된다.

제3부에서는 초대교회라는 제하에 사도행전을 다룬다. 첫째 장에서는 사도행전의 역사적인 신빙성을 다루고, 부활,종말론적 선포, 그리고 교회를 취급하는 장에서도 사도행전에 나타난 신학을 요약하고 있다.

래드는 초대교회가 처음에는 유대주의의 종교적 관습을 그대로 지키면서 적은 무리끼리 교제를 가졌지만 점점 성장하게 되고 따라서 조직이 생겨나게 되고 결국에는 유대주의에서부터 완전히 분리되어 독립적인 모임이 되었다고 기술하고 있다(p.351-356).

제3부에서 23장 사도행전의 신학: 비평적인 문제, 24장 부활, 25장 종말론적 케리그마, 26장 교회가 포함되어 있다.

제4부에서는 바울신학을 다루는데 제2부의 요한복음의 신학과 함께 가장 높게 평가받아야 할 부분이다. 바울은 유대 적이고 헬라 적이며 기독교적인 세계의 배경을 가진 사람이었다. 바울은 유대주의의 신학자로서 성령의 인도로 십자가에 못 박힌 나사렛 예수가 진정한 메시아였다는 사실과 부활 승천한 하나님의 아들이라

는 사실을 알게 되었다.

따라서 그가 많은 문제에 있어서 이전에 주장한 견해와는 전혀 다른 결론에 도달하게 되었다. 그 결과 바울은 유대주의와는 전혀 다른 구속역사의 개념을 갖게 되었다(p.369).

래드는 바울 사도가 성도들의 생을 구속 역사적 긴장 속에서 사는 생활로 묘사했다고 다음과 같이 말한다. '성령 안에서 걷는 것은 영과 육 사이의 긴장 가운데서 걷는 것이다. 육체가 원리적으로는 그리스도와 함께 십자가에 못 박혔지만 기독교인 생애에 아직도 활동하는 힘으로 존재할 수 있으며, 기독교인은 계속적으로 육체가 성령의 조종 아래 있도록 부지런히 노력해야 한다'(p.494).

래드는 데이비스(W.D. Davies)처럼 바울신학의 중심이 그리스도의 사역에 의해 실현된 구속의 새로운 시대라고 생각했다. 구속역사의 중심은 그리스도의 구속 역사이다(p.374). 이 견해는 리델보스의 견해와 같은 것이다(Paul: An Outline of His Theology, p.39). 리델보스처럼 래드는 바울의 13서신을 모두 바울신학 정립의 자료로 사용했다. 일반적으로 성경을 비평적으로 다루는 신학자들은 바울의 몇 개의 서신은 진정한 바울서신이 아니라고 주장하여 바울신학을 논할 때 자료로 사용하기를 거절하는 경우가 많다. 그러나 래드는 바울의

13서신을 모두 사용함으로 성경의 권위를 인정했고 또한 성경에 기록된 내용이 현대인들에게도 표준이 된다고 생각한 것이다(p.379).

제4부에서 27장 바울: 서론, 28장 바울 사상의 근원, 29장 그리스도 밖의 사람, 30장 그리스도의 인격, 31장 그리스도의 사역: 속죄, 32장 그리스도의 사역: 칭의와 화해, 33장 바울의 심리학, 34장 그리스도 안에서의 새 생명, 35장 율법, 36장 기독교인의 삶, 37장 교회, 38장 종말론 등이 다루어졌다.

제5부는 공동서신이라는 제하에 히브리서, 야고보서, 베드로 전후서, 유다서, 요한 서신들을 다루었다. 래드가 요한 서신들을 요한복음을 다룰 때와 같이 취급하지 않고 여기에서 취급한 이유는 확실하게 밝히지 않았다. 베드로 전후서도 사도행전을 취급할 때 베드로의 설교와 함께 같이 취급했을 수도 있다. 그러나 래드는 왜 그가 현 상태의 구조대로 취급했는지 그 이유를 밝히지 않고 간략하게 각 권들을 취급한다.

제5부에서 39장 히브리서, 40장 야고보서, 41장 베드로전서, 42장 베드로후서와 유다서, 43장 요한 서신들을 포함시킨다.

제6부에서는 계시록을 다루는데 이 부분 역시 요한의

신학에서 같이 취급했을 수 있는데 따로 한 부를 만들었다.

그 결과 제6부는 겨우 16페이지밖에 되지 않는다. 래드는 계시록을 간략히 개요 했기 때문에 천년설 문제를 자세하게 취급하지 않았지만 지상에서의 천년왕국을 구분하는 천년기 전설의 입장에서 계시록 20장을 설명했다(p.628f.).

제6부에서는 계시록 한 권을 다루기 때문에 44장 요한 계시록이라는 같은 주제로 한 장을 취급하고 책을 마무리 한다. 이렇게 래드의 신약신학은 제 6부, 44장으로 정리되어 있다

전체적으로 볼 때 래드는 구속 역사적인 관점에서 신약신학을 취급했다. 래드의 구속역사 개념은 구속 역사를 전통역사와 관련시키지 않는다는 점에서 쿨만(O. Cullmann)의 구속역사 개념과 다르다고 할 수 있다.

래드는 원인과 결과에 의해 수평적으로만 생각하는 폐쇄된 우주관을 가지고는 성경에 표현된 실재를 취급할 수 없는 것으로 생각하고, 성경역사는 일반역사가들이 역사를 재건하는 그런 방법으로 재건할 수 없다고 믿었다. 비록 성경이 일반 역사적 사건 가운데서 하나님의 사역을 말하지만 하나님은 일반역사에서 사역하시는 것과는 다른 방법으로 구속역사 안에서 사역하신

것이 분명하다고 래드는 믿었다.

그것의 가장 선명한 예가 예수 그리스도의 부활이다. 그는 과학적인 역사 비평의 견지에서 볼 때 부활은 역사적이 될 수가 없다. 왜냐하면 그것은 다른 역사적인 사건에 원인이 있지 않고 유추가 없는 사건이기 때문이다. 하나님만이 부활의 원인이 되신다(cf. Ladd, I Believe in the Resurrection of Jesus, Eerdmans, 1975).

래드는 '계시적 사건들은 일반역사에 의해 산출되지 않았고, 역사적 피조물들의 구속을 위해 역사 안에서 사역하시고 역사를 초월하여 계신 역사의 주님을 통해서 산출되었다'(p.30)라고 말함으로 그의 입장을 선명히 하고 있다.

이처럼 래드는 그의 신약신학을 구속 역사적인 관점에서 취급했다.

래드의 신약신학은 이 분야에 있어서 신학교의 교재로서 그리고 성경학도들의 연구에 빼놓을 수 없는 필독서로 생각되기 때문에 신학적인 기초를 튼튼히 하기 위해 비록 방대하지만 정독을 권장하는 바이다.

성경해석의 원리와 과정

(*Hermeneutics: Principles and Processes of Biblical Interpretation*) by Henry A. Virkler, Baker Book House, 1981, pp.255.

오늘날 교회 내에서 성경연구에 많은 관심을 보이는 것은 다행한 일이다. 교회적으로 혹은 소그룹으로 모여

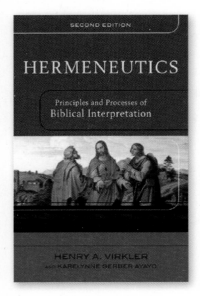

성경을 공부하는가 하면, 여러 기독교 단체에서 성경연구에 관한 책자를 자체적으로 출판하여 권장하는 것은 우리가 바른 궤도에 서 있다는 것을 지적해 주고 있다. 성경공부를 위해서는 성경해석에 관한 원리를 터득해야 한다. 기초

가 튼튼하지 못한 가운데서 성경을 해석하게 되면 성경의 내용을 곡해하게 될 수 있기 때문이다. 여기에 소개하는 빅클러(Virkler)의 「성경해석학의 원리와 과정」(Hermeneutics)은 성경해석의 기초를 놓는데 유익하리라 생각된다.

빅클러는 이 책을 쓰게 된 목적이 성경해석의 원리와 실제 주석과의 관계를 긴밀히 연관시킴으로 이전까지 원리만 다루어 왔던 성경해석학의 약점을 보완하기 위해서라고 기술한다(p.11). 즉 바른 성경해석 원리를 제공하고 그 원리를 사용하여 설교를 준비하거나 성경공부를 하는데 적용할 수 있는 능력을 제공하기 위해 이 책을 저술했다고 한다.

본서는 크게 4단계로 나누어져 있고, 세부적으로 8장으로 구성되어 있다.

첫째 단계는 성경해석학에서 다루어져야 할 주제들을 설명했으며, 둘째 단계는 성경해석의 일반원리를 설명하고, 셋째 단계는 성경해석에 필요한 구체적인 원리를 취급했다. 마지막 단계인 넷째 단계는 둘째 단계와 셋째 단계에서 발견한 원리들을 사용하여 성경본문을 실제로 해석할 수 있도록 실제적인 해석 기술을 취급했다. 이제 각 장으로 나누어 간략히 그 주요 내용을 살펴보기로 하겠다.

제1장에서는 성경해석학 서론이 취급된다.

성경해석학에서 사용되는 용어들을 정의하고 성경해석학과 다른 분야 학문과의 관계를 설명한다. 그리고 성경 영감설에 대해 정통적 견해, 신정통주의 견해, 자유주의 견해를 설명하고 그 입장들이 성경해석에 미친 영향이 무엇인지를 설명하고 있다. 빅클러는 성경해석학을 성경해석의 학문과 예술로 정의한다. 그리고 일반적 해석방법은 성경 전체 해석에 관한 법칙들을 연구하는 것이요, 특수한 해석 방법은 특별한 문학적 형태 즉 비유, 표상, 예언, 직유, 은유 등을 해석하는 데 필요한 법칙들을 연구하는 것이라고 말한다. 그리고 성경해석학이 필요한 이유는 성경 저자와 우리 사이를 가로막고 있는 역사적, 문화적, 언어적, 철학적 격차가 있기 때문이라고 한다. 그러므로 해석자는 성경 저자의 뜻을 바로 터득하기 위해 이런 격차를 없애도록 노력해야 한다고 말한다.

제2장에서는 성경해석의 역사를 다룬다.

고대 유대주의 해석에서 현대에 이르기까지 성경해석의 역사가 어떻게 발전되어 왔는지를 취급한다.

　성경해석 역사를 통해 배울 수 있는 교훈은 아무리 훌륭한 사람이라도 자신의 환경에서 완전히 자유스러워질 수 없었다는 사실이다. 유명한 어거스틴이나 루터까지도 그 당시의 형편에서 완전히 자유스러워질 수 없었다. 따라서 풍유적 해석의 잔재가 그들의 해석에 조금씩 남아 있는 것이다(pp.60, 65-66). 이런 관점에서 볼 때 예수님과 사도들의 구약 인용과 해석은 성령의 역사임이 더 분명해지고 칼빈의 성경해석이 더 돋보이게 되는 것이다.

제3장에서는 역사적, 문화적, 문맥적 분석 문제를 취급한다.
여기서는 ① 저자와 수신자의 일반적인 역사적 문화적 상황을 찾아내고, ② 저자가 성경을 쓰는데 가졌던 목적을 찾아야 하며, ③ 그리고 성경구절이 인접 문맥과 어떻게 맞아 들어가는지를 찾아야 한다고 한다. 인접 문맥과 어떻게 맞는지를 찾는 방법은 책 속에서 성경구절을 정한 다음 그 구절이 전체와 어떻게 연관되는지를 찾아야 하며, 저자의 논리 전개와 그 성경구절이 어떻게 맞는지를 찾아내고, 저자가 전하려고 하는 전망을 발견하고 그 구절이 어떤 사람을 염두에 두고 기록되었는지를 찾아내야 한다고 한다.

제4장에서는 사전적 구문적 분석 문제를 취급한다.
사전적 구문적 분석이 필요 하는 것은 그 분석이 없이는 우리의 해석이 하나님의 뜻인지 확신할 수 없고, 우리의 해석이 이단의 해석보다 더 타당하다고 주장할 수 있는 근거가 없기 때문이라고 한다(p.95). 사전적 구문적 분석을 위해 본문이 어떤 문학 형태로 기록되었으며, 저자의 주제가 어떻게 발전되었는지 찾아야 하고, 자연스러운 문단 분리와 다음 문단과 어떻게 연결되었는지를 찾아내고 개개 단어의 뜻과 또 구문에 대한 분석을 해야 한다. 그리고 이 모든 것을 종합하여 알기 쉬운 말로 저자의 뜻을 설명하도록 해야 한다고 말한다.

제5장에서는 신학적 분석을 취급한다.
여기서 제기해야 할 기본적인 질문은 '특정한 구절이 전체 하나님의 계시패턴에 어떻게 조화되는가' 라는 것이다. 빅클러는 본 장에서 하나님의 계시의 연속성, 불연속성 문제를 다루면서 자유주의와 세대주의는 하나님의 계시의 연속성보다 불연속성을 더 강조한다고 하며(pp.121-128), 루터주의 이론과 언약 이론은 계시의 연속성을 더 강조한다고 말한다(pp.128-133). 그리고 성경의 유기적 통일을 주장하는 이론은 중용의 도를 걷는 것으로 설명한다(p.134).

빅클러는 우리의 신학적 입장이 성경해석에 큰 영향을 미치는 고로 바른 신학적 입장을 갖도록 하기 위해 계시를 이해하는 모델을 몇 가지 제시한다. 즉 은혜 개념, 율법 개념, 구원 개념, 성령의 사역 개념 등이 그것이다. 여기에서 평자가 한 가지 더 첨가시킨다면 천국

개념을 들 수 있을 것이다.

제6장에서는 특별한 문헌적 문제들을 취급한다.

특히 특별한 문제 중에 직유, 은유, 잠언, 비유, 풍유 등을 본 장에서 다룬다. 우리가 이런 문체를 알아야 하는 이유는 성경 저자들이 이런 문체를 사용하여 사상을 전달했기 때문이다. 훌륭한 연사일수록 청중들의 관심을 유지시키고 청중들의 이해를 돕기 위해 여러 가지 문체를 동원하여 사상을 전달하는 것이다. 직유는 표현된 비교라고 할 수 있으며(p.158), 은유는 표현되지 않은 비교라고 할 수 있다(p.158). 비유는 확장된 직유라고 할 수 있으며(p.159), 풍유는 확장된 은유라고 할 수 있다(p.159). 잠언은 간결하면서도 약간 자극성이 있고 재치도 곁들여 있는 금언을 가리킨다고 한다(p.161).

제7장은 제6장의 연속으로 표상, 예언 그리고 계시적 문헌을 취급한다.

표상은 어떤 사람이나 사건이나 기관이 구원역사 진전에 있어서 다음 시대에 나타날 사람, 사건, 기관에 상응하는 미리 정해진 대표적 관계이다. 표상론은 구원역사를 통해 하나님의 사역에 패턴이 있다는 것을 가정하는 것이다. 하나님은 구약에서 그의 구속사역을

미리 예표해 주시고 신약에서 그것을 성취시키셨다 (p.184). 표상이 상징과 다른 것은,

① 표상은 한 가지나 혹은 여러 가지 점에서 예표하는 것과 원형이 닮았지만 상징은 원형과 표상이 반드시 닮을 필요가 없다(예, 떡과 잔--〉 예수님의 몸과 피).

② 표상은 시간적으로 미래적이지만 상징은 반드시 그럴 필요가 없다. 예언은 원리를 어떻게 적용하느냐에 대한 여러 가지 견해가 있기 때문에 상당히 복잡한 주제이다. 예언과 계시적 문헌을 취급할 때는 문체가 일반적으로 표상적이고 상징적임을 유의해야 한다. 그리고 초자연적인 요소나 보이지 않는 요소를 강조하지 않은지 관찰해야 하며 취급되고 있는 구절이 점진적인 계시의 한 부분이 아닌지 분석해야 한다.

제8장에서는 성경적 메시지의 적용에 대해 취급한다. 여기서는 두 가지 부분으로 나누어 첫째는 대화체 부분에 대해 역사적-문화적 문맥적, 사전적-구문적, 신학적 분석에 의거하여 어떤 원리를 만들어야 하는지에 대해 설명하고, 둘째는 성경의 명령을 문화가 다를 경우에 어떻게 적용시킬 수 있겠는가에 대해 취급한다.

결언(Epilogue)으로 빅클러는 목사의 임무에 대해 언급한다. 목사는 하나님의 말씀의 사역자로서 하나님

의 말씀을 정확하게 해석해야 할 임무를 가지고 있다 (딤후 2:15). 빅클러는 하나님의 말씀을 올바로 취급해 야 할 일꾼들로서의 목사들에게 강해설교를 권장한다. 왜냐하면 '주께서 이처럼 말씀하시되'의 권위를 다시 회복할 유일한 방법은 그의 말씀을 해석하는 길밖에는 다른 길이 없기 때문이다(p.237)라고 말한다.

빅클러의 성경해석은 읽기 쉽게 저술되었을 뿐만 아 니라 매장 다음에 그 장의 내용을 연습할 수 있도록 연 습 방법을 제시해 주었다. 그리고 빅클러 자신이 말했 듯이 다른 성경해석학보다 원리를 실제 적용하는 데 강 조를 두었다. 본서는 하나님의 말씀인 성경의 내용을 진지하게 연구하고자 하는 사람이면 누구에게나 도움 이 될 수 있는 책이기 때문에 여기에 간략히 소개하는 바이다.

오직 진리

(*Nothing But the Truth*) By Brian H. Edwards.
Evangelical Press, 1978, pp.234.

'자비로운 주 하나님 날 구원했으니 내 잃어버린 생
명을 이제야 찾았네'로 시작되는 찬송가 Amazing

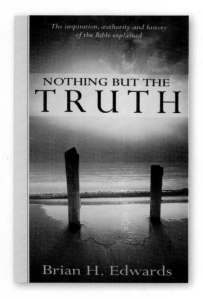

Grace를 쓴 뉴톤(John
Newton)의 생애와 틴
데일(William Tyndale)
의 생애를 평이한 문
체로 감명 있게 저술
해준 에드워즈(Brian
Edwards)가 성경의 영
감과 권위에 대해 평이
하게 설명해준 책이 본
서이다. 우리는 성경
66권에 대한 여러 가

지 질문을 할 수 있다. 에드워즈는 일반 성도들을 대상으로 생각하면서 성경에 관한 여러 가지 질문들을 평이하게 풀어나가고 있다. 이 책은 14장으로 되어 있으며, 각 장마다 성경은 하나님의 말씀이며 권위 있는 책임을 명백히 나타낸다.

제1장에서는 이 책의 주제가 소개된다.
성경은 하나님의 말씀으로서 정확무오하게 기록되어졌다. 그러나 과거의 역사를 볼 때 많은 학자들이 성경의 영감과 권위에 도전하는 저술을 많이 했기 때문에 오늘날 독자들은 참과 거짓을 분간하기 힘들게 되었다. 그러므로 이 책을 쓰는 근거는 성경무오에 관한 교리를 재 진술하는 것이요, 이 책의 범위는 누가 66권을 정경으로 정했느냐, 어떻게 성경을 해석해야 하며, 성경이 어떻게 기록되어지고 전수되어졌느냐 등의 주제를 포함하며, 이 책의 목적은 일반 성도들에게 성경에 대한 복음주의적인 견해를 제시하여 성경에 관한 진리가 학자들만의 전용물이 아님을 보여주기 위한 것이다(pp. 10이하).

제2장에서는 하나님께서 자신을 어떻게 계시하셨는가에 대해 다룬다.
'우리가 계시를 논할 때 무엇보다 가장 중요한 사실

은 하나님이 자신을 인간에게 나타내었다는 것이다'
(p.14). 하나님은 자신을 인간에게 나타내실 때 자연
을 통해서(pp.15-16), 인간의 마음을 통해서(pp.16-
18), 역사를 통한 사역으로(p.18) 나타내셨다. 이것이
일반계시의 방법이며, 특별계시는 현현, 비전, 꿈, 이적
을 통해서(pp.18-20), 말씀되신 그리스도로(p.20)
그리고 성경으로 나타난다.

   '성경은 하나님의 말씀을 포함하는 것이 아니라 하
나님의 말씀이며, 성경은 단순히 하나님의 사랑의 이야
기를 포함하는 것이 아니라 성경 자체가 하나님의 사랑
의 표현이며, 성경은 단순히 하나님의 구원제공을 포
함하고 있는 것이 아니라 하나님의 구원 행위의 일부이
다.'(pp.21,22).

제3장에서는 성경 영감 문제를 다룬다.
영감은 하나님의 성령이 사람을 고취시켜 그 결과 사
람이 말하고, 기록하는 것으로 이해하는 것은 잘못이
며, 영감은 하나님이 내어 뿜는 것으로 그 기원이 하
나님께 있는 것으로 이해해야 한다. 여기서 에드워즈
(Edwards)는 성경 영감은 성경의 자증으로, 그리고
성경의 모든 저자들이 성경의 영감을 인식하면서 기록
했다고 말하며, 만전축자영감의 중요성을 진술한다.
에드워즈는 성경무오설의 중요성을 다음과 같이 설명

한다.

첫째, 성경무오설은 성경진리에 대한 우리의 태도를 관장한다. 둘째, 성경무오설은 그리스도의 가치에 대한 우리의 태도를 관장한다. 셋째, 성경무오설은 과학의 결론에 대한 우리의 태도를 관장한다. 넷째, 성경무오설은 성경해석에 관한 우리의 태도를 관장한다. 다섯째, 성경무오설은 성경의 교훈과 권위에 대한 우리의 태도를 관장한다. 여섯째, 성경무오설은 하나님의 명예를 보호한다.

제4장에서는 성경에 대한 그리스도의 태도를 설명한다. 복음서의 기록으로는 예수님이 구약의 13책에서 36개의 다른 구절을 인용했다고 말한다. 그리고 예수님은 항상 구약의 모든 말씀이 하나님으로부터 왔음을 믿었다(p.42). 예수님은 구약의 역사와 사건을 실제 있었던 것으로 생각하며 사용하셨다.

제5장에서는 사도들의 구약 사용법을 설명한다. 사도들도 구약을 하나님의 영감된 말씀으로 받았다. 니콜(Roger Nicole)은 구약을 직접 인용하는 구절이 신약에 224회 나타난다고 한다. 그리고 신약은 외경(Apocrypha)에서는 단 한 번의 인용도 하지 않는다. 구약의 저자가 하나님인 사실을 신약에서 56회나 증거하

고 있다(행13:32-35, 히1:5-13).

제6장에서는 성경의 정확성을 취급한다.
에드워즈는 성경의 정확성을 변호한 두 학자의 노력을
사용한다. 프린스톤 신학교(Princeton Seminary)에서
중동 언어학 교수로 있다가 1929년 웨스트민스터 신학
교(Westminster Seminary)가 창립되자 웨스트민스터
신학교 창립교수로 수고한 윌슨(Robert Dick Wilson)의
노력을 통해 구약의 정확성을 증명한다. 신약은 고고학
자로 유명한 램시(William Mitchell Ramsay)경의 노력
을 통해 입증된 신약성경의 정확성을 증명한다.

제7장에서는 성경의 권위문제를 다룬다.
'나는 성경에 매여 있으며 나의 양심은 하나님의 말씀
에 포로가 되어있다. 그리고 나는 양심을 거슬려 행동
하는 것이 안전하지도 않으며 바르지도 않기 때문에 철
회할 수도 없고 하지도 않을 것이다. 하나님, 나를 도
우소서 아멘'(p.75)이라는 루터(Martin Luther)의 보
름스(Worms, 1521)회의에서의 태도처럼 성경의 권위는
최종적임을 설명한다.

제8장에서는 성경의 충족성을 다룬다.
성경의 충족성은 성경이 과학, 역사, 사업 혹은 다른 주

제를 충분히 다루어 주었기 때문에 더 이상 그 분야의 연구가 필요 없을 만큼 충족하다는 뜻은 아니다. 성경의 충족성은 성경이 우리가 알아야 할 하나님에 관한 지식을 충족히 제공해 주신다는 의미에서 충족하다. 하나님이 누구신지, 어떤 일을 하시는지, 하나님이 우리를 어떻게 구원하셨는지에 대한 충분한 지식을 주셨다.

제9장에서는 구약성경이 왜 39권으로 되어있는지에 대해 설명한다.
66권으로 된 우리들의 성경은 40여 저자들에 의해 약 1500년에 걸쳐 기록되어졌다. 그러면 구약은 왜 39권으로 되어있는가? 구약성경 자체의 증거나 신약의 증거는 현존하는 39권의 정경만이 하나님 말씀이요, 외경은 구약의 메시지와도 잘 맞지 않을 뿐만 아니라 역사적 증언을 통해서 볼 때도 정경 속에 들어갈 수 없다. 구약성경 저자, 예수 그리스도, 사도들 그리고 유대 지도자들 모두가 구약 39권이 정경임을 증거하고 있다.

제10장에서는 신약성경의 정경성에 대해 취급한다.
누가 27권을 신약성경으로 정했는가? 성경 비평가들은 교회가 정경을 정했기 때문에 교회가 성경을 만들었다고 한다(p.111). 그러나 신약 27권이 정경으로 수납된 것은 그 자체가 영감으로 기록되어졌기 때문이요, 교회가 하나님의 섭리에 의해 후대에 가서야(A.D. 397) 그것들을 정경으로 인정한 것뿐이다. 신약성경 27권은 하나님이 성령으로 인쳐 주셨기 때문에 정경으로 수납된 것이다.

제11장에서는 성경 해석방법을 다룬다.
에드워즈는 바른 성경해석의 중요성을 다음과 같이 진술한다.
'성경해석은 대단히 중요한 제목이다. 그것은 성경의 축자영감 교리만큼 중요하다. 만약 우리가 성경을 해석함에 있어서 하나님의 의도와는 정반대로 해석한다면 '이것들이 하나님의 말씀이다'라고 말할 가치가 없는 것이다'(p.123). 에드워즈는 바른 성경해석에 필요한 원리들을 구체적으로 취급한다.

제12장에서는 성경이 우리에게 어떻게 전수되었는지를 설명한다.
우리가 현재 소유하고 있는 66권의 성경이 정확무오한 사실은 후대에 발견된 사본들에 의해 입증되어졌다는 사실을 실례로 증거 한다.

제13장에서는 성경에 잘못이 있는 것처럼 보이는 구절들을 우리들이 어떤 태도로 보아야 하는가에 대한 몇

가지 원리를 제시한다.

첫째, 성경이 전적으로 정확함을 믿어야 하지만 성경영
감을 믿은 믿음은 모든 부분의 성경이 진리를 선포한다
고 믿는 것은 아니다. 성경은 악한 행위도 진실하게 기
록하지만 악이 진리는 아닌 것이다. 둘째, 성경의 충족
성은 성경의 한 부분이 그 자체로 반드시 충족해야 한
다는 뜻은 아니다. 계시는 점진적이라는 사실을 기억해
야 한다. 셋째, 성경 영감설은 특별한 문제를 무오하다
고 증명할 수 있는 우리의 능력에 의존되어 있지 않다.
성경의 영감설은 인간의 증명에 의존되어 있지 않기 때
문이다. 넷째, 신약이 구약처럼 하나님의 계시의 한 부
분이기 때문에 신약은 하나님 자신이 구약을 주석해 놓
은 것과 같다고 생각해야 한다.

제14장에서 에드워즈는 잘못이 있는 것처럼 보이는 구
절들을 열거하고 그 해결책을 제시해 준다.

여기서는 하나의 예만 들겠다. 고린도전서 10:8에 보
면 하루에 재앙으로 죽은 숫자가 23,000명이었다. 그
런데 민수기 25:9에 보면 죽은 자의 숫자가 24,000
으로 나와 있다. 아마도 바울은 재앙이 나기 전 목 베
임 당한 백성의 두령들의 숫자는 가산하지 않고(민
25:4, 5) 재앙으로만 죽은 자들을 기록한 것 같다. 민
수기 25:9에서는 편의상 전체의 숫자를 함께 취급했을

수 있다. 오늘날 지진이 나서 23,000이 죽고 그 후에 질병과 기근으로 1,000명이 더 죽었을 경우 그 사건을 기록하는 사람이 죽은 자의 숫자를 24,000으로 말한다고 해서 그 기록이 잘못되었다고 할 수는 없는 것이다.

전체적으로 볼 때 에드워즈는 신학과 신앙 분야에 있어서 가장 중요한 성경의 영감과 권위문제를 쉬운 용어로 잘 진술해 주고 있다.

성경의 권위에 대한 도전이 심각한 오늘날 이 책은 목사님들이나 신학도 그리고 일반 성도들에게 큰 도움이 되리라고 생각하며, 이 책을 읽으므로 성경을 더욱 귀하게 여기며, 그런 성경을 우리에게 주신 하나님께 감사드리게 되는 것이다.

보는 것으로가 아니요 믿음으로: 바울과 구원의 서정

(By Faith, not by Sight: Paul and the Order of Salvation) By Richard B. Gaffin, Jr. Paternoster Press, 2006, pp. 114.

본서는 한 평생을 미국 필라델피아 소재 웨스트민스터신학대학원(Westminster Theological Seminary)에

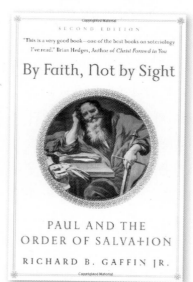

서 처음에는 신약교수로 나중에는 조직신학교수로 후학들을 가르친 개핀(Richard B. Gaffin, Jr.) 박사의 저작이다. 개핀 박사는 그런 과거의 경력 때문에 현재는 "찰스 크라헤 성경신학과 조직신학 교수"(Charles Krahe Professor of

Biblical and Systematic Theology)로 불린다. 개핀 박사는 우리에게도 잘 알려진 세계적인 학자이다. 개핀 박사는 근래 신학논쟁에 관심의 대상이 되고 있는 "바울에 관한 새관점"에 대한 개혁주의적 답변을 하기 위해 본서를 썼다.

본서의 제목과 목차를 일별하면 여느 조직신학 책과 다를 바 없다. 그러나 본서는 저자가 "바울에 관한 새관점" 논의가 이 책을 쓰게 되었다고 밝힌 것처럼(p. 4: This state of affairs occasions this book.) "바울에 관한 새관점" 주창자들의 견해를 조직신학의 관점에서 평가하고 종교개혁자들의 견해가 성경적임을 확인하고 있다. 저자가 왜 이런 제목을 붙였을 가를 묵상해 보면 새관점 주창자들이 "칭의"나 "하나님의 의"를 개인 구원의 관점에서가 아니요, 사회적으로 그리고 교회론적으로 접근하기 때문에 바울이 그런 용어들을 사용할 때에는 우선적으로 개인 구원의 관점에서 사용했음을 간접적으로 확인하기 위한 것이라고 생각해 볼 수 있다. 본서는 4장으로 구성되어 있는데, 제1장은 "구원의 서정과 바울신학"이요, 제2장은 "구원의 서정과 바울신학의 중심 주제"이며, 제3장은 "구원의 서정과 종말론-1"이고, 제4장은 "구원의 서정과 종말론-2"로 되어 있다. 이제 각장을 간단하게 정리하고자 한다.

제 1장에서 개핀(Gaffin) 박사는 "구원의 서정과 바울 신학"이란 주제 하에 새관점 주창자들 사이에 견해의 차이가 다양하기 때문에 "바울에 관한 새관점"을 간단하게 정리할 수 없음을 인정한다. 개핀 박사는 "바울에 관한 새관점"이란 명칭은 새관점 주창자들이 "제2 성전 유대주의"의 재평가를 통해 영향 받아 명칭 한 것이기 때문에 오히려 "제2 성전 기간의 유대주의에 관한 새관점"이라고 고쳐 부르는 것이 더 타당하다고 말한다(p. 2). 본서는 새관점 주창자들의 견해를 따르면 바울이 칭의를 가르칠 때 단체적인 의미와 교회론적 의미(corporate and ecclesiological)로 칭의 개념을 사용하여 유대인과 이방인이 같은 신분임을 강조하고 있다고 주장하는데, 이와 같은 주장은 구원론(soteriology)을 강조하는 바울의 칭의 교리가 바울신학의 중심 주제가 아니라고 부정하는 것과 같다고 지적한다. 개핀 박사는 바울은 칭의 교리를 우선적으로 구원론적으로 가르쳤고, 종교개혁의 전통도 바울의 칭의 교리가 구원론적임을 확인한다(p. 3). 개핀 박사는 논의를 전개하기 시작하면서 자신의 신학 입장은 칼빈과 종교개혁의 전통을 따르는데 특히 헬만 리델보스(Herman Ridderbos)와 게르할더스 보스(Geerhardus Vos)가 정리해 둔 구속역사적 전망으로 성경을 접근하는 것이라고 먼저 밝힌다.

개핀 박사는 바울이 "기독교 자료들을 활용하는데 가장 위대한 건설적인 마음을 소유한 천재"(the genius of the greatest constructive mind ever at work on the data of Christianity"(G. Vos, Pauline Eschatology, p. 149)(p. 7)로서 계시를 기록할 때 그의 앞에 있는 여러 가지 자료들을 활용해서 계시를 기록했다고 정리한다. 따라서 언어로 기록된 계시는 하나님의 말씀으로서 (1)계시는 역사적 과정의 특성이 있으며, (2)계시는 역사적 과정을 통해 기록되었고, 히브리서 저자가 "여러 부분과 여러 모양으로"(히 1:1)라고 말한 것처럼 여러 가지 양식과 여러 가지 장르로 기록되어서 계시의 역사적 특징을 가지고 있고, (3)그리스도는 이 역사의 마지막 날들의 종료 점으로서 그는 구속역사 과정의 종말론적 목적이 되신다는 특징이 있다(p. 7). 이렇게 언어로 기록된 계시는 인간의 작품이 아니요, 그 계시 자체가 하나님의 말씀임을 인정해야 한다.

그런데 이렇게 기록된 바울의 서신들을 해석하는데 어려움이 뒤 따른다. 첫 번째 어려움은 바울의 서신들이 교리적 논문들이 아니요, 산문체의 편지라는 점이다. 바울은 목회적인 성격을 가진 구체적이고 진정한 편지를 우리에게 남겨 두었지 잘 정돈된 논문을 남겨 둔 것이 아니다. 두 번째 어려움은 우리들이 그의 편지들을 통해서 부인할 수 없는 건설적인 마음을 가진 천재를 만난다는 사실이다. 그의 편지는 신학적 논문은 아니지만, 그의 편지 안에서 우리는 '신학자 바울'을 만난다. 세 번째 어려움은 바울이 기록한 그의 편지는 그 당시의 상황을 배경으로 기록한 것으로 우리에게는 알려지지 않은 것이 있기 때문에 바울의 서신들과 우리 사이에 역사적 간격이 있다는 사실이다(p. 11).

우리가 바울을 신학자로 생각하고 접근할 때 우리는 단순히 바울서신만을 다룰 것이 아니요 성경이 정경으로서 신학의 내용을 제공할 뿐만 아니라, 또한 성경이 정경으로서 어떤 신학적 방법론을 사용하도록 제시하는지에 대해 관심을 가져야 한다(p. 14). 개핀 박사는 여기서 성경신학과 조직신학의 상호 관계를 두 가지로 정리한다. 첫째, 개핀 박사는 성경신학으로서 바울신학을 연구할 때 우리는 조직신학을 하고 있는 것이나 다름없다고 말한다. 왜냐하면 조직신학은 성경의 본문을 해석해서 결론을 도출해야하지 사변적인 논리에 그쳐서는 안 되기 때문이다. 조직신학의 방법론은 근본적으로 주해 적이어야 한다. 조직신학은 성경신학을 위해 성경전체의 일치된 교훈을 제공하고, 성경신학은 조직신학이 결론을 내릴 수 있도록 성경 본문의 바른 주해를 제공해 주어야 한다(p. 16). 둘째, 바울을 연구할 때 성경의 정경적 맥락을 중요하게 고려해야 한다. 바울 신학은 독립적으로 연구되어도 안 되지만, 또한 바울 신학이 연구의 최종 목적이 되어서도 안 된다.

바울 신학은 신약의 다른 성경과 구약의 교훈에 비추어 연구되어야 한다. 개핀 박사는 새관점 주창자들이 바울을 연구할 때 바로 이 정경적 요소를 충분히 고려하지 않고 바울을 연구한 것이 문제라고 지적한다 (p. 16). 개핀 박사는 정경 전체를 생각하지 않고 바울만을 좋아하다가 결국 이단으로 정죄 받은 말시온 (Marcion)의 예를 들어 바울신학을 연구할지라도 정경전체에 비추어 연구해야 한다고 정리하고 제 1장을 마무리한다. 개핀 박사는 제 1장에서 바울이 신학자로서 정경의 일부인 그의 서신을 기록했기 때문에 바울을 연구할 때도 정경을 떠나서 연구할 수 없음을 분명히 한다.

제2장에서 개핀 박사는 "구원의 서정과 바울신학의 중심 주제"라는 제목 하에 바울에게 있어서 "구원의 서정"(ordo salutis or order of salvation)이 그의 관심 중의 하나였는지를 질문 형식으로 접근한다. 바울이 구원을 개인에게 적용하는데 관심을 가졌느냐는 질문을 하고 있다. 그리고 그 질문에 대한 답을 긍정적으로 내리면서 그리스도가 성취하신 구원을 개인에게 적용할 때 믿음의 역할이 중요함을 여러 성경 구절을 인용하

여 설명한다(살후 3:1-2; 살전 4:13-14; 롬 10:9; 행 16:31)(p. 19). 개핀 박사는 고린도후서 5:7의 "우리가 믿음으로 행하고 보는 것으로 행하지 아니함이로라"(고후 5:7)를 반영하는 본서의 명칭(By Faith, not by Sight)을 그 구절의 맥락에 근거하여 설명한다. 본 구절의 맥락은 바울이 성도들의 몸의 부활과 성도들의 그리스도와의 연합에 관심을 가지고 있음을 설명한다. 그리고 고린도후서 5:7은 성도들의 부활이 현재 만질 수 있는 실재가 아니요 미래의 소망임을 지적하고 있다. 개핀 박사는 본서의 제목이 교회가 현재 소유하고 있는 그리스도 안에서의 구원과 성도들의 계속되는 삶을 들여다 볼 수 있는 렌즈 역할을 한다고 정리한다(p. 20).

이제 개핀 박사는 바울 신학의 중심주제가 무엇인지를 설명한다. 바울 신학의 중심주제는 십자가에서 죽으시고 죽은 자 가운데서 살아나신 예수 그리스도임을 분명히 한다(롬 10:9-10; 고전 1:18-3:22; 갈 6:14; 딤후 2:8; 롬 4:25). 개핀 박사는 종교개혁자들이 로마 캐톨릭과 대치하면서 바울신학의 중심 주제를 칭의라고 강조한 사실을 인정한다. 종교개혁의 전통은 바울이 믿음으로만 의롭게 된다는 것을 강조한 설교자로 읽혀야 한다고 강조했다(p. 25). 그리고 개핀 박사는 18세기 이후 다른 관점에서 바울을 바라보려고 하는 시도에 대해 간단하게 설명하고(p. 25) 바울 신학의 중심주제는 종말론적 의미를 가진 그리스도의 죽음과 부활임을 확실히 한다(p. 26). 개핀 박사는 고린도전서 15:3-4을 중심으로 바울 복음 의 중심은 그리스도의 죽음과 부활임을 분명히 하고, 갈라디아서 1:4에서는 그리스도의 죽음의 목적이 "이 악한 세대에서 우리를 건지시려고 우리 죄를 대속하기"위한 것이라고 예수님의 죽음과 부활이 죄인을 구원하는데 어떤 효과가 있는지 설명한다(p. 27). 바울의 기독론은 그의 구원론과 인접되어 있으며 바울은 구원론적인 관심이 없는 기독론을 가지고 있지 않다(p. 29).

그러면 그리스도의 죽음과 부활이 그의 백성들에게 어떻게 효과를 나타낼 수 있는가? 개핀 박사는 그것은 성도들이 그리스도와 연합됨으로 가능하다고 성경 말씀을 근거로 설명한다. 바울은 "그리스도 안에서"(in Christ)라는 표현으로 성도와 그리스도의 연합을 설명한다. 성도가 그리스도와 연합하는 것은 세 국면으로 구별되는데 첫째는 예정으로 그리스도 안에서 연합하는 것이요(엡 1:5), 둘째는 성도들이 예수 그리스도의 죽음과 부활에 연합하는 과거의 연합으로 구속역사적 연합이요, 셋째는 성도들이 구원을 적용받아 실제로 소유하는 현재의 연합을 의미하는데 현재의 연합은 실존적인 의미의 연합의 의미를 가지고 있다(p. 37). 성도가 그리스도와 연합하면 성도의 삶에 중대한 전환이 발생한다(롬 16:7; 엡 1:4; 엡 2:3). 여기서 우리는 구원의 서정(ordo salutis)문제를 고려하지 않을 수 없게 된다.

개핀 박사는 그리스도와 성도들의 현재의 연합의 의미를 세 가지로 설명한다. 첫째, 현재의 연합은 신비적인(mystical) 연합이며, 둘째, 현재의 연합은 영적인(spiritual) 연합이며, 셋째, 현재의 연합은 파괴할 수 없는 영속적인(indissoluble) 연합이다(pp. 38-40). 개핀 박사는 근래 바울 연구에 있어서 "그리스도와의 연합"(union)과 "칭의"(justification)의 관계에 대해 잘못된 경향이 있는 것을 직시하고 "성도의 그리스도와의 연합"과 "칭의"의 관계를 정리한다(pp. 40-41). 근래에 제기된 "연합"과 "칭의"의 잘못된 경향 중의 하나는 "연합"과 "칭의"를 구별하는 것이다. 이와 같은 경향은 "연합"과 "칭의"가 서로 긴장 관계에 있는 것으로 이해하거나 혹은 병존하지만 구별된 관심을 가진 것으로 이해하는 것이다(p. 40). 또 하나의 잘못된 경향은 "연합의 위치"(the place of union)를 죄를 극복하는 개인적인 갱신(personal renovation)과 동일시하는 것이다. 개핀 박사는 이와 같은 경향은 혼란을 가중시킬 뿐이요 바울을 잘못 이해하는 것이라고 정리한다. 개핀 박사는 바울의 교훈에서 법정적인 측면은 항상 참여적인 측면 안에서 기능을 발휘한다고 정리한다

(p. 41). 그래서 법정적인 선언과 갱신, 칭의, 성화 모두 관계적인 것(그리스도와의 연합)의 표명인 것이다.

개핀 박사는 이제 "그리스도와의 연합"과 바울신학의 중심주제와 관계하여 "믿음의 역할"(The role of faith)을 설명한다(pp. 41-43). 그리스도와 연합되는 일에 있어서 믿음의 역할은 대단히 중요하다. 바울에게 있어서 믿음은 인간이 그리스도와 연합되는 측면에서 고려할 때 그 연합을 묶는 끈과 같은 역할을 한다(Calvin, Institutes, I:537-38(3:1:1)). 믿음은 그리스도의 죽음과 부활이 내 것이 될 수 있도록 나를 그리스도와 연합시킨다(p. 42). 개핀 박사는 새관점 주창자들이 바울의 칭의 교리를 다룰 때 공동체적인 중요성, 교회론적인 접근을 강조하기 때문에 그는 여기서 그리스도와의 연합과 믿음이 개인적인 것임을 더욱 강조해서 설명한다(p. 42).

개핀 박사는 바울의 교훈이 믿음의 개인적인 것을 강조하지만 또한 바울은 믿음으로 받을 수 있는 구원의 넓은 공동체적인 측면도 가르친다고 인정한다. 그리스도의 십자가와 부활로 성취된 구원은 한 사람이 그리스도를 믿을 때 같은 믿음을 가진 더 넓은 공동체에 접붙임 되는 것이다. "그리스도와 교제할 수 있는 관계로 부르시는 것은(고전 1:9) 동시에 그리고 분리할 수 없는 의미로 그의 성령으로 세례 받은 몸과 교제할 수 있는 관계로 부르시는 것이다"(고전 12:13). 그러므로 복음의 문제에 있어서 개인적인 것과 공동체 적인 것 혹은 개인적인 것과 우주적인 관심을 둘로 나누는 것은 바울의 교훈이 아니다(p. 43).

개핀 박사는 이제 "바울신학의 중심주제와 구원의 서정"(The Center of Paul's Theology and the Order of Salvation)문제를 다룬다(pp.43-52). 바울의 구원론의 중심주제, 더 나아가 바울신학의 중심주제는 믿음으로 말미암은 칭의도 아니요, 성화도 아니며, 그리스도의 의의 전가도 아니고, 성령의 새롭게 하시는 역사도 아니다(p. 43). 이렇게 말하는 것은 칭의의 중요성을 평가 절하하는 말이 아니다. 바울신학에서 칭의의 중요성은 아무리 강조해도 지나치지 않는다. 하지만 더 심오하고, 더 근본적이요, 더 중요한 바울 복음의 핵심은 성도들이 십자가를 지시고, 부활하셨으며, 승귀하신 그리스도와 믿음으로 연합되었다는 점이다. 믿음으로 그리스도와 연합된 것이 바울의 구원서정의 본질이다(p. 43).

개핀 박사는 제 2장의 마지막 부분으로 "구원서정에 있어서의 칭의"(Justification in the order of salvation)를 정리한다(pp. 44-52). 개핀 박사는 성도가 그리스도와 연합됨으로 얻는 구원의 두 국면이 하나는 법정적인 것이요, 또 하나는 갱신의 국면임을 밝히고 칭의에 대하여 몇 가지 관찰을 제시한다.

첫째, 종교개혁자들의 칭의에 관한 교훈이 우선적으로 구원론적 이라기보다 교회론적이라고 주장하는 새 관점 주창자들의 견해는 납득할 수 없다. 물론 바울에게 있어서 칭의가 교회론적인 의미를 가지고 있는 것은 사실이지만(갈라디아서 참조), 바울의 칭의 교훈은 구원론적이다(골 1:13; 롬 1:16; 엡 1:13; 딤후 1:9)(p. 45).

둘째, 바울의 칭의에 대한 교훈의 깊은 의미는 로마서 5장과 고린도전서 15장에 언급된 아담과 그리스도의 대칭에서 찾을 수 있다(p. 46). 로마서 5:12-21에 언급된 대조는 죄인인 아담, 타락한 아담, 창세기 3장의 아담과 의로운 그리스도의 대칭이다. 죄를 지어 죽게 되는 아담과 죽는데 까지 순종한 그리스도가 대칭되어 있다(p. 47). "바울의 전망의 질서는 아담이 첫째요(고전 15:45); 아담 이전에는 아무도 없었다. 그리스도가 마지막이다; 그리스도 이후에는 아무도 없다. 그는 문자적으로 종말론적인 사람이다."(p. 47). 바울의 신학적 전망은 이렇게 창조와 새 창조, 원래의 창조와 완성이라는 전체 구속역사를 포함하는 넓은 구조로 구성되어 있다. 이와 같은 전망은 새관점 주창자들이 주장하는 것처럼 바울의 칭의 교훈이 단순히 유대인과 이방인이 함께 포함될 수 있는 연합으로만 생각할 수 없

음을 증거 한다. 교회론적인 의미는 구원론을 근거해서
만 고려될 수 있다(p. 48).

셋째, 바울의 신학은 칭의가 그리스도와의 연합 안
에서 발생함을 가르친다. 연합이 없으면 칭의도 없다
(갈 2:17; 빌 3:8-9). 개핀 박사는 구원의 서정 문제에 있
어서 루터교 전통은 칭의 이후에 연합이 칭의의 열매
로 나타나는 것으로 가르치는 반면, 개혁자들의 전통
은 칭의(justification)가 연합(union)의 표명으로 나
타나는 열매들 중의 하나로 가르친다(Westminster
Larger Catechism, 69문 답)(p. 50). 즉 연합이 먼
저요 그 후에 칭의도 가능하다는 뜻이다. 그러면 그리
스도와 연합됨으로 내 것이 되는 칭의의 근거는 무엇인
가? 그 답으로 첫째, 십자가의 죽음을 통해 이루신 그
리스도 자신의 의, 둘째, 연합 자체, 셋째, 그리스도와
연합된 사람들 안에서 역사하는 성령의 새롭게 하시는
사역으로 성도들의 의와 순종을 들 수 있다. 개핀 박사
는 둘째와 셋째 답은 칭의의 근거가 될 수 없다고 정리
하고, 오로지 그리스도 자신의 의만이 우리의 칭의의
근거가 될 수 있다고 말한다. 내가 의롭다함을 받는 것
은 그리스도의 의가 나의 의가 되기 때문이다(p. 51).
여기서 우리는 의의 전가의 개념을 찾을 수 있다. 하나
님은 그리스도의 의를 내 것으로 간주하신 것이다. 성
도가 그리스도와 연합되어 의롭게 되는 과정에 전가의

요소가 필수적으로 존재하며 또한 전가의 교리는 없어서는 안 되는 요소인 것이다(p. 52).

제3장에서 개핀 박사는 "구원의 서정과 종말론-1" (The Order of Salvation and Eschatology-1)에서 예수님의 죽음과 부활 그리고 그의 승귀의 구속 역사적 사건은 물론 성도가 그리스도와 연합됨으로 성취되는 바울의 구원의 서정(ordo salutis)역시 종말론적인 사건이라는 설명으로 본 장을 시작한다. 그리고 개핀 박사는 "종말론과 인간론"(Eschatology and Anthropology), "종말론과 성화"(Eschatology and Sanctification)의 문제를 비교적 자세하게 다룬다.

개핀 박사는 "종말론과 인간론"을 다루면서 특별히 고린도후서 4:16의 "그러므로 우리가 낙심하지 아니하노니 우리의 겉 사람은 낡아지나 우리의 속사람은 날로 새로워지도다"(개역개정)의 말씀을 집중적으로 주해한다. 바울은 본 구절에서 예수님의 부활과 재림 사이의 기간에 사는 성도들이 자기 자신의 정체를 어떻게 생각해야 할지를 설명한다. 본 구절이 바울의 구원의 서정과 연관하여 구원이 어떻게 적용되는지를 설명하고 있다(p. 54). 본 구절을 이해하기 위해 몇 가지 설명이 필요하다.

첫째, 바울은 고린도후서 4:16에서 기독교인의 존

재를 "겉 사람"(outer man)과 "속사람"(inner man)으로 구분한다. 바울이 성도의 존재를 "겉 사람"과 "속사람"으로 구별하는 것은 성도가 두 성품을 가졌다거나 또는 두 부분으로 구성되어 있다는 뜻이 아니다. 바울은 "겉 사람"과 "속사람"이라는 표현으로 기독교인을 전체적으로 묘사하고 있는 것이다(p. 54). 개핀 박사는 바울이 다른 곳에서 "겉 사람"을 "몸"이나 "지체"와 같은 뜻으로 사용했고, "속사람"은 "마음"(heart)이나 "인간의 영"(the human spirit)의 뜻으로 사용했다고 정리한다. "겉 사람"은 생각하고, 뜻하고, 말하고, 행동하는 기능을 행사하는 인간(functioning person)으로서의 "나"를 가리키고, "속사람"은 내 존재의 중심으로 기능 행사 이전의 성질(pre-functional disposition)을 가진 "나"를 가리킨다(p. 55). 이 말씀은 기독교인이 단순히 생각하고, 말하고 행동하는 것 이상의 존재라는 뜻이다. 기독교인은 예수 그리스도와 연합되었기 때문에 구원 받은 관점에서는 "속사람"을 소유한 존재라고 말할 수 있고, 세상을 향해 활동하는 관점에서는 아직도 "겉 사람"을 소유한 존재로 이해되는 것이다.

둘째, 바울이 고린도후서 4:16에서 사용한 "겉 사람"과 "속사람"은 그가 다른 곳에서 사용한 "옛 사람"과 "새 사람"과 동일한 뜻을 가지고 있지 않다(롬 6:6;

갈 3:28; 골 3:9-10)(p. 56).

셋째, 고린도후서 4:16의 "겉 사람"은 죽음으로 결과 되는 부패의 과정을 가고 있는 "나"이며, "속사람"은 종말론적인 생명을 소유한 "나"로서 계속 새롭게 되는 "나"를 가리킨다(p. 56). "겉 사람"과 "속사람"의 구별은 기독교인의 삶 속에서 작용하는 원리들의 대칭을 가리킨다.

개핀 박사는 이렇게 고린도후서 4:16의 "겉 사람"과 "속사람"의 대칭을 이해하는데 필요한 세 가지의 설명을 한 후 본 장의 제목처럼 "구원의 서정과 종말론"이 어떻게 연계되는지를 설명한다. "겉 사람"과 "속사람"의 구별은 사실상 바울이 가르친 "구원서정"(ordo salutis)의 핵심이라 할 수 있고, 그것은 성도가 승귀하신 그리스도와 믿음으로 연합된 결과이다(p. 56). 고린도후서 4:16은 성도가 그리스도와 연합된 상태를 "지금과 아직," "현재와 미래," "실현된 것과 미 실현된 것"으로 반영하는 구조를 설명하고 있다. 성도가 그리스도와 연합됨으로 얻는 이익은 "속사람"으로는 이미 현재의 실재로 소유했고, "겉 사람"으로는 아직 소유하지 못한 상태에 있다. 개핀 박사는 바울이 뒤 따라 나오는 고린도후서 5:1-11에서 "겉 사람"의 소망인 몸의 부활을 다루고 있는 이유가 바로 여기에 있다고 정리한다. 그리고 본서의 제목을 연상하게 하는 "우리가 믿음으로 행하고 보는 것으로 행하지 아니함이로라"(고후 5:7)고 선언하는 이유도 성도의 구원에 종말론적인 특성이 있기 때문이다(p. 57).

개핀 박사는 이제 "종말론과 성화"의 문제를 구원받은 성도들의 구원 경험과 연계하여 설명한다. 바울은 성도들의 성화와 갱신을 가르칠 때 그리스도의 부활과 연계하여 설명한다. 바울은 그리스도의 부활과 성도들의 부활의 연합을 강조함으로(고전 15:20) 성도들의 성화의 삶이 이 연합으로부터 시작됨을 분명히 한다. 바울은 그리스도의 부활이 성도들의 부활의 "첫 열매"(firstfruits)라고 표현함으로 그리스도의 부활과 성도들의 부활을 분리할 수 없다고 가르친다(p. 59). 바울은 이미 부활하신 그리스도가 예수님 재림 때에 성도들의 육체부활의 보증이 되실 것을 가르친다. 바울은 성도들의 부활을 논할 때 항상 구원론적인 전망에서 설명하고 있다(p. 60). 개핀 박사는 바울이 그리스도의 부활을 성도들의 부활의 "첫 열매"로 묘사하는 데는 첫째로 그리스도의 부활의 종말론적인 의의가 포함되어 있으며, 둘째로 그리스도의 부활과 미래의 성도들의 부활 사이의 연합이나 결속의 뜻이 있다고 설명한다(p. 61).

개핀 박사는 성도와 그리스도의 연합 때문에 성도들은 믿음으로 그리스도를 구주로 받을 때 이미 부활했지만 온전한 육체 부활은 아직 미래로 남아 있다고 설명한다(엡 2:1-10; 골 2:12; 3:1-4; 롬 6:2-7:6). 바울 사도가 그리스도의 부활과 성도들의 부활을 설명할 때 사용한 용어들은 "구원역사"(historia salutis)를 설명하지만, 실제로 그 내용은 성도 개인의 구원의 삶을 묘사하는 "구원의 서정"(ordo salutis)에 속한 것임을 볼 수 있다. 성도와 그리스도의 연합 개념(union)은 "구원역사"와 "구원의 서정"을 분리해서 생각할 수 없게 만든다(p. 63).

개핀 박사는 "겉 사람"과 "속사람"의 대칭과 관련된 성도들의 부활에 관한 용어의 의미를 정리한다. 성도들의 부활을 과거의 면과 미래의 면으로 구분할 때 "영적"(spiritual), "육체적"(physical) 대칭이나 "영적"(spiritual), "신체적"(bodily) 대칭의 표현으로 설명할 수는 없다. 오히려 성도들의 부활은 "비신체적"(non-bodily), "신체적"(bodily) 대칭이나 "불가시적"(invisible), "가시적"(visible) 대칭이나, 혹은 "비밀적"(secret), "공개적"(open) 대칭으로 설명되어야 한다(p. 64). 성도들은 "속사람"으로서 이미 부활한 존재이며, "겉 사람"으로서 앞으로 부활할 존재인 것이다(p. 65).

개핀 박사는 바울 사도가 그리스도의 부활을 묘사할 때 항상 그리스도가 그의 부활에서 일관되게 수동적인 역할을 한 것으로 정리한다. 그 이유는 그리스도의 부활과 성도들의 부활의 연합을 강조하기 위해서이다(p. 66). 이는 연합을 통해 그리스도의 부활이 성도들의 부활을 보증하며 확실하게 하기 때문이다.

개핀 박사는 부활에 관한 바울신학의 구조를 두 가지로 설명하고 결론으로 삼는다. 첫째, 성도들은 이미 온전하게 부활하였다. 하나님은 모든 성도 안에 없어질 수 없는 완벽한 부활을 이루셨다. 이런 표현은 은유적으로나 비유적으로 말하는 것이 아니요, 실재적이요 문자적으로 말하는 것이다(p. 67). 둘째, 성도들의 전체 삶은 부활의 범주 아래 모두 포함되어 있다. 구체적으로 말하면 기독교인의 삶은 부활 생명을 사는 것이다. 그래서 바울이 "이제는 내가 사는 것이 아니요 오직 내 안에 그리스도께서 사시는 것이라"(갈 2:20)고 고백하는 것은 자서전적이며 또한 모든 성도들을 대표하는 것으로 이해되어야 한다(p. 68). 여기서 우리는 구원받은 성도로서의 바울의 도덕적인 면을 살펴볼 수 있다.

개핀 박사는 부활 생명을 살고 있는 성도들에게 바울 사도가 가르치고 있는 "직설법적인 선언과 명령법적인 권고"(indicative and imperative)를 사용하여 성도들의 삶의 특징을 설명한다. 성도들은 그리스도와 연합됨으로 이미 부활 생명을 소유했고 또 즐기고 있다. 개핀 박사는 골로새서 3:1-4의 말씀을 근거로 성도들은 그리스도와 연합됨으로 그리스도가 그의 죽음과 부활을 통해 성취하신 모든 복을 이미 소유하게 된 존재들이라고 설명한다. 그러나 성도들은 "위의 것을 찾아야 한다"(골 3:1). 골로새서 3:1-4은 성도들의 삶을 묘사하면서 "너희가 그리스도와 함께 다시 살리심을 받았으면"이라고 직설법적으로 설명하는가 하면, 또한 "위의 것을 찾으라"고 명령법적으로도 설명한다. 바울은 여기서 "만약 너희가 부활 생명을 소유했다면, 부활 생명을 추구하라"고 말하고 있는 것이다(p. 69). 그러므로 바울은 성도들의 직설법적인 삶이 믿음으로 그리스도와 연합됨으로 얻게 되는 그리스도 안에서 단번에 받는 구원의 삶이라고 가르치고, 명령법적인 삶은 하나님의 율법과 계명을 계속 지켜야 하는 삶이라고 말한다(p. 71). 성도들의 삶을 "직설법적"으로 "명령법적"으로 설명할 때 유의해야할 사항은 "직설법적인 삶"과 "명령법적인 삶"의 순서가 절대로 뒤바뀌지 않는다는 것이다. "직설법적"이 먼저요, "명령법적"이 그 뒤를 따른다. 그리고 "직설법적"인 삶과 "명령법적"인 삶은 분리할 수 없는 관계라는 점이다. "직설법" 없는 "명령법"에 의존하는 삶은 바울을 도덕주의자로 만들고, "명령법" 없는 "직설법"만을 즐기는 삶은 "반율법주의자"(antinomianism)로 만드는 형국에 빠지게 된다(p. 72). 그러므로 그리스도와 연합되어 구원

받은 성도들의 삶은 50% 인간의 노력, 50% 하나님의 사역으로 성취되는 것이 아니요, 창조주 되신 하나님의 언약의 신비로운 수학으로 100% + 100% = 100%의 공식이 나타나는 것이다. 성화는 100% 하나님의 사역과 성도들의 100% 활동으로 성취되는 것이다(pp. 73-74).

개핀 박사는 "역사적 신학적 반영"(historical and theological reflections)이라는 소제목 하에 종교개혁 전통이 바울의 칭의론과 성화론에 대해 올바로 이해했다고 정리한다. 종교개혁의 전통은 성화가 궁극적으로 우리가 무엇을 이루는 것이 아니요, 하나님이 이루시는 것이다. 종교개혁자들은 칭의도 하나님의 은혜의 사역이지만 성화도 또한 하나님의 은혜의 사역임을 인정한다(p. 77). 우리가 여기서 알아야 할 것은 "선행의 방향이 사람으로부터 하나님에게로 진행되는 것이 아니요, 하나님으로부터 사람에게로 진행된다는 것이 바울의 교훈이라는 사실이다(p. 78). 새관점 주창자들이 "칭의"를 공동체적으로, 교회론적으로 해석하여 바울의 칭의의 개념을 희석시키기 때문에 개핀 박사는 "칭의"가 우선적으로 구원론적인 의미가 있다고 강조함으로 새관점 주창자들의 오류를 지적하고 있다.

제4장 마지막 장에서 개핀 박사는 "구원의 서정과 종

말론-2"(The Order of Salvation and Eschatology-2)
라는 제목 하에 바울이 가르치는 구원의 법정적인 요
소에 다시 관심을 돌리는 것으로 시작한다. 개핀 박사
는 종교개혁자들이 비록 함축적이기는 하지만 확실하
게 성도들이 종말론적인 칭의를 이미 소유한 것으로 이
해했다고 정리한다. 이런 발견이 종교개혁의 구원론을
이해할 때 중요하게 생각해야 할 부분이다(p. 79). 루
터(Luther)와 다른 개혁자들은 로마서 8:1에서 종말
론적인 선언을 보았다. 중세기 로마 캐톨릭이 성도들
의 삶에 대한 마지막 심판 때에 있을 미래의 평결을 불
확실하게 남겨두는데 반하여, 종교개혁자들은 역사의
종말에 있을 성도들의 삶에 대한 미래의 평결은 흔들릴
수 없을 만큼 확실하다고 해석한다(p. 80). 성도들은
미래의 심판에서 의롭다 인정함을 확실하게 받게 될 것
을 보장받고 산다.

개핀 박사는 성도들의 칭의가 미래에 확정될 것이라
고 명백하게 언급한 바울서신의 구절은 많지 않다고 말
한다. 새관점 주창자들은 성도들의 궁극적 칭의가 미
래에 확정될 것이라고 주장하면서 그 견해를 지지하는
바울서신의 구절로 로마서 2:13; 5:19; 갈라디아서
5:5; 디모데후서 4:8등을 인용한다. 그러나 개핀 박사
는 이 구절들을 새관점 주창자들이 이해하는 그런 의미
로 이해하는 데에 이론이 있다고 말한다(p. 81). 개핀

박사는 이런 구절들이 성도들의 칭의가 미래에 결정될 것을 가르치지 않고 오히려 이 구절들은 성도들의 미래 칭의를 확증하는 것으로 읽어야 한다고 주장한다. 그리고 개핀 박사는 성도들의 미래 칭의의 확실성에 대해 첫째, 추정적인 고려(a presumptive consideration), 둘째, 죽음과 부활(death and resurrection), 셋째, 수양(adoption), 넷째, 마지막 심판(final judgment)의 네 구성 요소로 나누어 설명한다(p. 81).

개핀 박사는 이 네 가지 구성 요소와 연관하여 칭의를 다루기 전에 웨스트민스터 표준문서가 이 문제를 어떻게 이해하는지 간단하게 설명한다. 웨스트민스터 대요리문답 질문 90은 "심판의 날에 의인에게 무슨 일이 있게 될 것인가?"라고 묻고, 소요리문답 질문 38은 "부활할 때에 신자들은 그리스도로부터 무슨 유익을 얻는가?" 라고 묻는다. 위의 두 질문의 답으로 제시된 내용은 심판의 날에 신자들이 공개적으로 죄 없다고 선포되고(acquitted) 하나님과 영원히 즐거운 교제 관계에 있을 것이라는 것이다(pp. 81-82). 두 요리 문답서의 설명은 심판의 날에 신자들이 공개적으로 죄가 없다고 선언될 것이라고 가르친다. 개핀 박사는 "죄 없다고 선언되는 것"(acquitted)은 "의롭게 되었다"(justified)와 교대로 사용할 수 있는 용어라고 설명하고 이처럼 성도들이 마지막 심판 때에 의롭게 선언되는 교리는 종교개혁자들의 교훈임을 분명히 한다. 개핀 박사는 신자들이 심판 때에 의롭다 인정함을 받게 된다는 교리는 근대의 바울에 관한 역사적 비평적 연구(the historical-critical study on Paul)의 결과도 아니요, 바울에 관한 새관점 주창자들의 연구의 결과도 아니라고 분명히 한다(p. 82). 성도가 그리스도와 연합됨으로 마지막 심판 때에 그리스도의 의를 전가 받아 의롭다고 선언될 것이라는 교리는 종교개혁의 교훈임을 분명히 밝힌다.

이제 개핀 박사는 종교개혁의 입장이 바울의 사상에 근거를 두고 있는지 밝히고자 한다. 그래서 성도들의 "미래 칭의"(Justification as future)의 확실성을 네 가지로 증명하기를 원한다.

첫째, 추정적인 고려(a presumptive consideration)라는 소제목 하에 개핀 박사는 먼저 바울의 칭의 개념은 ①성도가 믿음으로 승귀하신 그리스도와 연합되었다는 개념 밖에서 이해될 수 없으며, ②고린도후서 4:16의 "겉 사람"과 "속사람"의 인간론에 의해 조종받지 않을 수 없으며, ③그리스도와 연합으로 성취되는 구원의 패턴인 "이미와 아직"(already/not yet)의 구조 밖에서 이해될 수 없다고 정리한다. 그러므로 그리스도의 재림 때에 선언될 기독교인의 미래 칭의나 몸의 부활은 "선하고 당연한 결과"(good and necessary consequence)로서 바울 신학과 잘 일치하는 교리이다 (p. 83). 개핀 박사는 바울의 칭의 개념은 그의 구원론의 패턴인 "이미와 아직"이라는 구조 안에서 이해될 수 있다고 추정한다.

둘째, 죽음과 부활(death and resurrection)은 예수님 자신을 위할 뿐만 아니라 성도들을 위해서도 절대적으로 필요한 것이다. 성도들은 그리스도와 연합됨으로 그리스도의 죽음과 부활에 연합된 존재들이다. 바울이 로마서에서 "예수는 우리가 범죄한 것 때문에 내줌이 되고 또한 우리를 의롭다 하시기 위하여 살아나셨느니라"(롬 4:25, 개역개정)고 말한 것은 칭의와 부활이 직접적으로 연계되어 있음을 알려준다(p. 84). 그리스도가 그의 부활을 통해 이루신 의는 성도들이 그리스도의 부활과 연합됨으로 곧바로 예수를 믿는 성도들의 의가 되는 것이다. 이것이 가능한 것은 그리스도가 그의 부활을 통해 그 자신의 의를 이루셨기 때문이다(딤전 3:16). 그런데 예수를 죽은 자 가운데서 부활시킨 것은 성령의 사역을 통해서이다. 성령은 예수님을 부활시키심으로 그가 의로운 것을 입증하신 것이다(p. 84). 성도들의 칭의와 부활이 연관된 것은 로마서 5:18이 잘 설명하고 있다. 바울은 "한 범죄로 많은 사람이 정죄에 이른 것 같이 한 의로운 행위로 말미암아 많은 사람이 의롭다 하심을 받아 생명에 이르렀느니라"(개역개정)고 말한다. 본 절의 후반부 영어 번역은 "so one act of righteousness leads to justification and life for all men." (ESV)으로 되어 있고, 헬라어 원문을 더 잘 반영한 번역은 "so through one act of righteousness there resulted justification of life to all men." (NASB)이다. 헬라어는 한 사람의 의로운 행위로 많은 사람이 "생명의 칭의" (dikaosin zoes)를 받았다는 표현을 사용했다. 바울은 여기서 성도들의 삶이 "칭의의 생명"을 살고 있다고 분명히 한다. 로마서 5:18은 그리스도와 성도들의 연합을 강조할 뿐만 아니라 그리스도가 성취한 의가 성도들에게 전가되어 성도들도 의롭게 되었음을 강조한다. 또한 성도들이 의롭다 인정받는 것은 법정적인 선언을 통해서이지 인간의 행위에 근거한 것이 아님을 분명히 한다(p. 86).

개핀 박사는 로마서 8:10과 롬 8:11 사이의 논리의 흐름을 통해 성도들의 "현재의 삶"과 "미래의 삶"을 조명한다. 로마서 8:10은 예수님과 연합된 성도들의 현재의 삶을 묘사하고 있고, 로마서 8:11은 성도들이 미래에 몸의 부활을 할 것이라고 설명한다. 이 말씀을 고린도후서 4:16의 "겉 사람"과 "속사람"의 구조로 이해하면, 바울은 로마서 8:10에서 성도들의 현재의 삶이 "속사람"이 "겉 사람"에 의해 감추어져 "겉 사람"만 보이는 상태요, 로마서 8:11에서는 감추어진 "속사람"이 표명되어 누구에게나 보이게 될 것이라고 설명한다(pp. 86-87). 바울은 여기서 성도들이 이미 부활했지만 앞으로 완성된 부활에 참여하게 될 것임을 밝힌다. 성도들의 부활과 칭의는 이미 실현되었으나 아직 미래로 남아 있는 구조의 두 단계로 성취될 것이다 (p. 88).

개핀 박사는 "겉 사람"과 "속사람"의 구분에 대해 오해를 불식시키기 위해 이 구분은 사람의 한 부분과 다른 부분을 나누는 것이 아니요, 전인(the whole person)을 다루고 있다고 분명히 한다. 하나님이 성도로부터 죄책을 제거하시고 의롭다고 인정하시는 것은 인간의 한 부분을 상대로 말씀하신 것이 아니요, 성도를 전체 한 인간으로 상대하신 것이다(p.87).

따라서 개핀 박사는 성도들은 마지막 대적인 죽음을 정복하고 사는 사람들이라고 말한다. 그러므로 성도들의 몸의 죽음은 그리스도와 함께 살게 되는 훨씬 좋은 축복으로 인도하는 문에 지나지 않을 뿐이다. 성도들에게 죽음은 "속사람"을 완전하게 하는 수단일 뿐이다 (p. 90). 이렇게 성도들에게는 죽음이 더 나은 복을 받게 하는 수단이지만 죽음 자체가 복이라고 할 수는 없다. 왜냐하면 죽음을 초래하게 한 정죄의 사건은 많은 비정상을 수반하고 존재하기 때문이다. 그래서 성도들은 마지막 부활체를 입기 전까지 탄식하면서 "몸의 속량"을 기다리고 있다(롬 8:23).

여기서 간략하게 정리하면, 성도는 "겉 사람"으로는 아직 공개적으로 의롭다함을 받지 못했고, 몸의 부활도 하지 못한 상태이다. 그럼에도 불구하고 성도는 마지막 심판 때에 몸의 부활을 통해 확실하게 의롭다함은 인정받게 될 것이다. 따라서 고린도후서 5:7의 말씀처럼 "나는 '믿음'으로는 의롭다함을 받았지만, 보이는 것으로는 아직 의롭다 함을 받지 못했다"고 말 할 수 있는 것이다(p. 92).

셋째, 바울은 수양(adoption)이란 소제목에서 성도들의 칭의의 현재와 미래의 구조가 "수양"의 교리에서도 나타남을 설명한다. 개핀 박사는 칭의 개념과 마찬가지로 수양 개념도 법정적 선언의 뜻을 가지고 있다고 정리한다. 인간은 본래적으로나 창조 때문에 하나님의 아들들이 되는 것은 아니다. 성도가 하나님의 아들이 되는 것은 선언적으로만 가능하다. 수양은 칭의처럼 법정적인 선언을 통해 성립된다(p. 92). 바울은 로마서 8:14-17에서 성도들은 이미 하나님의 아들로 수양되었다고 선언한다. 바울은 성도가 "양자의 영"(롬 8:15)을 받았기 때문에 하나님을 "아빠 아버지"라고 부를 수 있다고 말한다. 그런데 몇 구절 지나서 바울은 성도들이 "양자될 것"(롬 8:23)을 간절히 기다린다고 설명한다. 이는 바울이 애매하게 말하는 것이 아니요 모순된 말을 하는 것도 아니다. 바울은 여기서 구속 역사 성취의 두 단계를 말하고 있다. 그래서 바울은 "하나님의 아들들의 나타나는 것"(롬 8:19), "하나님의 자녀의 영광의 자유에 이르는 것"(롬 8:21)과 같은 표현을 같은 맥락에서 사용하고 있는 것이다(p. 93). 결국 성도들의 수양은 성도들의 칭의와 마찬가지로 이미 수양되었지만 또한 미래로 남아있는 것이다. 고린도후서 5:7의 원리로 말하면 성도들은 믿음으로 수양되었지만, 보는 것으로는 아직 미래로 남아 있는 것이다. 요한 사도는 "우리가 지금은 하나님의 자녀라 장래에 어떻게 될지는 아직 나타나지 아니하였으나"(요일 3:2, 개역개정)라고 적절하게 설명한다. 수양도 역시 칭의처럼 법정적 선언의 성격이 있으며 그 성취 또한 "이미와 아직"의 구조 속에서 이해되어야 한다(p. 93).

넷째, 개핀 박사는 마지막 심판(final judgment)이라는 소제목 하에서 바울 사도가 성도들이 받을 마지막 심판이 분명히 있을 것을 가르친다고 말한다. 그리고 마지막 심판 때에 "행위"(works)가 심판의 주요한 기준이 될 것이라고 설명한다. 중요한 문제는 심판 때에 기준이 될 "행위"를 어떻게 이해하느냐이다. 이런 교훈을 가르치는 분명한 구절은 로마서 2:5-16과 고린도후서 5:10이라고 할 수 있다(p. 94).

개핀 박사는 고린도후서 5:10에서 바울은 성도들이 죽음과 함께 몸을 떠나 주님과 함께 있을 궁극적 소망을 이야기하며 최종적인 몸의 부활에 대한 소망에 관심을 두고 있다고 해석한다. 성도들은 마지막 심판 날에 그들의 "겉 사람"으로 행한 일들에 대해 의로운 판단을 받을 것이다(p. 94). 개핀 박사는 고린도후서 5:10에 대한 설명은 비교적 간단하게 정리한다.

반면 개핀 박사는 로마서 2:5-16에서 마지막 심판과 행위의 관계에 대해 자세하게 설명한다. 바울은 로마서 1:18-3:20에서 인간의 죄의 보편성을 설명한다. 바울은 유대인이나 이방인이나 구별 없이 모든 사람이 죄를 지었다고 말한다(롬 2:9; 3:10, 23). 바울은 로마서 2:5에서 "진노의 날 곧 하나님의 의로우신 심판"이 있을 것이요 라고 말하고, 로마서 2:6에서는 "하나님이 각 사람에게 그 행한 대로 보응"하신다고 설명함으로 하나님이 유대인이나 헬라인이나 구별 없이 그 행한 대로 심판하실 것을 가르친다. 개핀 박사는 여기서 바울이 가상적(hypothetical)으로 말하는 것이 아니요, 실제(actual)로 기독교인들이 맞이할 마지막 심판에 대해 묘사하고 있다고 정리한다(p. 95). 그런데 이 마지막 심판은 "나의 복음"(롬 2:16)이 기준이 되어 진행될 것이다. 바울은 로마서 2:5-11에 언급된 "심판"을 여기서 "복음"과 관련하여 설명하고 있다.

그리고 로마서 2:29의 "이면적 유대인"은 복음을 받아 의롭게 된 기독교인을 묘사하고 있다고 해석해야 한다. 이 말씀은 이미 의롭다 인정받은 성도들이 마지막 심판을 받게 된다는 것이다. 즉, 이 말씀은 바울이 다른 곳에서 가르친 것처럼 의롭게 되는 것은 행위에 의하지 않고 믿음으로만 가능하다는 교훈과 일치한다. 만약 로마서 2:5-11을 성도들의 행위에 근거하여 성도들이 마지막 심판을 받아 선을 행하면 영생으로, 불의를 행하면 하나님의 진노와 분노를 받게 되어 멸망되는 것으로 해석하면, 바울사도가 "율법의 행위로 그(하나님)의 앞에 의롭다 하심을 얻을 육체가 없나니"(롬 3:20, 개역개정)라고 가르친 교훈과 정면으로 충돌하게 된다 (p. 95).

그러면 성도들이 행위에 따라 받게 되는 마지막 심판을 어떻게 이해해야 하는가? 성도가 믿음으로 전가받은 그리스도의 의 때문에 누리는 "현재의 칭의"와 종말론적 심판에서 인정받을 "미래의 칭의"의 관계를 어떻게 이해해야 하는가? 우리는 이 답을 얻기 위해 두 개의 다른 칭의를 논할 수 없다. "현재의 칭의"와 "미래의 칭의"를 두 개의 다른 칭의로 논할 경우 우리는 하나는 믿음으로 현재 실재하며, 다른 하나는 행위로 미래에 나타날 것이며, 믿음으로 "현재 칭의"를 받고 믿음에 행위를 더해 "미래 칭의"를 얻으며, 현재 칭의는 그리스도의 사역에 근거하며 미래 칭의는 우리들의 행위에 근거하고, 믿음에 근거한 "현재의 칭의"는 성실한 삶을 근거로 "미래의 칭의"를 예상한다고 이해해야 한다. 라이트(N.T. Wright)는 "현재의 칭의는 믿음에 근거해서 선언되고, 미래의 칭의는 전체 삶을 근거해서 공개적으로 확인 될 것이다"(What Saint Paul Really Said, p. 129)라고 말한 바 있다(p. 98).

위에 언급한 질문에 대한 답은 성도가 믿음으로 그리스도와 연합된 "이미와 아직"의 구조 안에서 찾을 수 있다. 성도들이 행위에 근거해서 받을 마지막 심판은 그들이 믿음으로 이미 의롭게 되었다는 같은 원리에 의해 집행될 것이다. 성도들에게 있어서 마지막 심판은 현재의 칭의가 공개적으로 표명되는 것에 지나지 않는다. 하나님은 미래의 심판 때에 성도들의 순종이나 성도들의 행위를 판단의 근거로 삼지 않을 것이다. 또한 성도들의 순종과 행위는 믿음을 보충하기 위한 도구가 될 수도 없다. 성도들의 순종과 행위는 신실하고 살아있는 믿음의 열매로서 그 믿음을 공개적으로 표명하는 기준이 될 것이다(p. 98). 개핀 박사는 바울 사도가 로마서 2:6을 "하나님께서 각 사람에게 그 행한 대로 보응하시되"라고 기록할 때 바울이 판단의 근거(ground)가 될 수 있는 "행함 때문에," 또는 "행한 까닭으로"(on account of(dia))라는 표현을 쓰지 않았고, 또한 수단(instrument)이 되는 의미로 "행위에 의해"(by(ek))라는 표현도 사용하지 않은 반면, 심사숙고 끝에 "행위에 따라"(개역개정은 "행한 대로")(according to(kata))라고 표현한 점을 주목해야 한다(pp. 98-99)고 정리한다.

이제 개핀 박사는 책의 말미에 성도들이 마지막 심판을 받을 때 죄 없다고 공개적으로 선언될 교리를 확증하기 위해 "부활과 마지막 심판"(Resurrection and final judgment), "믿음과 순종"(Faith and obedience), "바울과 야고보"(Paul and James), 그리고 "칭의와 현재"(Justification and the Present)라는 소제목을 정리하고 책을 마무리 한다.

개핀 박사는 "부활과 마지막 심판"(Resurrection and final judgment)에서 이미 다루었던 두 요리문답서의 질문을 상기시킨다. 대요리문답 90문은 "심판의 날에 의인에게 무슨 일이 있게 될 것인가?"라고 묻고, 소요리문답 질문 38은 "부활할 때에 신자들은 그리스도로부터 무슨 유익을 얻는가?"라고 묻는다. 그런데 대요리문답 90문은 "심판의 날에"라고 표현하고, 소요리문답 38문은 "부활할 때에"라고 표현한다. 그러면 "심판의 날에"와 "부활할 때에"의 관계는 어떤 것인가? 바울은 고린도후서 5:10에서 성도들의 육체 부활이 마지막 심판보다 앞설 것이라고 가르친다(참조,

대요리문답 88). 성도들은 그리스도와 연합되어 이미 부활한 몸체로 마지막 심판에 서게 될 것이다. 이때 성도들은 썩지 않고, 영광스럽고, 강한 부활체를 소유한 상태로(고전 15:42-44) 승귀하신 그리스도의 형상을 완전하게 본 받은 존재로 마지막 심판을 받을 것이다. 따라서 성도들이 이미 부활한 몸체로 마지막 심판에 나타난다면, 그들은 이미 공개적으로 의롭다 선언된 상태이다. 그러므로 성도들의 미래 칭의는 그들의 부활에서 법정적이고 선언적으로 이미 발생한 것이다. 여기서 우리는 성도들이 "행위에 따라" 마지막 심판을 받는다는 의미는 부활체로 이미 표명된 그들의 칭의의 삶을 반영하는 것으로 이해할 수밖에 없다(p. 99). 개핀 박사는 성도들이 죽음을 맞이할 때 마지막 심판의 결과가 어떻게 될지 불확실하고 이 세상에서 영생을 누릴 수 있을 만큼 충분한 선행을 했는지 염려하는 것은 바울의 가르침이 아니라고 분명히 한다. 성도는 마지막 심판 때에 그리스도와 연합되었기 때문에 그리스도가 성취하신 의를 전가 받아 의롭다고 공개적으로 선언 받을 것이다. 개핀 박사는 바울이 마지막 심판 때에 칭의와 성화가 분리할 수 없는 결속으로 형성되어 있음을 가르치고 있다고 정리한다(p. 100).

개핀 박사는 "믿음과 순종"(Faith and obedience)을 다루면서 "복음과 율법"의 대칭문제가 제기될 수

밖에 없음을 지적하고 또한 "믿음"과 "순종"을 분극화 시켜서 이해해서는 안 된다고 정리한다. 성도를 선택하신 하나님의 목적은 성도들이 그의 아들의 형상을 본받는 것으로 그 절정을 이룬다(롬 8:29). 하나님의 형상을 본 받은 성도는 하나님의 뜻을 행할 뿐만 아니라 당연히 하나님의 명령(율법)을 신뢰하고 순종하게 되어있다(p. 101). 그런데 근래에 새관점 주창자들이 율법의 사역의 범위를 축소시켜 율법을 단순히 유대인이라는 정체성을 분간하는 "경계 표지"(boundary markers)라고 해석한다. 반면 종교개혁자들은 바울이 행위를 통해서 의롭게 될 수 없음을 가르치기 위해 율법의 용도를 사용했다고 바르게 이해한다(p. 101). 바울은 인간이 하나님 앞에서 의롭다 인정함을 받을 때 어떤 인간의 노력으로도 불가능함을 말한다(엡 2:8-9; 딛 3:5-7). 그러므로 믿음으로 의롭게 된 사람들의 삶은 믿음과 행위 사이에 긍정적이요 통합적인 관계를 유지한다.

에베소서 2:8-9을 에베소서 2:10절과 연계해서 고려하면 "행위"의 의미가 서로 상반된 관계로 묘사되어 있다. "행위가 은혜에 적대적이면서 또한 은혜의 열매로 묘사된다('Works' are both inimical to grace and the fruit of grace.)(p. 101). 에베소서 2:8-9은 믿음으로 구원받는 은혜는 행위에서 난 것이 아니라고 한 반면, 에베소서 2:10은 은혜가 성도 안에서 "선한 행위"를 열매 맺게 하도록 역사하신다. 바울은 "믿음"과 "행위"의 결속을 "믿어 순종하게 하시려고"(롬 1:5; 16:26)라는 표현으로 묘사하였다(p. 102). 이처럼 바울은 "믿음의 순종"이나 "순종의 믿음"을 교대로 사용하여 "믿음"과 "행위"를 나누어서 취급하지 않는다. 데살로니가전서 1:3의 "믿음의 역사"(works of faith)도 "믿음"이 만들어 내는 "행위"의 뜻으로 이해해야 한다. 개핀 박사는 믿음과 행위의 관계를 구별하여 고려할 수 있지만, 믿음과 행위의 관계는 "부분을 전체, 전체를 부분으로 나타내는 제유법(synecdoche)"의 관계로 이해되어야 한다고 설명한다(p. 103). 개핀 박사는 구원하는 "복음은 성도의 삶에서 율법과 복음의 대칭을 제거하는 것을 그 목적으로 한다."(p. 103)라고 말함으로, 내가 복음과 그리스도 밖에 있을 때는 율법이 나의 대적이요 나를 정죄하지만, 내가 믿음으로 그리스도와 연합된 상태에 있을 때는 율법이 더 이상 나의 대적이 아니요 나의 친구가 된다고 정리한다(p. 103).

개핀 박사는 이제 "바울과 야고보"(Paul and James)의 소제목 하에 믿음과 행위의 관계를 정리한다. 때때로 바울은 믿음으로 구원 얻는다고 강조하고, 야고보는 행위로 구원 얻는다고 강조하는 것으로 이해된다. 믿음과 행위의 관계에 대해 메이천(Gresham Machen) 박사가 적절하게 다음과 같은 표현으로 설명해 주었다. "야고보가 정죄하는 믿음은 바울이 칭찬하는 믿음과 다른 것처럼 야고보가 칭찬하는 행위는 바울이 정죄하는 행위와 다르다." 믿음과 행위의 관계를 바로 이해하는 연결점은 갈라디아서 5:6의 표현처럼 의롭게 된 성도들의 삶이 "사랑으로써 역사하는 믿음"(개역개정)을 실천하는 삶이라는 특징에서 찾을 수 있다(p. 104). 믿음의 순종을 강조한 바울은 야고보서 2:18에서 강조한 "행함이 없는 네 믿음을 내게 보이라. 나는 행함으로 내 믿음을 네게 보이리라"(개역개정)의 말씀과 잘 일치한다. 야고보서 2:21-24에 묘사된 아브라함은 로마서 1:5의 "믿어 순종하게 하나니"를 실천한 삶을 산 것이다. 개핀 박사는 로마서에서 "믿어 순종하게 하는"(롬 1:5; 16:26) 삶을 산 야고보서의 아브라함을 만나게 되고 또한 야고보서에서 바울이 로마서 4장에서 구체적으로 소개하고 있는 아브라함을 만나게 된다고 정리한다(p. 104). 로마서의 아브라함과 야고보서의 아브라함은 서로 다른 사람이 아니요, 그리고 신학적으로 긴장된 삶을 산 사람도 아니다. 우리는 바울이 "믿음만"(faith alone)을 가르치지 않고, "믿음에 의해서"(by faith alone)라고 가르친 것을 주목해야 한다. 여기 사용한 "의해서"(by)는 대단히 중요한 의미를 지니는데 왜냐하면 그리스도와 연합됨으로 의롭다 인정받은 사람은 그 믿음으로 끝까지 인내하며 또한 행위를 수반하지 않는 인내를 하지 않는다는 것이다 (p. 105). 개핀 박사는 "오, 이 믿음은 살아있는, 분주한, 활동적인, 능력 있는 믿음이다. 이 믿음이 계속적으로 선한 일(행위)을 하지 않는다는 것은 불가능한 것이다"(Luther, Preface to Romans(1522/1546)라고 말한 루터의 말로 결론을 맺는다.

개핀 박사는 "칭의와 현재"(Justification and the Present)라는 소제목 하에 칭의가 성도들의 현재의 삶에 어떻게 연관되는지를 설명하고 책을 마무리 한다. 웨스트민스터신앙고백 11장 5절에서 "하나님은 의롭다하심을 얻은 자의 죄를 계속 용서하신다"라고 설명한 것은 하나님이 성도들의 "의인의 상태"를 계속 유지시킨다는 뜻을 가지고 있다. 그리고 칼빈(Calvin)도 그의 기독교 강요 3권 14장의 제목을 "칭의의 시작과 그 계속적인 진행"(The Beginning of Justification and its Continual Progress)이라고 붙이고 그 설명으로 "그러므로 우리는 마땅히 칭의의 축복됨을 한번만이 아니라 전체 삶을 통해 붙들고 있어야 한다"라고 설명한다. 칼빈이나 웨스트민스터신앙고백이나 모두 바울의 교훈과 일치한다. 바울은 로마서 8:33-34에서 이를 잘 설명하고 있다. 바울은 먼저 로마서 8:31

에서 "이 일에 대하여 우리가 무슨 말 하리요 만일 하나님이 우리를 위하시면 누가 우리를 대적하리요"라는 수사학적인 질문을 한다. 이 질문에는 "우리를 위하시면"(for us)이나 "우리를 대항해서" (against us)의 표현이 있는데 이는 법정적인 의미가 내포되어 있다. 바울은 로마서 8:33에서 "누가 능히 하나님께서 택하신 자들을 고발하리요"라고 말하고, 로마서 8:34에서는 "누가 정죄하리요"라고 말함으로 이미 의롭게 된 성도들은 하나님의 멸망의 심판을 받지 않을 것임을 확실히 한다(p. 106). 성도들이 마지막 멸망의 심판을 받지 않는다는 보증은 그리스도가 죽으셨을 뿐 아니라 다시 살아나셔서 하나님 우편에 계시고 지금도 우리를 위해 간구하고 계신다는 사실 때문이다(롬 8:34b). 바울이 현재 그리스도가 하나님의 우편에서 우리를 위해 간구하신다고 말한 것은 그리스도의 죽음으로 얻은 성도들의 칭의가 계속적으로 효과가 있다는 것을 증명한다. 바울이 "칭의"를 계속되는 "중보의 기도"와 연계시켜 설명하는 것은 성도들의 "칭의의 상태"가 계속 유지됨을 증거 하기 위해서이다. 하나님의 우편으로 승귀하신 그리스도의 모습은 그가 완전하게 완결시킨 그의 의를 표명하는 것인데 이는 바로 그와 연합된 성도들의 의로움을 증거 하는 것이다. 개핀 박사는 그리스도가 하나님 우편에서 성도들을 위해 중보의 기도를 하고 계신 것은 성도들이 칭의의 상태에서 탈락되는 것이 불가능하고 탈락될 수도 없을 것임을 확실하게 한다고 말하고 책을 마무리 한다.

개핀 박사는 이제 나가는 말(Epilogue)에서 골로새서 1:27의 말씀을 상기시킨다. 바울은 "너희 안에 계신 그리스도"가 곧 "영광의 소망"이라고 말한다(골 1:27). 승귀하신 그리스도는 하나님의 비밀인데 성도들에게는 이미 나타내신바 된 상태이다(골 1:26). 이 말씀은 그리스도가 그의 죽음, 부활, 승천을 통해 성취하신 구속역사이시면서 교회와 함께 계시고 성도들안에 내주하고 계신다는 뜻이다. "너희 안에 계신 그리스도"는 구속을 성취하신 구속주이시오, 그가 또한 "영광의 소망"이 되신다. 이는 구속 역사적 그리스도가 그가 이루신 구원을 성도들에게 적용시키시는 "구원의 서정의 그리스도"가 되신다(p. 109)는 뜻이다. 종교개혁의 전통은 구원의 소망이 성도들에게 전가하신 그리스도의 의라고 가르친다. 성도들의 칭의와 성화는 분리시킬 수 없고 항상 함께 주어진다. 골로새서 1:27의 "영광의 소망이신 너희 안에 계신 그리스도"는 로마서 8:34의 "죽으실 뿐만 아니라 다시 살아나시고 하나님 우편에 계시면서 성도들을 위해 중보의 기도를 하시는 바로 그 그리스도"이시다. 개핀 박사는 바울이 "이 비밀은 너희 안에 계신 그리스도시니 곧 영광의 소망이니라"(골 1:27)고 표현한 말씀이 바울의 구원의 서정에 관한 글을 마무리하는데 가장 적절한 표현이라고 말한다.

본 서평자는 본서의 서평을 마무리 하면서 먼저 개핀 박사의 영어 표현이 영어를 모국어로 사용하지 않은 사람에게는 어려운 내용임을 지적하지 않을 수 없다. 개핀 박사는 캄마와 부정사, 현재 분사 등을 활용해서 문장을 길게 끌고 나간다. 독자들은 본서를 읽을 때 정신을 집중해서 읽을 필요가 있다.

본서는 "바울에 관한 새관점" 논의에 대한 개혁주의적 답변으로 심도 있게 정리되었다고 평가할 수 있다. 개핀 박사는 새관점 주창자들의 견해를 조목, 조목 반박하는 방법을 사용하지 않고, 개혁주의에서 주장하는 구원의 서정이 왜 바울적인 것인지를 밝혀서 새관점 주창자들의 견해를 비판한다. 개핀 박사는 종교개혁의 전통이 아직도 바울적이요, 성경적으로 바른 교훈임을 분명히 하며 새관점 주창자들이 바울을 잘못 해석하고 있다고 지적한다.

개핀 박사는 본서에서 성도들의 구원은 그리스도가 그의 죽음과 부활, 그리고 승천하심으로 성취하신 구속의 내용 전체를 성도가 믿음으로 그리스도와 연합되어 전가 받게 되었고, 또 이렇게 받은 축복은 그리스도가 살아있기 때문에 현재에도 확실하고 미래의 심판 때에도 확실함을 설명한다. 성도들이 소유한 "현재의 칭의”는 앞으로 심판 때에 표명될 “미래의 칭의”와 분리해서 생각할 수 없다.

개핀 박사는 새관점 주창자들이 “칭의”나 “하나님의 의”의 개념을 교회론적으로 해석하는 것은 바울을 잘못 해석한 것이라고 평가한다. 물론 개핀 박사는 죄인이 그리스도와 연합되어 의롭다 인정을 받아 그리스도의 몸인 교회에 참여하게 된다는 의미에서 칭의가 교회론적인 의미를 함축하고 있는 것은 사실이지만 일차적으로 칭의는 구원론적으로 이해되어야 한다고 평가한다.

개핀 박사는 새관점 주창자들이 성도들이 받을 마지막 심판은 성도들의 전체 삶을 근거로 실행될 것이기 때문에 성도들이 궁극적으로 의롭다 인정함을 받을지는 불확실하다고 주장하는 것은 바울의 교훈과 상치된다고 말한다. 개핀 박사는 “겉 사람”과 “속사람”의 대칭, 칭의의 “이미와 아직”의 구조, 수양의 “이미와 아직”의 구조 등 여러 가지 개념으로 성도들은 이미 칭의를 소유했고 앞으로 미래 심판 때에는 이미 소유한 칭의가 표명될 뿐이라고 정리한다. 그 이유는 성도들의 칭의는 성도들의 행위를 통해서가 아니요, 그리스도 안에서 모두 이루어졌기 때문이라고 정리한다.

그리스도 안에서 제공되는
은혜의 복음

(*The Gospel of Free Acceptance in Christ*) , by
Cornelis P. Venema. Carlisle, PA: The Banner of
Truth Trust, 2006, pp. 337.

본서는 미국 프린스턴 신학교(Princeton Theological
Seminary)에서 칼빈을 연구하여 박사학위(Ph.D)를

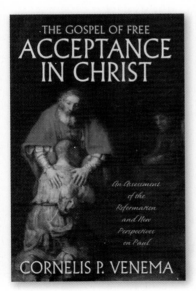

받고 현재(2016)는 중
부 아메리카 개혁신
학교(Mid-America
Reformed Seminary)
의 총장으로 그리고 교
의학 교수로 봉직하고
있는 베네마 박사가 최
근 신학계의 관심을 불
러일으킨 **"바울에 관
한 새 관점"**에 답으로
내놓은 책이다. 그러므

로 신학계의 최근 동향과 "바울에 관한 새 관점"에 대한 바른 입장을 이해하기 원하는 성경학도들과 성도들은 본서에서 많은 도움을 받을 수 있을 것이다. 본서가 "바울에 관한 새 관점"을 비교적 평이하게 정리하고 또 개혁주의적인 입장에서 바로 평가했다고 생각하기 때문에 본 평자는 근래에 신학적 논쟁의 중심에 있는 이 주제를 이해하는데 도움을 주기 위해 본서를 자세하게 소개하고자 한다.

본서는 서론을 시작으로 3부로 나뉘어져 있다. 제 1부는 종교개혁자들이 바울을 어떻게 이해했는지를 다루고, 제 2부는 "바울에 관한 새 관점"을 지지하는 이론을 객관적으로 다루고, 마지막 제 3부는 "바울에 관한 새 관점"을 비판적으로 평가한다.

서론에서 저자는 1970년대 후반 자신이 프린스턴 신학교에서 칼빈의 구원론을 공부하던 경험을 상기하면서 칼빈의 구원론은 '받아들임'(Acceptance)과 '새롭게 됨'(Renewal)의 두 단어로 요약할 수 있다고 정리한다(p. vii). 그런데 그 당시로는 상상도 할 수 없었던 그리스도의 구속 사역을 근거로 은혜로만 구원 받고 의롭게 된다는 교리가 "바울에 관한 새 관점"의 등장으로 교회론적(ecumenical)인 차원에서 그리고 신학적(theological)인 차원에서 도전을 받기에 이르렀다고 지적한다.

교회론적으로 볼 때 16세기의 로마 캐톨릭과 개신교사이에는 칭의론 문제에 있어서 도저히 만날 수 없는 계곡이 형성되어 있었는데 "바울에 관한 새 관점"은 로마 캐톨릭과 개신교 사이에 칭의론에 대한 '일치점' (consensus)을 찾았다고 주장하는 것이다.

신학적으로는 "바울에 관한 새 관점"이 주로 신약학자들 사이의 논쟁의 대상이 되었다고 말한다. '바울에 관한 새 관점'을 주장하는 학자들은 바울 서신들을 그 역사적인 맥락에서 읽어야 한다고 주장하는데 이는 바울을 '제2 성전 유대주의'(Second-Temple Judaism)의 역사적 맥락에서 읽어야 한다는 것이다. 이처럼 바울을 "바울에 관한 새 관점" 입장으로 접근하면 바울의 칭의론은 한 죄인이 하나님 앞에서 어떻게 의롭게 되느냐를 다루지 않고, 오히려 이방인들이 하나님의 언약 약속의 상속자들로서 이스라엘에 어떻게 포함될 수 있느냐를 다루는 것이라고 설명한다(p. viii).

베네마(Venema) 박사는 서론의 일환으로 '1. 근래의 논의에 나타난 칭의'에 대해 다룬다. 베네마 박사는 '바울에 관한 새 관점'이 주창하는 칭의론은 교회론적인 차원에서 연합을 지향하기 때문에 약간의 매력이 있지만, 종교개혁의 관점에서 칭의론은 교회를 구분하는 역할을 한다고 지적한다. 저자는 종교개혁자들이 '은혜로만'(*sola gratia*), '그리스도로만'(*solo Christo*), '믿음으로만'(*sola fide*) 구원을 받을 수 있고 의롭게 될 수 있다고 믿었기 때문에(p. 11) 로마 캐톨릭 교회의 믿음과 행위에 의한 칭의론을 배격했다고 설명한다. 반면 '바울에 관한 새 관점'을 주장하는 학자들은 칭의론이 교회를 연합하는 역할을 하는 교리라고 생각한다. '바울에 관한 새 관점'은 '제2 성전 유대주의'가 하나님의 은혜로운 선택과 그의 백성 이스라엘을 품는 하나님의 이니시어티브를 강조한다고 주장한다. 따라서 그들은 유대주의가 사람의 공로로 언약 공동체에 들어 갈 수 있다고 가르치지 않고 하나님의 은혜로운 선택에 의해 들어 갈 수 있다고 가르친다(p. 16). 던(James D.G. Dunn)의 다음 말은 '바울에 관한 새 관점'의 입장을 대변한다. "요약하면, 바울이 고안해 낸 믿음에 의한 칭의는 마치 그것이 모든 것인 것처럼 개인 구원의 경험으로 축소시킬 수 없다. 믿음에 의한 칭의는 하나님이 그의 구원 행위의 선하심을 특정 사람들에게 국한시키는 사상에 대한 바울의 근본적인 반대인 것이다."(p. 17)(Cf. James D.G. Dunn and Alan M. Suggate, *The Justice of God: A Fresh Look at the Old Doctrine of Justification by Faith.* Carlisle, UK: The Paternoster Pres, 1993, p. 28.). 던(Dunn)의 이와 같은 설명은 '믿음에 의한 칭의'를 하나님의 의롭게 하시는 행위의 관점에서 접근하기보다 결과적인 차원에서 유대인이나 이방인이나 백인이나 흑인이나를 막론하고 누구든지 의롭게 된다는 사회 문화적인 차원을 강조하려는 시도가 엿보인다. '바울에 관한 새 관점'의 주요 제창자라고 여겨지는 라이트(N.T. Wright)의 말은 이를 더 극명하게 보여준다. 라이트는 "그것은(믿음에 의한 칭의) 그 자체로 우리들의 모든 사소한 이유와 가끔 문화적인 이유로 교회를 집단화 하려는 생각을 책망하는 교회론적인 교리이며 예수를 믿는 사람은 누구든지 모두 한 가족에 속한다는 사실을 선포하는 교회론적인 교리이다."(p. 18)(N.T. Wright, *What Saint Paul Really Said: Was Paul of Tarsus the Real Founder of Christianity?*. Grand Rapids: Eerdmans, 1997, p. 158.)라고 설명한다.

베네마 박사는 '바울에 관한 새 관점'을 주장하는 학자들이 바울의 칭의론을 근거로 교회연합에 대한 관심을 불러 일으켰고 또한 이 주제는 교회의 강단을 점령하고 성도들에게 큰 영향을 미칠 것이기 때문에 우리의 관심의 대상이 된다고 서론을 정리한다.

제 1부에서 베네마 박사는 '바울에 관한 종교개혁의 전망'
이라는 주제 하에 '2. 믿음으로만 의롭게 됨'과 '3. 왜 믿음을 통해서만 구원 받을 수 있는가?'를 설명한다. 번호가 2.부터 시작되는 이유는 이미 서론에서 "1. 근래의 논의에 나타난 칭의"를 다루었기 때문이다.

베네마 박사는 종교개혁자들이 주장했던 칭의론을 설명하면서 "표준적인(혹은 전형적인) 개신교는 죄인들이 하나님 앞에서 오로지 그리스도의 사역 때문에 은혜로만 의롭게 되며, 그리고 이와 같은 무상의 칭의(free justification)는 오직 믿음으로만 우리의 것이 된다고 주장 한다"라고 설명한다.(pp. 28-29). 베네마 박사는 개신교가 칭의를 법정적 선언으로 이해하는 반면 로마 캐톨릭은 칭의를 도덕적 갱신의 과정을 포함하여 이해한다고 설명한다(p. 29). 개신교는 '믿음으로만,' '그리스도로만' 의롭게 될 수 있다고 믿는 반면 로마 캐톨릭은 신자들의 경건과 공로를 강조한다고 설명한다(p. 38).

베네마 박사는 "그리스도 안에서의 하나님의 의"라는 소제목을 설정하고 하나님의 의는 인간의 순종을 요구하는 의가 아니라고 말한다. 그는 신자들의 의는 다른 이 즉 예수 그리스도의 의에 의존되는 의라고 정의한다. 따라서 베네마 박사는 "전가된 의"라는 소제목을 설명하면서, "하나님이 그리스도 안에서 신자들을 의롭다 인정하실 때, 하나님은 신자들을 의로운 존재로 만드는 것이 아니요, 그리스도의 의를 신자들에게 전가하여 신자들을 의롭다고 인정 하신다"(p. 40)고 설명한다. 베네마 박사는 이 주장을 증명하기 위하여 칼빈과 종교개혁자들의 주장을 소개한 후 로마서 3:23-26과 로마서 4:25, 로마서 5:15-16의 내용을 간략하게 요약하고(pp. 42-48) 왜 우리의 구원이 "믿음으로만" 가능한지 설명한다. 성도들이 믿음으로만 의롭게 된다는 주장은 당연히 성도들이 받는 의가 그리스도 안에서 주시는 하나님의 은혜의 무상 선물이라는 주장과 일치한다(p. 48). 베네마 박사는 종교 개혁자들이 아무런 공로 없이 성도들이 의롭게 되었을지라도 그리스도의 성령으로 새롭게 되어 선한 일을 해야만 하는 중요한 책임을 강조했다고 설명한다(p. 49). 그리고 성도들이 아무 공로 없이 믿음으로만 의의 선물을 받을 때는 성도들은 자신은 생각하지 않고 의로우신 그리스도에게만 주목하게 된다고 설명한다(p. 51).

베네마 박사는 "종교개혁 전망의 주요 특징들"을 다섯 가지로 설명하고 본 장을 마무리 한다.

첫째, 종교개혁의 전망은 칭의를 복음의 중요한 주제로 본다.

둘째, 종교개혁의 전망은 칭의를 일차적으로 신학적, 구원론적으로 생각한다.

셋째, 종교개혁의 교리는 로마 캐톨릭이 율법에 대한 순종이 칭의의 근거인 것처럼 강조함으로 복음을 타협했다고 주장한다.

넷째, 종교 개혁자들은 바울이 행위를 말할 때 성도들이 하나님의 인정함을 이미 받았기에 순종하게 된다는 의미로 행위를 설명했다.

다섯째, 종교개혁자들이 복음 안에 계시된 칭의를 볼 때 하나님이 그리스도의 의를 성도들에게 전가해 주시는 것으로 생각한다.

베네마 박사는 "3. 왜 믿음을 통해서만 구원 받을 수 있는가?"라는 소제목에서 먼저 바울과 야고보를 비교 설명한다(pp. 63-66). 베네마 박사는 야고보의 교훈이 바울의 칭의 교훈을 정면으로 반대하는 것처럼 보이지만, 야고보가 칭의를 말할 때 어떤 특별한 방법(specific way)을 사용했는지 주목해야 한다고 제안한다. 야고보는 그의 서신에서 실제적으로 성도들이 실천해야 할 삶의 특징을 교훈하고 있다. 베네마 박사는 행위를 강조하는 야고보서 2:14-26에서도 기독교인의 생활이 어떻게 실천되어야 하는지를 설명하고 있다고 해석한다(p. 67). 베네마 박사는 야고보서가 행위를 반드시 수반하는 진정한 믿음을 강조하기 때문에 진정한 믿음과 행위는 떼래야 뗄 수 없는 관계라고 정리한다. 그리고 바울과 야고보는 칭의를 설명할 때 다른 관점에서 칭의를 설명하고 있다고 말한다(p. 73). 따라서 야고보의 논의는 행위를 수반한 참 믿음과 생명이 없는 거짓 믿음을 비교하고 있다고 정리한다.

베네마 박사는 "살아있는 믿음 없이는 구원도 없다"는 소 제목 하에 아브라함의 생애를 예로 든다. 그런데 야고보는 "아브라함이 그 아들 이삭을 제단에 바칠 때에 행함으로 의롭다 하심을 받은 것이 아니냐"(약 2:21, 개역개정), "성경에 이른바 아브라함이 하나님을 믿으니 이것을 의로 여기셨다는 말씀이 이루어졌고"(약 2:23), "이로 보건데 사람이 행함으로 의롭다 하심을 받고 믿음으로만은 아니니라"(약 2:24)고 말한다. 야고보는 이 말씀들을 통해 아브라함의 믿음의 진정성을 설명하고 있으며 따라서 아브라함의 믿음의 행위는 그가 의로운 사람임을 증거하고 있는 것이다. 야고보는 아브라함의 행위를 예로 들어 아브라함이 의인임을 증명하고 있다(p. 76). 따라서 아브라함의 행위는 그를 의롭다고 인정하는 믿음의 열매의 역할을 한 것이다.

베네마 박사는 야고보의 '믿음만으로'라는 구절의 용법은 바울의 '행위 없는 믿음'이라는 구절과 비교될 수 없다고 해석한다. 베네마 박사는 야고보는 참 믿음과 거짓 믿음을 비교한 것이요, 바울은 하나님의 은혜에만 의존하는 믿음과 하나님의 인정을 받은 성도가 당연히 실천해야 할 행위를 비교하고 있다(p. 83). 베네마 박사는 이렇게 야고보의 주장과 바울의 주장이 다르지 않음을 지적하고 결론을 맺는다.

제 2부에서 베네마 박사는 "바울에 관한 새 관점"을
정리한다. 베네마 박사는 2부에서 4. 샌더스(E.P.
Sanders)와 던(James D.G. Dunn)이 제시한 "바울에
관한 새 관점"을 정리하고, 5. 라이트(N.T. Wright)가
제시한 "바울에 관한 새 관점"을 정리한다.

베네마 박사는 우선 "바울에 관한 새 관점" 사상
의 선구자로 네 학자들을 간략하게 다룬다. 베네마 박
사가 첫 번째로 다룬 학자는 몬티피오르(Claude G.
Montefiore)인데 몬티피오르는 그의 책 "유대주의
와 성 바울: 두 소론"(Judaism and St. Paul: Two
Essays)에서 "팔레스틴 유대주의의 종교는 바울 서신
에서 등장하는 그 모습과는 많이 다르다"(pp. 94-95)
라고 주장했다. 베네마 박사가 두 번째 선구자로 다룬
인물은 미국의 랍비 학자인 무어(George F. Moore)
이다. 무어는 하바드신학리뷰(Harvard Theological
Review)에서 유대주의에 대한 전통적 기독교의 해석
이 논쟁의 목적 때문에 많이 왜곡되었다고 주장한다.

무어는 기독교 신학 전통이 유대주의를 많은 부분
곡해하였다고 주장한다(p. 96). 베네마 박사는 세 번
째 학자로 슈바이쳐(Albert Schweitzer)를 다룬다.
베네마 박사는 슈바이쳐가 몬티피오르나 무어와는 다

른 차원에서 바울에 관한 새 관점 사상의 선구자 역할을 했다고 진단한다. 슈바이쳐 박사는 칭의가 바울의 중심사상이라는 종교개혁자들의 주장을 반박하고, 칭의는 기껏해야 바울 복음의 보조적인 특징에 지나지 않는다고 주장한다(p. 97). 슈바이쳐 박사는 그의 책 "사도 바울의 신비주의"(The Mysticism of Paul the Apostle)에서 바울 서신의 중요한 강조는 성도들의 그리스도와의 연합 개념이라고 주장한다. 베네마 박사는 이렇게 슈바이쳐 박사가 종교개혁자들이 중요하게 생각한 칭의의 문제로부터 다른 곳으로 시선을 돌리게 하는데 일조했다고 평가한다. 베네마 박사는 네 번째 바울의 새관점 사상의 선구자로 스텐달(Krister Stendahl)박사를 다룬다. 스텐달 박사는 종교 개혁자들이 마치 바울이 자신의 불안한 양심의 문제를 해결하기 위해 칭의의 교리를 발전시킨 것처럼 바울을 잘못 읽었다고 전제하고, 바울의 칭의 교리는 어떻게 이방인들이 유대인들과 함께 하나님의 백성으로 포함될 수 있느냐를 다루는 것이라고 주장한다(p. 98).

　베네마 박사는 네 사람의 "바울에 관한 새 관점"의 선구자들을 다룬 다음 샌더스(E.P. Sanders) 박사의 "바울에 관한 새 관점"을 다룬다(pp. 98-106). 샌더스 박사는 1세기 팔레스틴 유대주의가 한 인간의 행위나 성취로 구원 받게 된다는 것을 가르치지 않고, 오히려 하나님이 그의 은혜로운 선택과 자비에 근거해서 그의 백성 이스라엘을 구원하셨다는 것을 가르친다고 주장한다(p. 105). 샌더스 박사는 1세기 팔레스틴 유대주의를 가장 잘 설명하는 용어는 '언약적 율법주의'(covenantal nomism)라고 주장한다. 언약적 율법주의는 한 사람이 은혜로 하나님의 언약 공동체의 멤버가 되는 것이요, 율법에 대한 순종을 통해 행위로 언약 공동체의 멤버로 남아 있는 것이다(p. 105). 즉, 언약적 율법주의는 성도가 하나님의 은혜로 언약 공동체로 들어오는 것(get in)이요, 율법에 대한 순종으로 언약 안에 머물러 있어야 하는 것(staying in)이다. 따라서 샌더스 박사는 유대인이나 이방인이나 할 것 없이 한 죄인이 믿음으로 칭의 받아 하나님의 인정함을 받게 된다고 가르치는 종교개혁의 주장을 받아들이지 않는다(p. 102).

샌더스 박사는 바울 사도가 '언약적 율법주의'를 가르쳤는데 종교개혁자들이 이를 잘못 이해했다고 주장한다. 그리고 우리들은 종교개혁자들의 잘못된 해석을 그대로 이어받고 있다고 말한다. 베네마 박사는 샌더스 박사의 이런 평가가 잘못된 것이라고 지적한다. 베네마 박사는 샌더스 박사가 유대주의의 본질에 대한 특별한 통찰력을 제공했음에도 불구하고 바울과 유대주의와의 관계나 하나님의 율법에 대한 견해에 대해 적절하고 설득력 있는 설명을 하지 못했다고 평가한다(p. 108).

베네마 박사는 던(Dunn)이 샌더스 박사의 약점을 어느 정도 보완했다고 인정한다. 던(Dunn)은 갈라디아서 2:15-16, 3:10-14 등의 구절들은 주해하여 샌더스 박사의 약점을 보완하고 있다고 설명한다. 던(Dunn)은 칭의가 어떤 사람이 언약 공동체에 들어가는 처음 행위가 아니요, 오히려 어떤 사람이 언약 공동체에 속해 있음을 인정하는 것이라고 정리한다. 던의 이런 주장은 "칭의"를 교회론적인 관점에서 먼저 접근한 것이다. 던은 '바울에 관한 새 관점'의 입장에서 구절들을 해석하고 있다. 던은 갈라디아서 2:15-16이 유대주의나 언약적 율법주의를 반대하지 않으며, 여기서 바울은 '율법의 행위'(works of the law)를 언약 공동체의 멤버가 되는 '인식표'(badge)로 이해했다고 해석한다. 던은 바울이 그리스도안에서의 믿음을 언약 공동체의 멤버가 되는 주요한 인식표로 가르쳤다고 말한다(p. 111). 던은 역시 갈라디아서 3:10-14의 말씀도 바울이 유대주의자들이 주장하는 율법주의(legalism)를 반대한 것이 아니요, 유대주의의 배타성(exclusionism)을 반대한 것이라고 해석한다. 결국 던은 하나님의 의가 하나님께서 언약 약속을 지킨다는 신실성을 가리키지, 인간을 죄에서부터 구원하는 근거가 되는 그리스도의 의를 가리키지 않는다고 생각한다

(pp. 114-115). 샌더스 박사와는 달리 던은 성경구절을 주해하여 "바울에 관한 새 관점"의 주장을 더 설득력 있게 제시했지만, "바울에 관한 새 관점"을 공고히 하는 데 기여하고 그 테두리 안에서 활동한 학자이다.

이제 베네마 박사는 5. 라이트(N.T. Wright)의 "바울에 관한 새 관점"이라는 주제로 이 책의 가장 중심되는 부분을 정리한다. 베네마 박사는 "바울에 관한 새 관점" 사상과 연계된 학자들 중 라이트 박사가 가장 많은 저작물을 내놓았을 뿐만 아니라 가장 많이 알려진 학자라고 말한다. 그러나 '바울에 관한 새 관점'을 주장하는 학자들 사이에 중요한 차이점들이 있기 때문에 라이트 박사는 자신을 "바울에 관한 새 관점" 학파(?)와 동일시되기를 꺼려한다. 라이트 박사는 복음주의 학자들의 존경을 받고 있는데 그 이유는 그가 그리스도의 육체부활이나 신약이 증거 하는 역사적 예수의 확실성과 같은 기독교의 근본 교리를 확실하게 인정하기 때문이다(p. 121).

베네마 박사는 비록 라이트 박사가 "바울에 관한 새 관점"을 주장하는 학자들과 동일시되기를 꺼려하지만 라이트 박사는 바울에 대해서 새 접근을 해야 한다고 주장하는 선도자임에는 틀림없다고 정리한다. 그 이유는 라이트 박사가 주장하는 두 가지 이유에 그 근거를 둘 수 있다.

첫째, 라이트 박사는 샌더스 박사나 던 박사의 주장과 견해를 같이 하면서 일세기의 유대주의는 그 형식에 있어서 율법주의가 아니었다고 믿는다(p. 121). 라이트 박사는 "바울에 대한 해석의 전통적인 견해는 거짓 유대주의를 만들어서 거짓 바울을 만들었기 때문에 자신이 반대 한다"(p. 122; Cf. N.T. Wright, "The Paul of History and the Apostle of Faith," Tyndale Bulletin 29 (1978), p. 78)라고 말한다.

둘째, 라이트 박사는 유대주의자들과 바울사이의 논쟁에 대한 던(Dunn)의 해석을 상당부분 활용한다. 라이트 박사는 율법의 행위에 대한 유대주의자들의 호소는 율법주의가 아니요 왜곡된 민족주의(perverted nationalism)였다고 주장한다(p. 122). 라이트 박사는 유대주의자들의 잘못은 자신들이 유대민족임을 자랑하고 하나님의 언약이 유대인뿐만 아니라 이방인도 포함된다는 사실을 인정하려하지 않는 것이라고 주장한다. 베네마 박사는 이상과 같은 라이트 박사의 두 가지 주장을 근거로 라이트 박사를 "바울에 관한 새 관점" 주창자들과 한 계열에 속한 학자라고 결론짓는다.

그리고 베네마 박사는 라이트 박사의 칭의 개념을 정리하면서 "라이트 박사가 이해하는 복음"이라는 주제 하에 1. 하나님의 의, 2. 의롭게 된다는 것은 무엇인가?, 3. 언약 멤버가 되는 인식표(badge)로서의 믿음,

4. 칭의: 과거, 현재, 그리고 미래, 5. 칭의와 그리스도의 사역이라는 소주제로 라이트 박사의 견해를 정리한다(pp. 123-133).

라이트 박사는 바울의 칭의 개념은 1세기의 역사적 맥락 안에서 이해해야 하며 또한 구약에 나타나는 언약의 약속에 비추어 이해해야 한다는 전제하에 그의 논리를 전개한다. 라이트 박사가 이해하는 복음은 한 죄인이 어떻게 죄 문제를 해결할 수 있는가의 문제가 아니요, 주님이 누구이신가를 아는 것이라고 말한다. 라이트 박사는 바울의 복음을 이해할 때 부차적인 주제인 '구원의 서정'(order of salvation)의 관점에서 이해하면 바울의 비전을 좁게 이해하는 것이요, 바울의 복음은 '예수 그리스도의 주님 되심'(the lordship of Jesus Christ)이 그 핵심 요소라고 주장한다(pp. 123-124). 이렇게 예수 그리스도의 주님 되심의 관점에서 바울의 복음을 이해하면 바울의 칭의 개념은 이런 믿음을 가진 사람만이 아브라함의 가족의 완전한 멤버가 될 수 있다는 기준 역할을 한다(p. 125). 라이트 박사는 여기서 바울의 칭의 개념을 구원론의 관점에서가 아니요, 교회론의 관점에서 바라보고 있다.

베네마 박사는 1. '하나님의 의'의 주제로 라이트 박사가 이해하는 "하나님의 의"를 설명한다. 베네마 박사는 종교개혁자들은 칭의를 법정적으로 이해하여 사람이 예수 그리스도를 믿을 때 하나님이 그리스도가 그의 죽음과 부활을 통해 이루신 의를 죄인에게 전가해 주셨고, 하나님은 죄인이 전가 받은 그리스도의 의를 근거로 '죄가 없다' '용서 받았다'라고 선언하는 법정적 선고라고 가르쳤다고 설명한다. 그런데 라이트 박사는 비록 '하나님의 의'의 법정적 특성을 인정하기는 하지만, 하나님께서 어떤 사람에게 무엇을 부여한다거나 혹은 전가하는 것과는 상관이 없다고 가르친다(p. 127). 라이트 박사는 '하나님의 의'는 하나님께서 그의 백성에게 한 약속을 실천하심으로 그가 자신의 언약을 성실하게 지킨다는 것을 드러낸 것이라고 주장한다.

베네마 박사는 2. '의롭게 된다는 것은 무엇인가?'라는 주제로 라이트 박사의 견해를 소개한다. 베네마 박사는 라이트 박사가 종교개혁자들이 '하나님의 의'를 잘못 이해했을 뿐만 아니라 바울이 사용한 '칭의의 개념'도 잘못 이해했다고 주장한다(p. 127)고 정리한다. 라이트 박사는 바울이 사용한 칭의는 어떤 사람이 하나님의 공동체 안으로 들어가는 것(enters)을 설명하는 것이 아니요, 오히려 현재와 미래에 누가 언약 공동체 안에 속해 있느냐(who belongs to that community)를 설명하는 것이라고 주장한다(p. 128).

그래서 라이트 박사는 칭의의 개념이 누가 언약공동체 안에 속했느냐를 하나님이 인정하는 것이라고 이해하면, 칭의는 구원론(soteriology)의 문제가 아니요, 교회론(ecclesiology)의 문제라고 주장하고, 또한 칭의는 구원에 관한 문제가 아니요, 교회에 관한 문제라고 주장한다(p. 128; Cf. N.T. Wright, What Saint Paul really Said, p. 119)고 베네마 박사가 정리한다.

베네마 박사는 3. '언약 멤버가 되는 인식표(badge)로서의 믿음'에 대해 설명한다. 라이트 박사는 칭의를 언약 공동체의 멤버가 되는 데에 대한 하나님의 선언으로 이해하기 때문에 바울이 말하는 칭의는 믿음으로이지 행위로가 아니라고 주장한다. 라이트 박사는 유대인들의 교만이 자기 자신들의 의로부터 생성된 것이 아니요, 그들의 민족적인 교만과 배타주의적인 태도에서부터 생성된 것이라고 정의한다. 따라서 '믿음으로 의롭게 된다'는 바울의 확신은 그리스도의 오심으로 이제는 그의 구원이 종족에 관계없이 모든 사람에게 적용된다는 것이라고 주장한다(p. 129). 베네마 박사는 종교개혁자들이 주장하는 이신칭의(justification by faith) 교리는 개신교회와 캐톨릭교회를 구분 짓는 역할을 했는데 라이트 박사는 이신칭의를 개신교회와 캐톨릭교회를 하나님의 가족의 같은 멤버로 묶는 역할을 하는 것으로 이해한다고 정리한다(p. 130).

베네마 박사는 4. '칭의: 과거, 현재, 그리고 미래'
의 소주제 하에 라이트 박사의 견해를 정리한다. 베네
마 박사는 라이트 박사의 칭의에 대한 이해가 하나님이
그의 백성을 언약공동체에 속해 있음을 종말론적으로
확증하는 것이라고 설명한다. 라이트 박사에 의하면 칭
의는 과거, 현재, 그리고 미래의 세 시상으로 되어 있
다. 과거의 칭의는 하나님이 그리스도의 죽음과 부활을
통해 미래에 이루실 것을 역사 안에서 성취하신 것이
다(p. 131). 그리고 그리스도가 이루신 과거의 칭의는
믿음을 통해 현재의 실재로 되는 것이다. 예수를 메시
아와 주님으로 믿는 사람들은 유대인이나 이방인을 구
분하지 않고 믿음의 위대한 한 가족의 멤버가 됨을 하
나님이 인정하는 것이다. 그래서 칭의는 구원론의 문제
가 아니요, 교회론의 문제인 것이다(p. 131).

라이트 박사가 이해하는 칭의의 개념에 과거와 현재
의 차원이 있지만, 강조되는 부분은 칭의의 미래의 차
원이다. 라이트 박사가 제시하는 미래의 칭의는 하나
님이 아브라함에게 약속하신 언약 공동체인 그의 백성
을 온전하게 받아들이는 기준으로 이해된다. 그런데 미
래의 칭의는 전체 삶을 근거로 판단될 것이다. 따라서
베네마 박사는 라이트 박사가 하나님이 그의 백성 됨을

확인하는 미래의 칭의에 '행위에 의한 칭의'도 포함되었다고 정리한다(p. 131).

베네마 박사는 5. '칭의와 그리스도의 사역'이라는 소주제 하에 라이트 박사의 칭의론의 문제점을 계속 정리한다. 베네마 박사는 라이트 박사가 설명하는 그리스도의 구속의 사역과 그 구속의 사역이 성도들의 칭의에 어떻게 연관되는지에 대한 견해가 불분명하다고 정리한다. 오히려 라이트 박사의 견해에 분명하게 나타난 것은 그리스도가 그의 백성을 대신해서 죄 값을 치르고 저주를 감당하기 위해 십자가를 지셨다는 역사적 개혁주의적인 견해를 바르다고 생각하지 않는 것이다(p. 132). 베네마 박사는 여기서 라이트 박사가 다룬 갈라디아서 3:10-14의 말씀을 소개한다. 베네마 박사는 이 구절에서 전통적 해석은 그리스도의 대속적 구속을 찾아내는 반면, 라이트 박사는 그런 시도가 잘못이라고 생각한다고 말한다. 라이트 박사는 이 구절을 1세기 유대주의 맥락과 하나님이 이스라엘에게 행하신 언약 약속의 관점에서 이해해야 한다고 주장한다. 그리고 그는 이 구절이 민족적으로 경험한 이스라엘의 포로생활의 저주를 가리키고 있다고 해석한다(p. 132).

베네마 박사는 이제 본 장의 마지막으로 '바울에 관한 새 관점'의 주요 주제를 요약한다.

베네마 박사는 바울에 관한 새 관점 주창자들 사이

에 상당한 차이점이 있는 것을 인정하면서 다음과 같이 요약 평가한다.

첫째, 새 관점 주창자들은 신약 기록과 동시대에 살았던 바리새인들과 유대주의 공동체 가운데 존재했던 종교적 신앙의 패턴을 전반적으로 재평가하는 것을 그들의 연구의 기초로 삼는다.(p. 133).

둘째, 새 관점 주창자들은 종교개혁자들이 성도들의 칭의를 다룰 때 율법과 복음을 날카롭게 구별하는 것은 복음과 바울의 경험을 잘못 읽었기 때문이라고 주장한다(p. 134).

셋째, 새 관점 주창자들은 바울의 칭의 교리가 그의 복음의 중심 주제가 아닐 뿐만 아니라 율법주의의 문제와도 관련되어 있지 않다고 주장한다(p. 135).

넷째, 새 관점 주창자들은 종교개혁자들이 성도의 칭의 문제에 있어서 선행의 역할을 완전히 제거한 것은 잘못된 것이라고 주장한다(p. 136).

제 3부에서 베네마 박사는 '바울에 관한 새 관점'을 냉철하게 평가한다. 베네마 박사는 6. 성경, 신조, 그리고 역사적 재구성, 7. 바울은 '율법의 행위'를 어떤 뜻으로 사용했는가?, 8. '하나님의 의'와 칭의, 9. 칭의와 그리스도의 의의 전가, 10. 칭의와 행위에 근거한 마지막 심판, 11. 결론의 순서로 바울에 관한 새 관점을 평

가한다.

베네마 박사는 6. 성경, 신조, 그리고 역사적 재구
성의 소제목 하에서 종교개혁자들이 바울서신들을 그
자체의 역사적 맥락에서 바르게 이해하지 못했다고 전
제하고 바울 서신들을 새로운 관점에서 읽어야 한다고
주장하는 새 관점 주창자들의 견해를 평가한다. 베네마
박사는 이 일을 진행함에 있어서 새 관점 주창자들의
견해가 다양하기 때문에 모든 견해에 적절한 평가를 할
수 없음도 인정한다(p. 144).

베네마 박사는 새 관점 주창자들의 방법론을 설명
하면서 새 관점 주창자들은 자신들의 방법이 바로 종교
개혁자들의 "오직 성경"(sola Scriptura)의 방법을 따
른 것이라고 주장한다고 설명한다. 그러면서 새 관점
주창자들은 칼빈이나 루터 그리고 많은 다른 개혁자들
이 우리에게 현재 제공된 모든 도구를 사용하여 성경
을 새롭게 읽는 것이 옳은 방법임을 지지할 것이라고
주장 한다(p. 145, Cf. Wright, "New Perspectives
on Paul."http://www.ntwrightpage.com/ Wright_
New_ Perspectives.htm.).

(1) 성경의 중요성
베네마 박사는 새 관점 주창자들이 '성경의 중요성'

을 중요하게 생각한다고 주장하지만, 실제로는 성경을 무시하고 있다고 지적한다. 베네마 박사는 종교개혁자들은 13개의 바울서신을 모두 진정한 것으로 인정한 반면, 새 관점 주창자들은 오직 7개의 서신만 진정한 것으로 인정하기 때문에 그들의 '성경의 중요성' 원리에 문제가 있다고 지적한다. 그들은 골로새서, 에베소서, 데살로니가후서, 디모데전서, 디모데후서, 디도서를 바울의 작품이 아닌 것으로 취급한다(p. 148, Cf. E.P. Sanders, Paul and Palestinian Judaism. Philadelphia: Fortress Press, 1977, p. 431).

(2) 종교개혁의 고백서들의 권위

베네마 박사는 종교개혁의 고백서들은 칭의가 현재와 미래 어느 때든지 항상 믿음으로만 가능하다고 가르치고 있는데 새 관점 주창자들은 이를 받아들이지 않는다고 설명한다. 라이트 박사는 교회사에 나타난 칭의에 관한 논의는 어거스틴(Augustine)으로부터 시작하여 잘못된 방향으로 흘렀고 지금까지 그곳에 머물고 있다고 주장한다(p. 149, Cf. Wright, What Saint Paul Really Said, p. 115). 베네마 박사는 종교개혁의 고백들이라도 성경위에 존재할 수 없는 것은 확실하지만, 새 관점 주창자들은 교회가 합의를 거쳐 만든 교리를 인정하지 않고, 또한 역사적 고백들을 평가하면서 '잘못이 있다고 인정되기 전까지는 옳다'는 일반원리를 따르려 하지 않는다고 평가한다.

(3) 역사적 재구성의 보조적 역할

베네마 박사는 성경이 정확무오한 하나님의 말씀이기 때문에 역사적 연구를 통한 재구성은 신중하게 접근해야 한다고 말한다. 베네마 박사는 새 관점 주창자들이 확실하지도 않은 역사적 연구의 결과를 성경위에 위치시키는 일을 하고 있다고 평가한다. 베네마 박사는 마태복음 23장에서 묘사된 유대인들의 태도에 관한 샌더스(Sanders)의 해석을 예로 들면서 가능성이 희박한 결론으로 성경 본문을 지배하는 해석을 해서는 안 된다고 평가한다(pp. 150-151, Cf. Wright, Paul and Palestinian Judaism, p. 426).

베네마 박사는 '새관점 주창자들의 방법론' 다음으로 샌더스의 제2 성전 유대주의에 관한 견해에 대해 질문을 던진다. 베네마 박사는 샌더스 박사의 바울에 관한 새 관점 연구가 바울 연구에 혁명적인 변화를 가져왔다는 견해에 라이트 박사도 동의한다고 지적한다(pp. 151-152). 그리고 베네마 박사는 새 관점 주창자들이 제2 성전 유대주의에서 하나님의 은혜의 선도적인 역할(the initiatives of God's grace)을 발견하고 그 이론을 근거로 제2 성전 유대주의를 '언약적 율법주의'(covenantal nomism)라고 설명한다고 말한다(p. 152). 그런데 "언약적 율법주의는 우리들이 은혜로 언약의 관계 안으로 들어가는(get in)것이며 또한 우리들이 행위로 그 언약의 관계 안에 머물러 있어야(stay in)한다는 뜻이다"(p. 152). 베네마 박사는 이렇게 제2 성전 유대주의를 간단하게 정리한 후에 4 개의 질문을 던진다.

① '언약적 율법주의'는 얼마나 강력한 대안인가?

베네마 박사는 제2 성전 유대주의에 관한한 샌더스(Sanders)의 연구가 타의 추종을 불허할 만큼 획기적인 것임을 치하한다. 샌더스가 주전 200년에서 주후 200년까지의 유대주의 이해에 필요한 문헌들을 철저하게 연구한 사실은 인정받아 마땅하다. 그럼에도 불구하고 베네마 박사는 샌더스 박사의 '언약적 율법주의' 연구에 '옥에 티'(flies in the ointment)와 같은 약점이 있다고 지적한다.

첫째, 샌더스가 제2 성전 유대주의에 나타난 '종교의 패턴'(pattern of religion)에 초점을 맞춘 사실이 심각한 약점이다(p. 154).

둘째, 샌더스는 유대주의 안에서의 '종교의 패턴'을 발전시키면서 제2 성전 유대주의가 미래의(종말론적) 언약 공동체의 정당성을 어떻게 설명하는지에 대해서는 별로 관심을 갖지 않았다(p. 155). 만약 미래의 언약 공동체가 어떻게 하나님의 백성으로 인정을 받게 되는지에 대해 좀 더 많은 관심을 가졌다면, 하나님의 은혜와 율법에 대한 순종에 대해 균형 잡힌 판단을 하였을 것이다.

셋째, 샌더스의 광범위한 연구에도 불구하고 카슨(D.A. Carson)박사가 편집한 "칭의와 다양한 율법주의"(Justification and Variegated Nomism)가 제시한 것처럼 제2 성전 유대주의에 관한 중요한 문헌들이 샌더스의 '언약적 율법주의' 개념에 동의하지 않는다(p. 155).

넷째, 샌더스 박사의 연구에서 결점을 찾기 힘들지만 그의 유대주의 연구에서 중요한 자료가 빠진 점을 간과할 수 없다. 샌더스는 요세푸스의 저작이나 제2 에녹서와 같은 자료들을 그의 연구에서 빠트렸다(p. 155).

② '언약적 율법주의'가 논점을 교묘히 피하고 있는 것은 아닌가?

샌더스 박사가 주장하는 '언약적 율법주의'가 기독교 역사상에 나타났던 반(半)펠라기안이즘과 비슷한 형태는 아닌가? 라는 의구심을 갖게 한다. 비록 제2 성전 유대주의의 분파들 사이에 여러 가지 차이점을 인정한다 하더라도, 그 분파들의 종교행위는 '스스로의 도덕적 능력으로 하나님께 대한 의무를 실천해 나간다'(pulling oneself up to God by one's moral bootstraps)는 말로 요약할 수 있다(p. 156). 결국 '언약적 율법주의'는 성도들의 현재와 미래의 칭의가 하나님의 선도적인 은혜와 우리들의 율법에 대한 순종에 달려있다고 주장하는 것이다(p. 158).

③ 반(反)유대주의(anti-Semitism)에 대한 두려움과 다른 사회적 관심이 바울에 관한 새 관점에 미치는 역할은 무엇인가?

새 관점 주창자들은 종교개혁자들이 16세기에 발생한 자신들의 역사적 형편에 비추어 바울 사도의 편지를 읽었기 때문에 그 내용을 잘못 이해했다고 주장한다. 베네마 박사는 아무도 종교개혁자들이 그 당시 로마교회와의 상충 관계가 바울의 편지를 읽는데 영향을 미치지 않았다고 말하지 않는다고 전제한다. 그리고 베네마 박사는 "바울에 관한 새 관점"의 경우도 비슷한 상황이 벌어졌을 수 있다고 말한다. 즉, 새 관점 주창자들이 자신들이 처해 있는 문화적 역사적 요인들에 비추어 제2 성전 유대주의를 이해했을 수 있다고 말하는 것이다(p. 159). 이와 같은 사실은 새 관점 주창자들이 전통적인 종교개혁자들의 논쟁에서 반(反)유대주의 사상이 광범위하게 존재한다고 주장하는데서 확인된다(p.

159).

또한 라이트(Wright)박사는 '바울에 관한 새 관점'이 이방인과 유대인 모두를 하나님의 언약 가족에 포함시키는 것을 강조하기 때문에 칭의 개념은 기독교 신앙의 위대한 교회론적(ecumenical) 교리라고 주장한다. 베네마 박사는 이와 같은 주장이 현 시대의 문화적 사회적 관심에 비추어 칭의 개념을 포괄적인 교리로 새롭게 보도록 영향을 미쳤다고 평가한다(p. 160). 베네마 박사는 칭의 개념을 문화적 사회적 관심에 비추어 이해하려는 시도에 대해 그 시도의 문제점을 제시한다(pp. 160-162).

④ 구약과 제2 성전 유대주의의 구별은 어떻게 생각해야 하는가?

베네마 박사는 여기서 새 관점 주창자들이 구약의 교훈과 1세기의 유대주의의 종교적 관습 사이의 차이점들을 적절하게 다루었는지에 대해 의구심을 제기한다. 새 관점 주창자들은 종교개혁자들이 바울의 복음과 유대주의 사이의 중요한 연속성을 이해하는데 실패했다고 주장한다(p. 163). 새 관점 주창자들은 종교개혁자들, 특히 루터가 '복음'과 '율법'과의 관계를 날카롭게 대칭시키므로, 그리스도의 복음을 '율법의 완성'으로 보는 바울의 견해를 제대로 깨닫지 못했다고 주장한다(p. 163).

하지만 종교개혁자들은 바울의 칭의 교리가 그 당시 유대주의 내에서는 찾아 볼 수 없는 새로운 교훈으로 행위와 관계없이 믿음으로만 성취할 수 있는 것이라고 가르친다. 새 관점 주창자들은 종교개혁자들이 허용하는 범위를 넘어 바울의 교훈과 유대주의 사이에 실질적인 연속성이 있다고 주장한다(p. 163).

새 관점 주창자들이 바울의 칭의 교리와 유대주의를 이해하는데 있어서 나타나는 그들의 약점은 바울이 유대주의 자체를 반대한 것이 아니요, 1세기 당시 유대주의의 특별한 형태를 반대했다는 사실을 깨닫지 못한 것이다(p. 164). 바울이 유대주의내의 율법주의를 반대했다고 생각하는 종교개혁자들은 바울의 교훈이 구약의 교훈과 상치된다고 생각하지 않는다. 바울이 반대한 것은 구약의 교훈이 아니요, 유대주의자들이 구약의 교훈을 왜곡시킨 것을 반대한 것이다. 그리고 종교개혁자들이 이해하는 바울의 칭의의 교리는 유대주의 자체나 구약의 교훈과 상치되는 것이 아니다. 바울 사도는 유대주의자들이 하나님의 은혜를 자신들의 칭의의 수단으로 왜곡시키는 것을 문제 삼은 것이다(p. 164).

베네마 박사는 지금까지의 연구가 이제 칭의 문제에 대해 바울의 서신들을 직접 연구하는데 발판이 되었다고 정리한다. 그리고 우리는 새 관점 주창자들이 샌더스 박사의 제2 성전 유대주의 연구를 너무 과대평가하지 않았는지 질문해야 한다고 말한다.

베네마 박사는 7. '바울은 율법의 행위를 어떤 뜻으로 사용했는가?'의 소주제로 '바울에 관한 새관점'을 평가한다. 베네마 박사는 이제 중요한 시험이 남아 있는데 그것은 새관점 추종자들이 바울의 서신들, 특히 바울의 칭의개념을 올바로 이해했는지에 대해 바울서신 자체를 통해 검증할 필요가 있다고 말한다(p. 169). 바울은 그의 서신에서 '율법'(law) 또는 '율법의 행위'(works of the law)라는 용어를 사용한다. 그런데 종교개혁자들은 율법의 행위 없이 믿음으로만 칭의를 이룰 수 있다고 가르치는 반면, 새관점 주창자들은 율법의 행위를 이방인들이 언약 공동체 안으로 들어오는데 필요한 '경계 표지'(boundary markers) 역할을 하는 것으로 해석한다(p. 170). 종교개혁자들은 율법에 대한 바울의 이해를 인간의 죄 문제와 관련하여 구원론관점에서 이해하는 것으로 해석하지만, 새 관점 주창자들, 특히 던(Dunn)과 라이트(Wright)는 바울이 율법 문제를 사회적인 각도에서 말했다고 해석한다(p. 170). 이와 같이 종교개혁자들과 새관점 주창자들 사이에 바울이 사용한 용어 이해에 차이점이 있기 때문에 베네마 박사는 우선 "율법이란 용어의 다양한 용법"을 간단히 정리한 후(pp. 172-173), 1. '율법의 행위'는 무슨 뜻인가? 2. 율법은 인간의 무능을 노출시키는가? 3. 바울은 율법주의를 반대했는가? 혹은 인간 능력의 자랑을 반대했는가?로 구분하여 바울 서신 중 해당되는 구절을 직접 해석함으로 그 답을 제시한다.

베네마 박사는 1. '율법의 행위'는 무슨 뜻인가? 를 다루면서 갈라디아서와 로마서를 집중적으로 해석한다. 갈라디아서는 '율법의 행위'라는 용어를 중점적으로 사용한다. 그런데 갈라디아서 2:15-17은 '율법의 행위'를 단순히 '경계 표지'를 가리키는 것으로 사용하지 않으며(p. 175), 갈라디아서 3:11-14도 '율법'을 '경계 표지'만을 가리키는 것으로 사용하지 않고 율법 전체를 생각하고 사용했으며(pp. 176-177), 갈라디아서 5:2-4은 바울을 반대하는 자들이 할례를 하나님의 백성이 되는 '경계 표지'로 사용했지만, 바울은 전체 율법을 지켜야 한다고 가르치고 있으며(p 177), 그리고 갈라디아서 6:13에서 바울이 율법 지키는 일에 그의 반대자들이 실패했다고 지적하는 것은 단순히 그들이 '경계 표지'를 충족시키지 못한 것을 책망한 것이 아니라고 정리한다. 왜냐하면 바울의 책망을 받은 사람들은 새 관점 주창자들이 "경계 표지"로 제시하는 할례를 이미 받은 사람들이기 때문이다(p. 178).

그리고 베네마 박사는 로마서가 가르치는 '행위'와 '율법의 행위'라는 용어 사용에 대해서 설명한다. 먼저 '행위'의 용법은 로마서 2:6에서 바울이 '행위'의 의미를 전 포괄적으로 사용하여 유대인이나 이방인 할 것 없이 모든 사람의 행위를 포함하는 것으로 사용했다고 해석하며(p. 179), 로마서 4장에서 바울은 '행위'를 인간의 노력을 통한 공로로 생각하고 아브라함이 의롭게 된 것은 행위를 통한 것이 아니요 오직 믿음으로 받은 것이라고 해석한다. 따라서 믿음으로 받은 칭의를 '경계 표지'만으로 해석하는 새 관점의 해석은 바울을 잘못 읽은 것이라고 지적한다(p. 180). 그리고 로마서 9장은 '행위'를 사용할 때 하나님의 선택의 목적과 연계함으로 야곱이 선택받은 것은 '행위' 때문이 아니요 하나님의 선택 때문이라고 말함으로 여기서 사용되는 '행위'는 가장 일반적인 의미의 인간의 행동을 가리킨 것으로 이해해야 한다고 해석한다(pp. 180-181).

이제 베네마 박사는 로마서에서 사용되는 '율법의 행위'의 용법을 로마서 3:20과 로마서 3:28을 해석함으로 정리한다. 베네마 박사는 로마서 3:20에서 바울이 '율법의 행위'와 '칭의'를 연계시킬 때 '율법의 행위'가 율법이 요구하는 책임을 지키지 못하는 모든 실패를 가리키지, 단순히 새 관점 주창자들이 주장하는 데로 '경계 표지'를 실천하지 못한 것을 뜻하지 않는다고 해석하고(p. 181), 로마서 3:28에서는 이 구절이 얼핏 보기에는 새 관점 주창자들이 주장하는 할례와 같은 '경계 표지'를 가리키는 듯 보이나 바로 다음절 (롬 3:29)에서 하나님은 유대인과 이방인 모두의 하나님이시라는 언급에 비추어 해석할 때 '율법의 행위'가 인간의 모든 행위를 가리키는 것이 더 타당하며 새 관점 주창자들의 견해는 받아들일 수 없다고 해석한다(p. 182).

베네마 박사는 2. 율법은 인간의 무능을 노출시키는가?를 다루면서 갈라디아서 3:10과 갈라디아서 5:3, 그리고 로마서 3:9-26을 해석한다. 베네마 박사는 율법은 인간의 무능을 노출시킨다고 전제하고 갈라디아서 3:10에서 바울이 가르치는 교훈은 아무도 율법에 기록된 요구를 실현할 수 없기 때문에 모든 사람이 율법의 저주아래 있을 수밖에 없다는 것이다. 바울은 새 관점 주창자들의 주장처럼 갈라디아서 3:10이 율법의 '경계 표지'를 충족시키지 못한 것을 지적한 것이 아니요, 어느 누구도 율법을 행함으로 칭의를 받아 구원을 얻을 수 없으므로 모든 사람이 하나님의 저주에서 피할 수 없게 될 것임을 가르친다고 해석한다(p. 185). 바울은 갈라디아서 5:3에서 할례를 받아야 하나님의 백성에 포함될 수 있다고 생각하고 할례를 받는 사람들은 율법 전체를 행할 의무가 있다고 가르친다. 바울은 본 구절에서 아무도 율법 전체를 실천할 수 있는 사람이 없다는 것을 인정하고 칭의 혹은 구원은 율법의 실천을 통해서가 아니요 오직 믿음을 통해서 가능하다는 것을 가르친다고 해석한다(p. 186). 그리고 베네마 박사는 바울이 로마서 3:9-26에서 율법이 인간의 무능을 드러내는 역할을 한다고 가르치기 때문에 "율법의 행위로 그의 앞에 의롭다 하심을 얻을 육체가 없나니 율법으로는 죄를 깨달음이니라"(롬 3:20)고 말했다고 해석한다(p. 187). 따라서 바울은 아무도 율법의 행위로는 의롭다 인정함을 받을 수 없기 때문에 믿음으로만 의롭게 될 수 있다고 가르친다.

베네마 박사는 지금까지 연구한 구절들의 내용을 볼 때 율법의 기능은 인간의 무능과 죄성을 드러내는 역할을 하며 칭의는 율법의 행위를 통해서가 아니요 그리스도를 믿는 믿음으로만 가능하다고 설명한다.

본장의 마지막 부분인 3. 바울은 율법주의를 반대 했는가? 혹은 인간 능력의 자랑을 반대 했는가?라는 질문을 제기한 다음 그 답으로 베네마 박사는 여기서 로마서 3:27-4:8과 로마서 9:30-10:8, 그리고 빌립보서 3:2-11을 해석한다.

베네마 박사는 로마서 3:27-4:8에서 바울이 '믿음의 법' 안에서는 자랑이 있을 수 없다고 말하고(롬 3:27), 율법의 행위를 통해서가 아니라 믿음으로 의롭게 된다는 것을 확실히 한다고 설명한다. 새 관점 주창자인 샌더스(Sanders) 박사는 이 구절에서 바울이 율법주의(legalism)를 반대하고 있다는 증거를 찾을 수 없다고 말한다. 그리고 샌더스는 이 구절이 단순히 행위로는 의롭다함을 얻을 수 없기 때문에 어차피 인간의 공로가 자랑거리가 될 수 없다는 것을 가르친다고 주장한다(p. 192). 그런데 새 관점 주창자로 분류되는 던(Dunn)은 바울이 본 구절에서 정죄하는 것은 유대주의의 배타성에서 나온 자랑이라고 해석한다(p. 192).

새 관점 주창자들이 이렇게 바울이 본 구절에서 율법주의(legalism)를 반대하고 있는 것은 아니라고 주장하고, 또한 본 구절에서 바울은 유대주의의 배타성에서 나온 자랑을 정죄하는 것이라고 주장하는 이유는 율법의 요구를 실천하는 것(행위)과 의롭게 되는 것(칭의)을 연계시키기를 원하지 않으며, 오히려 바울의 정죄를 유대인들의 배타성에서 나온 자랑과 연계함으로 바울이 유대인들의 배타성을 공격하고 있다고 결론짓기 위해서이다. 새 관점 주창자들의 이와 같은 접근은 바울의 칭의 개념을 하나의 '경계 표지'(boundary marker)로 국한시키기 위해서이다. 베네마 박사는 "이 문맥에 가장 적합한 자랑의 종류는 인종적 특권이나 유대주의적 특징을 자랑하는 것을 뜻하지 않고, 우리들의 칭의의 근거로 생각될 수 있는 어떤 업적이나 행위를 자랑하는 것을 뜻한다"(p. 193)라고 정리한다. 새 관점 주창자들은 유대인의 자랑을 유대인들의 배타주의에 국한시키지만 종교개혁자들은 칭의의 근거가 되는 어떤 행위도 자랑할 수 없다는 의미로 바울이 사용했다고 해석한다.

그리고 베네마 박사는 로마서 9:30-10:8에서 바울은 로마서 4장에서와 마찬가지로 이스라엘 백성 중 많은 사람들이 의롭게 되는 것이 "율법에 대한 순종"으로 이룰 수 있다고 생각하는 것을 비판하고, 의롭게 되는 것은 율법의 순종으로 가능하지 않고 예수 그리스도를 믿음으로만 가능함을 가르친다고 정리한다(p. 194).

베네마 박사는 본문에서 바울 사도는 이스라엘 백성이 그리스도를 믿지 못하는 불신은 이스라엘 백성 스스로 자신들의 의를 이루려고 했기 때문임을 가르친다고 설명한다(p. 195). 베네마 박사는 이 본문도 새 관점 주창자들의 주장을 지지해 주지 않는다고 주장한다.

이제 베네마 박사는 마지막으로 빌립보서 3:2-11을 해석한다. 샌더스 박사는 본문을 개인적인 의미로 읽어서는 안 된다고 해석한다. 샌더스는 바울이 여기서 다루는 것은 하나님 앞에서 그들 자신들이 성취한 의를 자랑하는 것을 뜻하지 않는다고 주장한다.(p. 197). 새 관점 주창자들은 본문에 언급된 바울의 반대와 책망은 율법주의를 반대하는 것이 아니요, 유대인들이 주장하는 언약의 특권에서 이방인들을 배제시키는 배타주의라고 설명한다. 그러나 베네마 박사는 바울이 본문에서 가르치는 것은 율법이 그리스도의 오심으로 대치되었고 율법이 이방인들을 하나님의 백성으로 포함시키는데 장애물 역할을 하고 있음을 가르친다고 설명한다(p. 197). 베네마 박사는 바울이 빌립보서 3:2-11에서 묘사하는 율법을 통한 의는 던(Dunn)이나 다른 새 관점 주창자들이 주장하는 '경계 표지'의 의미가 아니요 그 이상의 뜻을 가지고 있다고 해석한다.

베네마 박사는 8. '하나님의 의와 칭의'의 소주제로 '바울에 관한 새 관점'을 평가한다. 베네마 박사는 '하나님의 의'의 뜻을 설명하고 새 관점 주창자들이 이해하는 '하나님의 의'를 정리한다. 그리고 로마서에서 사용되는 '하나님의 의'를 로마서 1:17과 로마서 3:21-26, 그리고 로마서 10:3을 주해하여 칭의의 뜻을 정리하고 본 장을 마친다.

새 관점 주창자들은 바울이 사용한 '하나님의 의'와 '칭의'의 개념이 종교개혁자들이 이해하는 것과 다르다고 주장한다. 종교개혁자들은 '하나님의 의'를 하나님의 선물로 생각하며 그 '하나님의 의'가 그리스도 안에서 성도들에게 주어졌고 전가되었다고 믿는다. 종교개혁자들은 죄인들을 의롭게 하는 '하나님의 의'가 성도 자신들의 것이 아니요 전가된 의라고 가르친다(p. 206). 따라서 종교개혁자들은 칭의가 유대인이나 이방인이나 누구든지 하나님 앞에서 인정함을 받는 종교적 문제이기 때문에 대단히 중요하게 생각했다(p. 207). 그런데 새 관점 주창자들은 '하나님의 의'와 '성도들의 칭의'를 구속역사의 맥락 안에서 이해해야 한다고 말하고 특히 아브라함에게 주신 하나님의 언약 실현의 관점에서 이해해야 한다고 주장한다(p. 208). 따라서 라이트(Wright) 박사는 '하나님의 의'가 불의한 자는 징계하시고 의로운 자는 보상하시는 하나님의 도덕적 성품과는 상관이 없으며, 오히려 '하나님의 의'는 행동으로 나타내 보이는 하나님의 언약 성취의 신실성을 가리킨다고 이해한다(p. 208). 새 관점 주창자들은 '칭의'가 하나님 앞에서 죄인이 어떻게 의롭게 되느냐를 가르치지 않고, 누가 하나님의 언약 백성의 숫자에 포함되느냐를 가리킨다고 이해한다(p. 210). 그러므로 새 관점 주창자들은 바울의 칭의 개념은 구원론(soteriology)에 해당하지 않고, 교회론(ecclesiology)에 해당한다고 주장한다(p. 210).

베네마 박사는 이제 새 관점 주창자들이 잘못 해석하는 로마서의 구절을 해석한다. 베네마 박사는 먼저 로마서 1:16-17에서 새 관점 주창자들이 '하나님의 의'를 하나님께서 그의 언약을 지키는 성실성으로 이해하는데 만약 바울이 그런 뜻을 우리에게 전달하기를 원했다면 본문을 "복음은 그의 백성과의 약속을 지키시는 언약의 주님의 신실성을 나타내신다"(The gospel reveals the faithfulness of the covenant Lord in keeping his promise made to his people.)고 기록했어야 옳다고 말한다(p. 214). 베네마 박사는 로마서 1:16-17이 의롭게 되는 데에 법정적 선언을 강조하고 있으며 또 '하나님의 의'와 믿음이 밀접하게 관계되어 있음을 설명하고 있다고 정리한다. 그리고 바울이 본문에서 사용한 '하나님의 의'는 하나님이 악한 자는 벌주시고, 의로운 자는 구원하신다는 뜻으로 사용되었다고 해석한다(p. 215). 구약을 배경으로 한 '하나님의 의'의 개념을 통해 바울은 예수 그리스도의 복음이 하나님 앞에서 그의 백성들의 의로운 상태를 확보하는 하나님의 법정적 행위를 나타내고 있다고 확인한다(p. 217).

따라서 새 관점 주창자들은 로마서 1:16-17을 잘못 해석하고 있다고 베네마 박사는 정리한다.

베네마 박사는 두 번째로 로마서 3:21-26에서 사용한 '하나님의 의'는 로마서 1:18-3:20의 더 넓은 맥락에 비추어 이해해야 한다고 말하고 '하나님의 의'는 죄인을 향한 하나님의 진노와 심판과 연계하여 이해해야 한다고 해석한다(p. 218). 베네마 박사는 로마서 3장에서 바울은 특별히 그리스도의 사역과 연관하여 두 개의 중요한 단어, 즉 '속량'(redemption)과 '화목제물'(propitiation)을 사용하고 있다고 지적한다. 속량은 그리스도가 흘리신 피로 그의 백성을 죄의 속박에서 해방시키는 것을 뜻하고(p. 219), 화목제물은 하나님이 그리스도의 흘리신 피 때문에 그의 백성의 죄에 대한 그의 진노를 대리적으로 참으신 것을 뜻한다(p. 220). 베네마 박사는 로마서 3:21-26에서 사용된 '하나님의 의'는 그리스도의 십자가상의 대속적 죽음 때문에 그리스도를 믿는 성도가 의롭다함을 인정받는다는 뜻으로 사용되었다고 정리한다(p. 220).

베네마 박사는 이제 로마서 10:3의 말씀을 다룬다. 로마서 10:3은 '하나님의 의'와 '자기 의'를 대칭시킨다. 바울이 반대하고 있는 것은 하나님의 의를 얻는데 믿음을 통해서가 아니요 하나님의 율법을 순종함으로 이룰 수 있다고 생각하는 태도이다. 본문에서 '하나님의 의'는 예수 그리스도 안에서 마련해 주신 하나님의 은혜로운 선물이며, 행위가 아니요 믿음으로 그 선물을 받는 사람에게 허락하시는 의롭고 새로운 신분(the gift of a new status)을 가리킨다(p. 221).

베네마 박사는 이제 '칭의'의 뜻을 간략하게 정리하고 본 장을 마무리 한다. 새 관점 주창자들은 '칭의'를 하나님이 언약 백성이 누구인지를 결정하는 언약 백성 멤버십의 '인식표'(badge)처럼 이해한다. 그러나 종교개혁자들은 바울의 칭의에 대한 개념을 올바로 이해했는데, '칭의'는 정죄 받아 마땅한 죄인들을 그리스도 안에서 용서하시고 그들에게 의롭다는 새로운 신분을 부여하시는 의미로 사용되었다고 정리한다. '칭의'는 '누가 언약의 백성이냐'를 묻는 용어가 아니요, '누가 죄가 있고 가치가 없음에도 불구하고 하나님 앞에 의로운 자로 설 수 있느냐'를 묻는 용어라고 정리한다(p. 226). 베네마 박사는 '칭의'는 이방인을 언약백성 안으로 포함시킨다는 의미의 '교회론'에 속한 교리가 아니요, 죄인이 어떻게 하나님 앞에서 의롭게 되고 구원을 받을 수 있느냐를 가르치는 '구원론'에 속한 교리라고 정리한다(p. 228).

베네마 박사는 9. '칭의와 그리스도의 의의 전가'의 소주제로 '바울에 관한 새 관점'을 평가한다. 베네마 박사는 개신교와 로마 캐톨릭의 중요한 차이중의 하나는 성도들이 의의 근거를 어떻게 이해하느냐에 관계되어 있다고 정리한다. 결국 "성도들의 의가 전적으로 '전가된 의'(imputed righteousness)에 달려 있느냐?" 아니면 "성도들의 의가 성령으로 받은 하나님의 은혜에 더하여 성도들 자신의 순종의 행위를 통해 받은 '주입된 의'(infused righteousness)도 부분적으로 역할을 하느냐?의 두 질문으로 요약된다. 전자는 개신교의 입장이요, 후자는 로마 캐톨릭의 입장이다(p 232).

그런데 라이트 박사는 '전가의 개념'을 인정하지 않

는다. 새 관점 주창자들은 '칭의'를 언약 백성의 멤버
십이 되는 하나의 '인식표'로 이해하기 때문에 칭의의
전가를 받아들일 수 없는 것이다. 따라서 베네마 박사
는 의의 전가와 연관된 성경 구절을 다룬다. 베네마 박
사는 1. 로마서 4:2-6(창 15:6), 2. 로마서 5:12-
19, 3. 빌립보서 3:8-9, 4. 고린도후서 5:19-21을
차례로 다룬다.

베네마 박사는 로마서 4:3-5에서 창세기 15:6의
"아브람이 여호와를 믿으니 여호와께서 이를 그의 의
로 여기시고"(창 15:6, 개역개정)의 구절을 주목한다.
구약이나 바울이 사용한 용어는 "그에게 의로 여겨진
바 되었느니라"(롬 4:3-5)이다. 베네마 박사는 우리
들이 본문을 아브람의 믿음을 그의 의로 여겼다고 읽을
수 있기 때문에 본문에서 언급하는 '전가된 의'가 종교
개혁자들이 주장하는 데로 '그리스도의 의'가 아니요,
본문의 의는 '주격적 의' 즉 '아브라함이 하나님을 믿
는 행위'를 뜻하는 것으로 읽을 가능성이 있다고 전제
한다. 그러면서 베네마 박사는 몇 가지 이유를 들어 본
문을 그렇게 읽어서는 안 된다고 설명한다(p. 235).

첫째, 바울이 "아브라함이 하나님을 믿으매 그것이
그에게 의로 여겨진 바 되었느니라(롬 4:3)고 말할 때
본문에서 전치사 에이스(eis)를 사용했다. 그 이유는
아브라함의 믿음 자체가 하나님 앞에서 그의 의가 된다

는 뜻이 아니요, 아브라함의 믿음이 의를 향한다, 그의 믿음이 의를 붙든다는 의미를 나타내기 위해서이다(참고 롬 10:10). 즉 아브라함의 믿음이 그리스도를 붙들 었기 때문에 그것을 의로 여기신 것이다.(p. 235).

둘째, 바울이 창세기 15:6을 사용하여 '의의 전가' 를 설명할 때 삯 혹은 보수의 의미로 사용하지 않고, 무상 선물(free gift)로 설명한다(p. 236).

셋째, 로마서 3장과 4장에서 바울은 믿음의 의가 주격적 의(자신이 이루는 의)가 아니요 성도들에게 전가해준 객관적이요 외부적 의라고 증거 한다. 바울 사도는 칭의가 불경건한 자를 향한 행위이기 때문에 행위와 상관없이 발생해야만 한다고 설명하고 있다(p. 237).

베네마 박사는 이와 같은 이유로 볼 때 로마서 4:2-6은 인간이 스스로 성취한 의가 아니요, 그리스도의 의가 믿는 성도에게 전가된 의를 가르치고 있다고 정리한다.

베네마 박사는 로마서 5:12-19에서 바울은 칭의의 교리를 다루면서 첫 사람 아담과 마지막 아담 예수 그리스도를 비교한다. 그리고 바울은 한 사람 아담의 한 범죄로 인해 모든 사람이 정죄에 이른 것 같이, 그리스도 안에 있는 모든 사람이 그리스도의 한 의로운 행위 때문에 칭의를 받게 되었다고 설명한다(p. 238). 바울은 로마서 5:12-19에서 성도들에게 전가한 그리스도의 의를 가르치고 있는 것이다.

베네마 박사는 이제 빌립보서 3:8-9을 다룬다. 베네마 박사는 본 구절이 누가 바울의 대적인 것을 밝히지 않고 또한 본 구절이 '전가된 의'를 구체적으로 언급하지는 않지만 본 구절의 개념은 확실하다고 정리한다. 바울은 "율법에서 난 내가 가진 의"와 "믿음으로 하나님께로부터 난 의"를 비교하면서 자신이 사용하고 있는 의는 자기 자신의 의가 아니요, 자신 밖으로부터 오는 의라고 분명히 밝힌다(p. 241). 그러므로 바울이 본문에서 사용하는 의는 율법을 순종함으로 오는 자신의 의가 아니요 그리스도가 그의 십자가상의 죽음으로 이루신 의를 성도가 전가 받은 것이다.

이제 베네마 박사는 고린도후서 5:19-21에서 그리스도의 전가된 의를 다루고, 신학적 결과를 설명한 후 본 장을 마무리 한다. 베네마 박사는 본 구절이 그리스도의 의를 성도들에게 전가 한다는 구체적인 언급은 하지 않지만 다른 어느 성경 구절보다도 더 명백하게 '전가의 교리'를 가르치고 있다고 정리한다(p. 241-242). 베네마 박사는 성도들이 그리스도와 연합됨으로 말미암아 "우리의 죄는 그리스도에게 전가되었고, 그리스도의 의는 우리에게 전가되었다"(p. 242)는 핫지(Charles Hodge, A Commentary on 1 and 2 Corinthians. London: Banner of Truth, 1958, p.

526)의 말을 인용해서 설명한다.

베네마 박사는 이제 신학적으로 뒤따라 나올 결과를 간략하게 정리한다. 성도가 그리스도의 의의 전가로 믿음으로 구원을 얻는다는 교리를 부정하려는 사람들은 지금부터 다루려고 하는 '신학적 결과'(Theological corollaries)를 인정하려하지 않는다(p. 242).

베네마 박사는 1. "오직 믿음, 오직 그리스도"의 주제아래 종교개혁자들의 '믿음으로 만,' '그리스도로 만'의 뜻을 정리한다. 종교개혁자들이 칭의가 행위를 통해서가 아니요 '믿음으로만'(Sola Fide) 성취될 수 있다고 가르치는 것은 믿음이 의의 선물을 무상으로 받을 수 있는 수단이 되기 때문이다. '전가의 교리'가 칭의의 근거를 우리들의 행위 밖에서 찾는다면, 당연히 우리가 선물로 받은 '믿음으로 만'이 하나님께서 죄인들을 의롭다하시는 행위의 수단이 될 수밖에 없다(p. 243). 베네마 박사는 우리들의 칭의가 '그리스도로 만'(Solo Christo) 가능하다는 말은 그리스도의 의가 전가를 통해 우리들의 것이 되었다는 뜻과 같다고 말한다. 하나님 앞에서 죄인들은 그리스도가 이룬 의를 전가 받음으로만 의롭게 될 수 있다.

베네마 박사는 2. "대표개념, 연합개념, 그리고 전가개념"을 정리한다. 죄인이 '믿음으로 만' 그리고 '그리스도로 만' 의롭게 될 수 있다는 말은 '그리스도의 대속'(Christ's substitutionary atonement), '믿음으로 그리스도와 성도의 연합'(Believer's union with Christ through faith), 그리고 '전가의 개념'(Imputation)을 떠 올릴 수밖에 없다. 그리스도의 삶은 그의 백성들을 대신해서 사신 것이요, 성도들은 믿음으로 그리스도와 연합되어 그리스도가 그들을 위해 성취하신 모든 것을 자신의 것으로 소유할 수 있게 된다(p. 243). 하나님이 그리스도의 의를 성도들에게 전가했다는 말은 그리스도의 대속적 죽음과 믿음으로 성도들이 그리스도와 연합되었다는 사상을 뒷받침 할 수밖에 없다(pp. 243-244). 그런데 근래에 갈링톤(Don Garlington)이 성도가 하나님의 의로 인정받을 수 있는 형식은 그리스도와의 연합을 통해서이지, 그리스도의 의를 성도들에게 전가했기 때문이 아니라고 말한 것은 성경의 교훈을 축소시킬 뿐이다(p. 244). 우리는 '대표개념,' '연합개념,' 그리고 '전가 개념' 을 동시에 받아들일 수밖에 없다.

베네마 박사는 3. "율법적 허구인가?" 라는 질문을 한다. 때로 '전가의 교리'가 율법적 허구(legal fiction)라고 비평을 받는다. 왜냐하면 죄인은 죄인 그대로 남아 있는데 하나님이 그들을 의롭다고 선언하시는 것은 잘못이라는 것이다. 같은 이유로 많은 사람들이 아담의 죄책을 후손들에게 전가하는 것을 받아들이지 않는다(p. 245). 이런 비평은 전통적으로 로마 캐톨릭이 종교개혁의 교훈을 비평하는 입장이며, 이런 견해가 최근의 '전가 교리'를 비평하는데도 일정 역할을 했다.

그러나 두 가지 이유로 이들의 평가를 받아들일 수 없다. 첫째로, 여기서 우리의 관심사는 아니지만 이와 같은 견해가 그리스도께서 의롭다하신 성도를 그의 성령으로 거룩하게 하시는(성화시키는) 방법을 부인하는 것이다. 칭의를 받은 죄인을 의롭다고 선언하시는 하나님은 그의 성화의 과정을 통해 죄인을 의롭게 만드시는 것이다(p. 245). 둘째로, 이런 비평은 그리스도의 사역을 근거로 불의한 자를 의롭다고 선언하시는 하나님을 책망하는 것이 된다. 하나님은 실재(reality)를 근거로 선언하셨는데 그 실재가 허구(fiction)라고 하나님을 비평하는 셈이 되는 것이다(p. 245). 그러나 그리스도를 통한 인간의 구원은 하나님이 작정하신 것이요, 성취된 실재인 것이다.

베네마 박사는 이제 4. '그리스도의 능동적 수동적 순종'을 다룬다. 성도들의 의를 위해서는 그리스도의 능동적, 수동적 순종이 반드시 필요하다. 베네마 박사는 성도들의 칭의를 위해 성도들에게 전가된 그리스도의 의는 하나님의 율법의 모든 의무를 순종하는 그리스도의 능동적 순종과 율법의 모든 책임을 감당하시는 그리스도의 수동적 순종으로 구성되어 있다고 정리한다 (p. 246).

첫째, 그리스도의 능동적, 수동적 순종은 그리스도의 순종의 두 가지 면을 설명한다. 그리스도의 능동적 순종은 하나님께서 그에게 맡기신 모든 것을 기꺼이 온전하게 실천하신 것이요(p. 246), 그리스도의 수동적 순종은 그의 고난과 죽음이 그 자신의 죄 때문이 아니요, 그의 백성들을 위한 것이지만 기꺼이 참고 감당하시는 것이다(p. 247).

둘째, 그리스도의 능동적, 수동적 순종과 관계하여 논의가 되는 것은 그리스도의 의의 전가를 통해 성도들이 그리스도의 능동적, 수동적 사역에 온전하게 참여할 수 있느냐는 문제이다. 그 논의에 대한 답은 그리스도와 성도의 연합 그리고 성도에게 전가한 그리스도의 의가 서로 상관되어 있다는데서 찾을 수 있다. 하나님의 의는 서로 분리해서 생각할 수 없는 그리스도의 순종, 십자가, 그리고 부활 사건 전체를 통해 성취된다. 따라서 그리스도가 그의 생애를 통해 이룬 모든 것이 성도의 것이 되는 것이다(p. 247).

셋째, 칭의의 본질은 단순히 용서(remission)만을 뜻하지 않는다. 칭의는 하나님 앞에서 죄인이 의롭다고 인정받는 것이다. 칭의에 대한 성경의 교훈은 성도가 믿음으로 그리스도의 의에 온전하게 참여하는 것이다. 하나님은 그리스도가 만족스러운 것처럼 그리스도를 믿는 모든 사람들이 만족스럽다고 선언하시는 것이다(p. 249).

이제 베네마 박사는 메이첸(J. Gresham Machen) 박사의 이야기로 본장의 결론을 삼는다. 메이첸 박사는 그가 죽기 직전 그의 동료 머레이(John Murray) 박사에게 "나는 그리스도의 능동적 순종을 감사하게 생각한다. 그리스도의 능동적 순종 없이는 소망도 없다"(I'm so thankful for active obedience of Christ. No hope without it.)라고 썼다. 베네마 박사는 메이첸의 말은 그리스도의 의의 전가 교리를 개인적인 차원에서 잘 표현하고 있다고 정리한다(p. 249).

베네마 박사는 10. '칭의와 행위에 근거한 마지막 심판'의 소주제로 '바울에 관한 새 관점'을 평가한다. 베네마 박사는 새 관점 주창자들이 행위로 의롭게 된다는 펠라기안(Pelagian) 교훈을 따르지 않는 것은 확실하지만, 언약을 어떻게 유지하느냐의 문제에 있어서 반(半) 펠라기안주의(Semi-Pelagianism)인지 아닌지에 대해서는 대답을 내놓지 않고 있다고 지적한다(p. 257). 그러므로 성도의 칭의 혹은 구원 문제와 관련하여 '행위의 역할'(the role of works)을 이해하는 것이 중요하다고 말한다.

베네마 박사는 라이트(Wright) 박사가 바울이 가르친 칭의가 과거, 현재, 미래의 세 단계로 나타남을 주장한다고 정리한다. 언약 공동체의 현재의 칭의는 하나님이 그리스도 안에서 성취하신 과거의 성취에 근거하며 최종 심판을 예상하게 한다. 하나님은 과거의 사건인 그리스도의 십자가와 부활을 근거로 그의 백성의 미래의 칭의를 역사 안에서 성취하셨다. 그 이유는 예수님이 이스라엘의 대표자이시며 메시아이시기 때문이다. 성도들은 믿음으로 그리스도와 연합되고 예수님의 십자가와 부활의 이 과거 사건에 참여자들이 된다. 세례는 성도들을 언약 공동체의 일원으로 만드는 현재의 사건으로서 현재의 칭의를 유효하게 하고 미래에 성도들의 부활을 예상하게 한다. 성도들의 미래의 칭의는 마지막 심판 때에 나타날 것인데 성도들의 칭의의 궁극적 완성을 이룰 것이다. 이 미래의 칭의는 믿음의 전체 삶을 근거로 이루어질 것이다(pp. 258-259). 베네마 박사는 라이트 박사의 세 단계 칭의론을 정리하고 칭의를 위한 행위의 역할을 선명하게 이해하기 위해 종교개혁자들이 이해하는 '행위의 역할'을 정리한다.

베네마 박사는 종교개혁자들이 신조를 통해서 그리고 다른 문헌을 통해서 가르치는 칭의는 단회성의 법정적 행위임을 가르친다고 정리한다. 칭의는 그리스도의 완전한 의 때문에 성도들의 과거, 현재, 미래의 모든 죄가 용서 받았다고 선언하시는 것이다(p. 260). 그러므로 칭의는 마지막 심판에서 성도가 호의적인 판단을 받을 것임을 예상하게 한다. 그러면 성도들의 행위와 최종 심판과는 어떤 관계가 있는가? 새 관점 주창자들은 미래의 칭의가 성도들의 믿음의 전체 삶을 근거로 판단될 것이라고 말함으로 행위가 칭의에 큰 역할을 할 것임을 주장한다.

이에 베네마 박사는 마지막 심판 때에 성도들의 선행이 어떤 판단을 받을 것인지에 대해 종교개혁 신조들을 근거로 요약한다. 첫째, 성도들의 선행(good works)은 하나님이 의롭다고 선언하실 만큼 의로운 것이 아니다(p. 262, Cf. the Heidelberg Catechism, Q. & A. 62). 둘째, 성도들의 선행은 하나님의 거룩하게 하시는 열매이다(엡 2:10). 셋째, 성도들의 선행은 예수 그리스도의 의를 자기의 것으로 인정하는 그 믿음으로부터 나올 때에 선하다고 할 수 있다(마 7:18; 요 15:5)(p. 263). 그러므로 성도들의 선행을 하나님의 최종 인정을 받는 근거로 생각하는 새 관점 주창자들의 견해는 비 성경적인 교훈이다.

베네마 박사는 물론 요한 칼빈(Calvin)이나 16세기 17세기의 종교개혁 신학자들이 '성도 자신의 의'(the justification of the believer's person)와 '성도의 행위의 의'(the justification of the believer's works)

를 가르친다고 정리한다. 하지만 종교개혁자들의 교훈은 성도들의 선행이 성도들의 구원의 근거나 칭의의 근거가 될 수 없다는 것이다(p 265). 베네마 박사는 종교개혁자들이 확실히 하는 것은 성도들의 선행이 하나님의 마지막 심판에서 하나님의 호의를 받는 근거가 될 수 없다는 것이며 오로지 성도들이 전가 받은 그리스도의 의만이 하나님의 호의적 판단을 받을 수 있는 근거가 된다고 정리한다(p. 266).

이제 베네마 박사는 '칭의와 마지막 심판'에 대해 바울이 어떻게 가르치는지를 정리한다. 바울은 의롭다함을 인정받은 성도가 그리스도와 연합됨으로 성화된다고 가르친다(고전 1:30). 바울은 그리스도 안에서 이루시는 하나님의 은혜로운 복음은 칭의 뿐만 아니라 성화도 포함한다고 가르친다(p. 267). 그래서 성도들은 그리스도를 닮는 새로운 삶을 살아야 한다. 바울이 성도들의 '구원의 소망'이란 용어를 쓰는 이유는 완전한 구원이 미래에 속해있기 때문이다. 그런 의미에서 성도들의 구원은 지속적인 과정에 있다고 말할 수 있다(살전 5:8-9; 고전 1:18; 고후 3:18).

베네마 박사는 행위에 근거한 마지막 심판(A Final Judgment According to Works)을 정리한다. 성도들이 완전한 구원을 얻는 것은 예수님의 재림과 마지막 심판 때에만 가능하다(p. 271). 베네마 박사는 고린도후서 5:10의 "우리가 다 반드시 그리스도의 심판대 앞에 나타나게 되어 각각 선악 간에 그 몸으로 행한 것을 따라 받으려 함이라"(개역개정)는 구절을 근거로 성도들이 행위를 근거로 마지막 심판을 받게 될 것을 정리한다. 하지만 베네마 박사는 바울 서신 어느 곳에서도 행위를 근거한 심판이 성도가 받을 최종 심판이라고 언급한 곳이 없다고 말한다. 성도가 받을 최종 심판은 성도가 무상으로 전가 받은 그리스도의 의가 근거가 될 것이다(p. 273).

베네마 박사는 이제 행위와 연관된 심판을 언급하는 고린도전서 3:10-15과 로마서 2:13을 다룬다. 베네마 박사는 고린도전서 3:10-15의 말씀이 성도들의 행위로 판단을 받게 될 것은 확실하게 가르치지만 또한 이 행위의 판단이 그리스도에게 속한 자들의 구원을 박탈할 것이라고 가르치지 않는다고 설명한다(p. 275). 베네마 박사는 이와 같은 바울의 교훈이 종교개혁자들의 주장과 전혀 다를 바 없다고 확인한다.

베네마 박사는 로마서 2:13의 해석에 어려움이 있는 것을 인정하면서 로마서 2:13에 관한 몇 가지 해석을 정리하고 가장 타당한 해석을 소개한다. 로마서 2:13의 "오직 율법을 행하는 자라야 의롭다 하심을 얻으리니"(개역개정)의 말씀은 바울 사도가 율법에 대한 순종을 통해 의롭게 된다고 생각하는 사람들의 '공허

한 자랑'(empty boast)의 잘못을 지적하기 위해 썼다고 해석한다. 바울은 여기서 율법을 행함으로 의를 획득한 사람이 있다는 것을 말하는 것이 아니요, 율법에 이미 선언된 원리를 말하고 있는 것일 뿐이다. 즉, "너희는 내 규례와 법도를 지키라 사람이 이를 행하면 그로 말미암아 살리라 나는 여호와이니라"(레 18:5, 개역개정)의 말씀처럼 백성들이 율법을 행하면 살 것이라고(의롭게 될 것) 명령하신 원리를 말하고 있는 것이다(p. 277). 베네마 박사는 아무도 율법의 요구를 실천할 사람이 없기 때문에 로마서 2:13에 언급된 원리는 가설적(hypothetical)인 의미로 사용되었다고 정리한다. 따라서 본 구절의 의미는 만약 어떤 사람이 율법의 요구를 온전하게 성취할 수 있다면 그러면 그는 하나님 앞에서 의롭다 함을 얻게 될 것이다. 그러나 아무도 율법의 요구를 성취한 사람이 없으니 아무도 율법을 행함으로는 의롭게 될 수 없다는 뜻이다(p. 277).

베네마 박사는 본 장의 결론으로 성도가 받은 칭의는 철저하게 종말론적인 복으로 그리스도의 구원 사역을 선물로 받은 성도들에게 하나님의 마지막 긍정적인 선언을 예상하게 한다고 정리한다. 그리고 행위를 근거로 한 최종 칭의를 논하는 것은 그리스도 안에 있으면 정죄함이 없다는 바울의 가르침을 희석시키는 것이요(롬 8:1), 세상의 어느 누구도 그리스도에게 속한 자를 정죄할 수 없다는 바울 사도의 담대한 선언을 위태롭게 하는 것이다(롬 8:33-34)라고 정리한다(p. 286).

베네마 박사는 이제 본 서의 마지막 장으로 11. '결론(Conclusion)'을 정리하고 책을 마무리한다. 베네마 박사는 자신은 조직신학자이기 때문에 신약신학자의 전문성을 가지고 본서를 쓰지 않았다고 고백한다. 베네마 박사는 "바울에 관한 새 관점"을 평가하는데 자신의 한계를 인정하지만 또한 새 관점 주창자들이 옛 종교개혁의 입장을 자세히 알아보지 않은 가운데 서구 교회가 15세기 동안 바울을 잘못 이해하고 있었다고 대략적으로 주장하는 것은 관심을 불러일으킬 수는 있겠지만 스스로가 옳은지 증명해야하는 특별한 짐을 지고 있는 것이라고 말한다(pp. 293-294).

베네마 박사는 이제 "바울에 관한 새 관점"의 칭찬할 만한 몇 가지 특징들과 새 관점에 대한 비평적 평가를 여섯 가지로 정리한다.

첫째, 새 관점 주창자들은 바울의 기록을 이해하는데 필요한 역사적 상황을 더 잘 이해할 수 있도록 기여했다(p. 295). 그래서 새 관점 주창자들은 바울을 연구하는 사람들이 바울서신의 역사적 맥락을 다시 한 번 새롭게 볼 수 있도록 좋은 계기를 마련했다.

둘째, 새 관점 주창자들은 바울 사도의 견해를 이해

하는 데 바른 신학 방법론을 사용했다. 성경에 대한 개신교의 원리는 '성경이 성경을 해석한다'는 것인데 그들은 신앙고백서들도 성경의 권위아래 있다는 것을 인정한다(p. 295). 칭의에 관한 종교개혁의 견해는 바울 당시에 율법주의 형태가 존재했음을 인정하는 것이다. 그런데 새 관점 주창자들이 "제2 성전 유대주의"의 특성을 연구하여 실제로 바울 당시에 율법주의가 존재했는지를 밝혀야 한다고 주장하는 것은 바른 신학 방법론이다(p. 296). 문제는 "제2 성전 유대주의"를 바로 이해해도 칭의에 대한 바울의 교훈을 해석하는데 한계가 있다는 사실이다.(p. 297).

셋째, 새 관점 주창자들이 바울을 연구하는데 구약을 그 배경으로 삼는 점은 치하할 만한 특징이다. "바울이 선포한 예수 그리스도의 복음은 이스라엘과 맺은 언약이 이스라엘의 대표자인 예수 그리스도의 인격과 사역에서 그 절정(특히 라이트)에 도달했다고 선언한다"(p. 297).

넷째, 새 관점 주창자들이 칭의 교리를 교회론적으로 접근한 것은 주목의 대상이 된다. 종교개혁자들은 칭의의 교리를 주로 구원론적인 관점에서 접근했다. 그 이유는 종교개혁자들이 로마 캐톨릭과 논쟁을 하고 있었기 때문에 칭의의 교회론적인 이해보다는 구원론적인 이해가 더 긴급했기 때문이다(p. 298).

다섯째, 새 관점 주창자들이 바울의 칭의 교훈을 사회적으로 교회론적으로 넓게 접근한 점은 주목할 만한 내용이다. 새 관점 주창자들은 하나님의 전 세계적인 가족 안에 하나님의 은혜로 모든 종류의 백성이 포함되는데 칭의가 가족으로 인정받을 수 있게 하는데 필요한 '인식표'(badge)역할을 하는 것으로 가르친다. 새 관점 주창자들은 종교개혁자들이 칭의를 논할 때 은혜의 복음을 은혜 없는 복음으로 전락시켰다고 주장한다. 종교개혁자들은 죄인이 칭의를 통해 하나님의 은혜로 하나님 앞에서 의롭다 인정을 받는다고 가르친다. 그런데 이런 개인주의적이고 배타적인 견해가 다른 견해를 주장하는 사람들을 배척하는 은혜 없는 행동을 하게 된다고 새 관점 주창자들이 비평한다. 베네마 박사는 물론 이런 새 관점 주창자들의 비평에 과장됨이 있고 잘못 평가한 부분이 있지만 복음주의자들이 복음을 편협하게 적용하는 사례도 있음을 인정한다(p. 299).

이제 베네마 박사는 마지막으로 "바울에 관한 새 관점"을 여섯 가지로 비판하고 본서를 마무리한다. 베네마 박사는 새 관점 주창자들의 좋은 기여도 인정하지만 그들은 바울을 이해하는 종교개혁의 견해를 대치할 수 있는 대안이 될 수 없다고 말한다.

첫째, 새 관점 주창자들이 샌더스(Sanders) 박사의

"제2 성전 유대주의" 연구에 너무 많이 의존하여 종교
개혁자들이 바울의 칭의 교리를 오해했다고 주장하는
것은 잘못이다(p. 299). 그들이 주장하는 "언약적 율
법주의"(Covenantal Nomism)는 16세기의 종교개혁
자들이 배척한 '반 펠라기안'(Semi-Pelagian) 교훈과
거의 일치한다(p. 300).

둘째, 새 관점 주창자들은 바울의 율법에 관한 견
해가 율법주의 형태를 반대함으로 형성된 것이 아니요,
유대인들의 배타주의를 반대함으로 형성되었다고 주장
한다(p. 301). 바울이 인간의 죄성과 무능으로 율법의
요구를 성취할 수 없다고 말할 때, 그는 율법과 복음을
대칭시키는데 그 복음은 종교개혁자들이 주장하는 바
울의 칭의와 동일한 것이다. 인간의 죄와 죄책 문제에
대해 우리들이 분석한 바울의 교훈은 종교개혁자들의
견해와 일치한다. 바울의 칭의 교리는 단순히 언약 백
성의 멤버로 들어가는 '경계 표지'(boundary marker)
의 역할만 하지 않는다(p. 301).

셋째, 새 관점 주창자들은 용납될 수 없는 죄인이
하나님의 은혜를 입을 수 있는 것은 칭의 때문이라고
가르치는 종교개혁의 견해를 배격한다. 그들은 바울의
칭의 교리를 구원론 적으로(soteriological) 접근하기
보다는 교회론 적으로(ecclesiological) 접근한다. 그들
은 칭의가 하나님의 언약 백성의 멤버가 되는 '인식표'

(badge)와 같다고 주장한다. 이처럼 새 관점 주창자들은 칭의를 축소지향 적으로 해석한다. 그러나 비록 칭의에 교회론 적인 면이 없는 것은 아니지만 칭의는 우선적으로 구원론 적인 의미가 많다. 죄인이 칭의를 통해 하나님의 은혜를 입고 구원을 받으면 언약 백성의 멤버가 될 수 있기 때문에 칭의에 교회론 적인 의미가 없는 것은 아니지만, 먼저 죄인이 칭의를 통해 의인으로 인정받아야 언약 백성의 멤버가 될 자격이 생긴다. 따라서 바울의 칭의 개념은 교회론 이전에 구원론이 자리 잡고 있다(p. 302). 바울은 그의 로마서 서두에서 유대인과 이방인 모두 그들의 불의 때문에 하나님의 진노와 심판아래 있음을 분명히 한다.

넷째, 새 관점 주창자들은 바울의 칭의 개념을 축소해서 접근하고, 바울이 사용한 '하나님의 의'의 개념에 대해서도 만족할 만한 설명을 하지 못한다. 그들은 성도들의 칭의와 그리스도의 구속 사역과의 연결을 제대로 설명하지 못한 것이다. 종교개혁자들은 죄 없으신 그리스도가 십자가에서 그의 백성의 죄를 담당하시고 그의 부활을 통해 하나님 앞에서 의롭다고 선언되었기 때문에, 성도들이 그리스도와의 연합을 통해 하나님이 인정하는 새로운 신분을 즐기며 하나님과 생명의 교제를 가질 수 있게 되었다고 가르친다(p. 303). 그런데 새 관점 주창자들은 그리스도의 구속의 사역과 성도들이 누리는 의로운 생명 사이의 관계를 신학적으로 일관성 있게 설명하지 못한다(p. 304).

다섯째, 새 관점 주창자들은 그리스도의 사역을 근거로 성도가 칭의를 받을 수 있는 수단(instrument)이 믿음이라고 생각하지 않는다. 반면 종교개혁자들은 성도가 칭의를 받을 수 있는 근거가 믿음이라고 가르친다. 칭의는 그리스도가 십자가상의 죽음으로 그의 백성의 죄와 죄책을 담당하셨기 때문에 성도들이 그리스도를 믿음으로 그 안에서 하나님의 의로 인정받는 것이다(p. 304). 성도들은 '전가 받은 그리스도의 의' 때문에 의롭다고 인정받는 것이다. 그런데 새 관점 주창자들은 '전가 받은 그리스도의 의'의 교리를 부정한다. 새 관점 주창자들은 그리스도 안에서의 믿음이 의의 전가를 받을 수 있는 수단이라고 생각하지 않으며, 단지 누가 하나님의 언약 백성에 속하느냐 속하지 않느냐는 결정하는 '인식표'(badge)에 지나지 않는다고 주장한다(p. 304).

여섯째, 새 관점 주창자들이 칭의의 문제와 행위에 근거한 마지막 심판을 다룰 때 불확실한 점이 발견된다. 종교개혁자들은 행위와 관계없이 은혜로만 의롭게 되는 것과 '행위에 따른'(according to) 그러나 '행위에 근거하지 않은'(not on the basis of works) 마지막 심판을 구별한다. 종교개혁자들은 성도들의 행위에 따른 마지막 심판이 있을 것이지만, 성도들의 행위가 성도들의 의로움을 완성시키는 것은 아니라고 가르친다.

그런데 새 관점 주창자들은 성도들의 전체 믿음의 생활이 성도들의 미래의 칭의를 결정하는 것으로 주장한다(p. 305). 비록 미래 칭의에 관한 견해가 새 관점 주창자들의 일치된 견해는 아니지만 많은 새 관점 주창자들이 이를 주장하고 있다. 이들은 성도가 하나님의 언약 백성으로 영입되는 것은 하나님의 은혜에 의한 것이지만 성도들의 궁극적 의는 행위에 의해 판단될 것이라고 주장하는 것이다(p. 306).

베네마 박사는 새 관점 주창자들이 성도들의 행위에 근거한 최종 의를 주장하는 것은 바울이 가르친 복음의 핵심을 위협하는 것이며, 이는 바울 사도가 갈라디아서 1:8-9에서 '아나데마'(anathema)라고 강조하고 있는 '다른 복음'과 동등한 것이라고 정리한다(p. 306).

이제 베네마 박사는 바울 사도의 심중의 표현인 "나의 복음"(롬 2:16)의 요약으로 로마서 5:6-8을 인용하고 본서를 마무리 한다. 본 평자도 같은 심정으로 같은 구절을 인용함으로 본 서평을 마치려 한다.

"우리가 아직 연약할 때에 기약대로 그리스도께서 경건하지 않은 자를 위하여 죽으셨도다 의인을 위하여 죽는 자가 쉽지 않고 선인을 위하여 용감히 죽는 자가 혹 있거니와 우리가 아직 죄인 되었을 때에 그리스도께서 우리를 위하여 죽으심으로 하나님께서 우리에 대한 자기의 사랑을 확증하셨느니라"(롬 5:6-8, 개역개정).

III

천국의 삶과 교회

산상수훈 강해(상, 하)

(*The Sermon on the Mount*), James Boice 지음, 이상원 옮김, 크리스챤 다이제스트 펴냄, 신국판, 각 권 250쪽 내외.

본서의 저자 제임스 보이스(James Boice)박사는 미국 필라델피아에 소재한 제 10장로교회의 담임목사

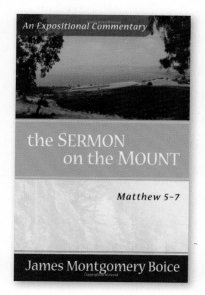

로 봉직하시다 안타깝게도 비교적 빨리 하나님의 부르심을 받았다. 그의 전임자 반하우스(Donald G. Barnhouse)박사에 이어 제 10장로교회를 말씀으로 양육한 훌륭한 목사이자 신학자요 방송 설교자이다. 하바드 대학, 프린스턴

신학대학원을 마치고 스위스에 있는 바젤대학에서 신학박사학위를 받은 그는 1968년부터 제 10장로교회의 목사로 봉직하면서 많은 저서를 냈다. 크리스챤 다이제스트사가 펴낸 그의 다른 여러 책과 본 평자가 번역한 「요나서 강해」(성광문화사)를 통해서 이미 한국에 널리 소개된 분이다. 특히 1989년 2월 22일부터 26일까지 내장산 호텔에서 개최된 제 4회 케직 사경회의 주강사로 수고한 분이기도 하다.

본서는 마태복음 5, 6, 7장에 나온 예수님의 산상에서의 가르침을 44번에 나누어 강해한 것이다.

내용의 배열은 첫째 강해 "행복의 비결"로부터 시작하여 마지막 강해 "말씀의 권위"에 이르기까지 마태복음 5장, 6장, 7장을 문단별로 나누어 다루어주고 있다.

마태복음 5:17-20절은 세 번에 나누어 다루었고, 마태복음 5:27-32절은 다섯 번에 나누어 강해했다. 저자는 마태복음 5:17-20을 세 번에 걸쳐 강해하는 가운데, 두 번은 그리스도와 성경에 대해 다루고 한번은 하나님의 의만이 천국을 소유할 수 있음을 설명한다. 그리고 저자는 마태복음 5:27-32절을 다섯 번으로 나누어 가정과 결혼에 대해 설명해주고 있다. 이 두 문단 이외의 다른 본문은 거의 중복 없이 순서에 따라 강해해 주었다.

여기서 저자가 강조한 부분의 내용을 잠시 고찰하는

것이 유익하리라 생각된다. 저자는 예수님께서 성경을 다른 것으로 대치시키거나 성경을 반대하기 위해서 오신 것이 아니라 성경을 정확하게 완성하시기 위해서 오셨다고 예수님과 성경과의 관계를 설명한 후(p.123), 성경은 절대적인 진리로 인간의 삶을 지배하는 최종적인 권위요(p.124), 성경의 모든 부분이 영감된 것으로 하나님의 정확무오한 말씀임을 확신한다.

보이스박사는 "성경은 예수님에 의해서 이루어졌으며, 예수님을 위해서 기록된 것이며, 예수님에 관해서 쓰여진 것입니다. 성경을 읽는 사람이 그 중심에 자리 잡고 계신 예수 그리스도를 보지 못한다면 그에게 있어서 성경은 하나의 수수께끼로 남을 것입니다"(p.126)라고 성경과 예수님의 관계를 명쾌하게 말한다.

이런 확신 때문에 그는 "여러분이 성경을 거부한다면 여러분은 예수 그리스도를 거부하는 것입니다. 만일 여러분이 성경을 믿는다면 여러분들은 예수님을 받아들이는 것입니다. 예수님은 성경의 주제입니다" (p.130)라고 말한 것이다. 또한 저자는 성경의 권위, 성경의 영감, 그리고 성경의 완성을 확고히 믿는 가운데 본문을 강해한 것이다.

그리고 저자는 마태복음 5:27-32절을 강해하면서 "음욕과 기독교인의 결혼" "기독교인의 결혼" "결혼과 가정" "이혼과 재혼" "시간과 영원" 등 가정과 결혼에 대해 다른 주제보다 많은 지면을 할애한다. 저자가 이 주제에 대해 이처럼 많은 지면을 할애한 이유는 오늘날 미국에서 결합되는 모든 가정의 50%가 결손 가정으로 나타나는 현실에 대해 성경적인 답변을 하기 위해서라고 생각된다. 이런 가정과 결혼과 성에 대한 성경적인 교훈은 비단 미국뿐만 아니라 오늘날 잘못된 성, 쉬워진 이혼, 파괴된 가정들이 증가일로에 있는 한국의 생활에도 적절한 내용이라고 사료된다.

보이스 박사는 오늘날 성적인 타락이 팽배한 원인을 대중선전매체의 조장과, "플레이보이 철학"이라 불릴 수 있는 새로운 쾌락주의, 그리고 로빈슨 감독이나 죠셉 플레취, 하비 콕스와 같은 자유주의적 기독교인들이 보편화시킨 새로운 윤리학(New Morality)의 영향이라고 지적한다(pp. 167-168). 그리고 그는 이런 잘못된 영향으로 인해 오늘날과 같은 성적 타락이 범람하는 사회를 우리가 물려받게 되었고 이런 형편에 대한 유일한 치유는 성경의 교훈으로 되돌아가야 한다고 역설한다.

그래서 보이스 박사는 성은 결혼이라는 범주 안에서 사용되어야 하며 결혼은 하나님이 제정하신 제도로 몸과 정신과 영이 결합되는 삼위일체적인 결합이라고 강조한다. 뿐만 아니라 좀 더 깊은 측면에서 볼 때 "하나님께서 결혼제도를 설립하신 이유는 기독교인 남편과 아내가 그들 자신들의 관계 가운데서 그리스도가 우리들과 갖는 그런 관계를 삶을 통해 나타내므로 교회를 가장 사랑하시고, 신랑이 되시며, 남편이 되시며, 보호자와 공급자가 되신 그분께 사람들을 인도할 수 있게 하기 위함이다"(pp.186-187)라고 설명한다.

우리는 유명한 설교자 로이드 존스(Lloyd Jones)의 산상보훈 강해를 이미 접한 바 있다. 로이드 존스의 산상보훈 강해가 우리에게 큰 유익을 주고 그 책에 필적할만한 다른 책이 없을 만큼 그 분야에서 대작임에는 틀림없지만 우리가 그 책을 읽을 때 너무 장황하다는 느낌을 갖게 된다. 로이드 존스는 한 구절을 여러 번으로 나누어 강해할 뿐만 아니라 세분된 주제에 대해서도 많은 지면을 할애해서 설명한다. 그러므로 독자가 로이드 존스의 산상보훈 강해의 흐름과 성경본문의 흐름을 잘 연결시키지 못할 수도 있는 것이다.

보이스 박사의 산상수훈 강해는 한국적인 상황에 잘 맞는다고 생각된다. 한 주제에 대해 10페이지 내외(번역판, 원문은 8페이지 내외)로 되어있으며 소제목을 달아주었기 때문에 혼란에 빠질 염려가 전혀 없다. 보이스 박사는 산상수훈 강해의 내용전개를 간결하고 설득력이 있게 진행시켰다는데 대해 크게 평가받아야 할 것이다.

근래 한국교회에서 강해설교에 대한 관심도가 높아지고 있다. 곳곳에서 강해설교 세미나를 여는가하면 여러 기독교 출판사에서 강해설교에 대한 서적을 앞 다투어 출판하고 있다. 이 책의 출판도 그런 분위기와 전혀 무관하지 않다고 생각된다. 강해설교는 여러 가지로 유익한 점이 많다.

첫째, 하나님의 말씀을 있는 그대로 가장 잘 풀어 설교할 수 있다. 둘째, 청중이 듣기 싫어하는 내용도 자연스럽게 설교함으로 하나님의 전체 뜻을 골고루 전할 수 있다. 셋째, 성경은 정확무오하고 인간은 유오하기 때문에 성경내용에서 멀어질수록 인간은 오류를 범할 확률이 높아진다. 그런데 강해설교는 설교자를 오류에서부터 보호할 수 있다.

그런데 강해설교를 할 때 한 가지 주의해야할 점이 있다. 그것은 설교자가 무의식중에 성경을 어떤 도덕적 원리의 안내서로 착각하여 매 설교마다 본문에서 도덕적 교훈만 찾아 전달하려고 하는 유혹에 빠질 수 있다는 것이다. 성경은 형이상학적 진리나 어떤 궁극적 진리를 주제별로 분류해 놓은 책이 아니요 또한 도덕적 원리의 안내서도 아니다. 성경의 내용은 하나님께서 그의 백성의 구속을 위해 그리고 타락과 창조의 회복을 위해 무엇을 하셨는지 전하고 있다. 우리는 성경을 통해 과거에 하나님께서 무슨 일을 하셨는지 알므로, 하나님이 현재 무엇을 하고 계시며, 그리고 미래에 무엇을 하실지를 알게 된다. 성경에 있는 도덕적 진리는 하나님의 백성이 어떻게 살 것을 가르치고 있는 것이다.

그러므로 강해 설교자는 항상 넓은 구속역사의 맥락에 비추어 성경본문을 해석해야만 하는 것이다. 그렇게 할 때 진정한 의미에서 강해설교의 특징이 발휘되는 것이다.

공관복음 함께 보기

(Synopticon: The Verbal Agreement between the
Greek Texts of Matthew, Mark and Luke Contextually
exhibited) , by William R. Farmer. Cambridge:
Cambridge University Press, 1969, pp. 229.

복음서 연구를 위해 오래 전부터 공관복음을 서로 비교
연구해온 것처럼 본 시놉티콘(Synopticon)은 공관복

음을 서로 비교 연구하
는 데 도움을 주기 위
한 책이다. 지금까지
우리들에게 알려진 이
런 종류의 참고서적은
마태복음, 마가복음,
누가복음을 비교 할 때
어느 한 복음서를 중심
으로 하고 다른 복음서
들은 중심으로 택한 복
음서에 맞추어 배열을

해 주었기 때문에 중심으로 선택된 복음서는 배열이나 문맥을 그대로 유지할 수 있지만 다른 복음서는 배열을 무시할 수밖에 없었다.

이렇게 어떤 한 복음서를 중심으로 택할 경우 저자가 어떤 문서설을 받느냐에 다라 그 배열도 달라질 수 있게 된다. 예를 들면 러쉬브루크(W.G.. Rushbrooke)는 그의 *Synopticon, An Exposition of the Common Matter of the Synoptic Gospels*(1880)에서 두 문서설(two-source hypothesis)을 사용하여 공관복음서들을 서로 비교 대조하였다.

그런데 본 시놉티콘(Synopticon)은 헬라어 성경 네슬 알란드(Nestle Aland)의 제 25판을 원본으로 택하고 마태, 마가, 누가를 적은 활자체로 된 원판보다 훨씬 더 큰 활자체로 마태, 마가, 누가를 순서대로 인쇄한 다음 복음서들끼리 서로 관계되는 부분을 여러 가지 색을 사용하여 표시해 주었다.

색깔의 표시는 마태, 마가, 누가 세 복음서가 글자 그대로 모두 일치할 경우 굵은 파란색 선으로, 마태와 마가가 일치한 곳은 굵은 노란색 선으로, 마태와 누가만 일치한 곳은 굵은 빨간색 선으로 그리고 마가와 누가가 일치한 곳은 굵은 초록색 선으로 단위를 그어주므로 그 일치를 쉽게 알아 볼 수 있도록 표시하였다. 그리고 글자 그대로라고 할 수 없으나 약간 일치된 곳은 가는 색선으로 마태, 마가는 노랑, 마태 누가는 빨강, 그리고 마가, 누가는 초록으로 표시해 주었다.

공관복음을 이처럼 색을 사용해서 서로 비교하므로 우리들이 얻을 수 있는 유리한 점은 어느 복음서를 연구하든지 그 복음서의 문맥이나 배열을 흩트리지 않으면서 어느 단어나 혹은 문장이 어느 복음서와 일치하고 있다는 점을 쉽게 찾을 수 있는 점이다. 그리고 반대적인 효과로 어떤 복음서가 다른 복음서와 일치된 곳은 모든 색깔로 표시되어 있기 때문에 색깔이 표시되지 않은 부분을 손쉽게 찾을 수 있으므로 각 복음서의 특성을 연구하는 데도 도움을 줄 수 있다. 색깔의 표시를 전체적으로 볼 때에 마가복음은 마가복음 16:9-20을 제외하고는 거의 전부가 마태 아니면 누가와 일치하지만 마태와 누가는 다른 복음서와 일치하지 않은 곳이 많이 있다. 그런데 예수님의 탄생기사와 수난과 부활 기사를 다루는 부분은 마태, 마가, 누가 세 복음서들이 서로 일치하는 것을 볼 때에 복음서 기자들이 복음서를 쓸 때 그리스도의 생애의 역사성을 그들의 중요한 중심 주제로 다루었다는 것을 손쉽게 찾아낼 수 있다.

그러나 본 시놉티콘(Synopticon)의 단점은 다른 복음서와 일치되는 부분을 같은 페이지에 나란히 배열해 주지 않았기 때문에 두 복음서 혹은 세 복음서를 같이 비교하면서 연구하기를 원하는 사람들에게는 약간의 불편을 줄 것이다. 이런 경우 그와 같은 목적을 성취하기 위해 만들어진 다른 시놉티콘(Synopticon)이 필요할 줄 안다.

그리고 색을 사용하여 비교해 주었기 때문에 한 복음서 내에서 서로 일치하는 부분을 표시할 수 있는 방법이 없어 그런 분야를 연구하고자 하는 분은 다른 시놉티콘(Synopticon)이나 콘코단스(Concordance)를 사용 할 수밖에 없다.

그리고 값이 22파운드(약 $ 44.00)여서 한화로 계산하면 5만 2천 원 정도이기 때문에 도서관을 제외하고 개인이 이 책을 구입하는 데는 부담을 느낄 수밖에 없다. 그러나 본 시놉티콘(Synopticon)은 신약을 연구하는 신학도와 학자들에게 이 책만이 줄 수 있는 특이한 공헌을 할 줄로 믿어 의심치 않는다.

세상에서 가장 귀한 것

〈The Greatest Thing in the World〉,
By Henry Drummon,
박형용 역. 서울: 새순출판사, 1983.

「세상에서 가장 귀한 것」은 비록 짤막한 경건서적이지만 독자에게 풍성한 은혜를 끼치는 귀한 서적이다. 본

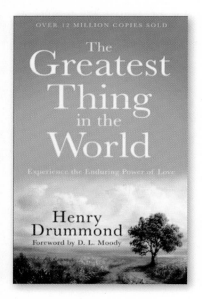

서는 물론 깊이 있는 신학서적은 아니다. 그러나 본서의 가치는 어느 책과도 비교할 수 없을 만큼 귀한 것이다. 본서는 지능을 살찌게 하기보다 영혼과 심장을 살찌게 하는 귀한 책이다.

영국의 시골 어느 집에서 1884년 어느

주일 저녁에 소수의 사람들이 벽난로 옆에 앉아 있었다. 그 분위기는 평강과 만족감으로 둘러있었고 사람들의 얼굴은 기쁨으로 상기되어 있었다. 한 사람이 드러몬드(Henry Drummond)에게 성경 읽기를 요청했다. 드러몬드는 자신의 작은 신약성경을 꺼내어 고린도전서 13장을 읽고 사랑에 대해 신령한 해석을 하였다. 거기에 둘러 앉아있었던 사람들은 그 때가 그들 생애 최고의 순간이었다고 훗날 고백했다. 그리고 드러몬드의 해석은 책의 형태로 출판되어 개인과 가정에 위대한 영적 체험을 제공해 주었다. 드러몬드는 본서를 다섯 부분으로 나누어 설명하고 있다. 1. 성경말씀, 2. 최고의 선, 3. 비교, 4. 분석, 5. 논증으로 나누어 설명하고 있다.

1. 성경말씀

드러몬드는 여기에 고린도전서 13장 전체를 기술하고 있다. 그러나 드러몬드는 특히 고린도전서 13:4-7까지의 말씀을 두드러지게 나타냄으로 사랑의 특성들이 무엇인지를 밝히고 있다. 바울은 고전 13장에서 사랑의 우월성(1-3절), 사랑의 특성(4-7절), 그리고 사랑의 영원성(8-13절)을 설명한다.

2. 최고의 선

최고의 선이 무엇인가? 우리는 믿음이 최고의 선으로 가르침 받아왔지만 그것은 잘못된 견해라고 드러몬드는 말한다. 바울은 믿음에 대해서 방금 이야기한 후 "믿음, 소망, 사랑, 이 세 가지는 항상 있을 것인데 그중의 제일은 사랑이라"(고전 13:13, 개역개정)고 사랑이 최고의 선임을 명백히 한다. 사랑 장을 시작하기 바로 전 고린도전서 12:31에서 "너희는 더욱 큰 은사를 사모하라 내가 또한 가장 좋은 길을 너희에게 보이리라"(개역개정)하신 말씀은 바울이 은사 사모하는 것을 금지하지는 않지만, 은사보다도 더 좋은 길은 사랑임을 밝히 보여주고 있는 것이다. 드러몬드는 사람이 어떤 것을 천거할 때는 자신의 장점을 말하는 것이 일반적인데 사실상 사랑은 바울의 장점이 아니었다고 말한다 (p.10). 그러나 그는 사랑으로 성숙되는 것을 그의 생애를 통해 증거 한다. 사랑이 최고라고 쓰고 있는 바울은 사실상 피 묻은 손을 가진 자였다. 스데반이 순교할 때 바울은 그 현장에 있었다(행 7:58). 그리고 고린도 교회 역시 사랑을 잘 실천하는 교회가 아니었다.

사랑이 최고의 선이라고 말하는 사람은 바울만이 아니다. 베드로도 "무엇보다도 뜨겁게 서로 사랑할지니"(벧전 4:8)라고 말한다. 요한은 "하나님은 사랑이시다"(요일 4:8)라고까지 말한다. 그리고 사랑이 최고의 선일 수밖에 없는 것은 "사랑은 율법의 완성"(롬

13:10)이기 때문이다(p.11). 어느 율법이든지 택해서 고찰해보면 사랑이 있을 때 그 율법이 성취됨을 볼 수 있는 것이다. "너는 나 외에는 다른 신들을 네게 두지 말라"(출 20:3)의 계명의 경우 어떤 사람이 하나님을 사랑하면, 그 사람은 하나님이외의 다른 신을 생각할 수조차 없는 것이다. 하나님을 사랑하는 이 사람에게 이런 말을 하는 것은 오히려 실례가 되는 것이다(p.11). "여호와의 이름을 망령되게 부르지 말라"(출 20:7)라는 제삼 계명도 사랑으로 성취되는 것이다. 사람이 하나님을 사랑하면 어떻게 사랑하는 대상인 하나님의 이름을 망령되게 부를 수 있겠는가. "안식일을 기억하여 거룩하게 지키라"(출 20:8)는 계명도 하나님을 사랑하는 사람에게는 해당되지 않는 것이다. 왜냐하면 일주일에 하루를 자신의 사랑의 대상에게 전적으로 바치는 것을 기뻐하지 않을 리 없기 때문이다(p.12). 부모를 공경하는 것이나 "살인하지 말라," "간음하지 말라," "거짓증거하지 말라"는 계명 역시 사랑하는 사람에게는 상식에 벗어난 요구가 되는 것이다. 이처럼 사랑은 율법의 완성인 것이다. 사랑은 모든 율법을 성취하는 법칙이요 모든 옛 계명을 지키는 새로운 계명이요, 그리스도인의 생활을 위해 주신 그리스도의 비밀이다. 드러몬드는 바울이 이 고상한 찬사를 통해 사랑이 최고의 선임을 말하고 있다고 한다.

3. 비 교

바울은 다른 요소와 사랑을 비교함으로 고린도전서
13장을 시작한다. 바울은 사랑과 능변을 비교한다
(13:1). 드러몬드는 능변은 사람들의 영혼과 의지를
움직이게 할 만큼 귀중한 것이지만 말하는 사람의 마음
속에 사랑이 없을 때 능변은 딱딱하고, 공허하며, 설복
력이 없어진다고 말한다. 바울은 사랑과 예언을, 사랑
과 비밀을, 사랑과 믿음을, 그리고 사랑과 구제를 비교
한다. 바울은 고린도전서 13:1, 2, 3에서 "내가"라는
1인칭을 사용하고 있다. 그 이유는 자신이 친히 방언을
말할 수 있었기 때문이다. 고린도전서 14:18에 보면
"내가 너희 모든 사람보다 방언을 더 말하므로 하나님
께 감사하노라"고 나온다. 그리고 본 구절의 중요한 뜻
은 사랑이 없을 때 "사람의 방언과 천사의 말" 자체가
"소리 나는 구리와 울리는 꽹과리"처럼 들린다는 뜻이
아니요 "내가 사람의 방언과 천사의 말을 할지라도 사
랑이 없으면 '내가' 소리 나는 구리"가 되거나, "내가"
"울리는 꽹과리"가 된다고 강조해서 말하고 있는 것이
다. 바울은 여기서 사랑 없이 말하는 방언은 "내 자신"
을 가치 없는 존재로 축소시키는 역할을 한다고 말하고
있는 것이다. 드러몬드는 사랑이 믿음보다 위대한 이
유는 "목적이 수단보다 위대하기 때문이요", 사랑이 구

제보다 위대한 이유는 "전체가 부분보다 위대하기 때문"이라고 말한다(p.15). 믿음은 영혼을 하나님과 연관시키는 일을 하지만 그 일의 목적은 사람으로 하여금 하나님처럼 되도록 하기 위해서이다. 그런데 하나님은 사랑이시다. 여기서 "수단인 믿음은 목적인 사랑을 위해 존재하는 것이다"(p.15)라고 드러몬드는 말한다. 초대교부인 익나티우스(Ignatius)도 "믿음은 시작이나 사랑은 생활의 목적이다"(Ad. Eph. XIV)라고 같은 내용의 말을 한다. 그리고 구제는 사랑의 표현의 일부분에 지나지 않는다. 사랑 없이 행해지는 구제가 얼마든지 있다. 사실상 길거리에 있는 거지에게 한 푼의 동전을 던져주는 것이 던져주지 않는 것보다 더 쉬운 일일 수 있다. 드러몬드는 "우리는 비참한 모습을 보고 생긴 동정심을 동전 한 푼 값으로 위로하는 것이다. 그것은 너무 값싼 것이다"(p.16)라고 말한다. 바울은 사랑을 희생 및 순교와 비교한다. 선교를 위해 몸을 불사르도록 내어줄지라도 사랑이 없으면 아무 유익이 없다. 그리고 우리들이 선교를 하기 위해 중국말이나 인도의 방언을 배우려면 수년이 걸리지만 사랑은 우주적인 언어로 선교지에 도착하는 그 날부터 사용할 수 있는 것이라고 말한다. 드러몬드는 선교사는 사랑 이상의 것도, 사랑 이하의 것도 투자해서는 안 된다고 말한다. 즉 진정한 사랑만 투자한다면 이는 생명을 투자하는 것이요 모든 것을 성취할 수 있다고 말한다(p.17). 드러몬드는 고린도전서 13:1-3에서 사랑을 다른 요소와 비교 설명하고 있다.

하나님의 수학은
사랑의 방언과 천사의 말 - 사랑 = 0(허풍쟁이)
예언 - 사랑 = 0(점쟁이)
믿음 - 사랑 = 0(형식주의)
구제 - 사랑 = 0(체면치레의 구제)
희생 - 사랑 = 0(억지의 희생)

그러나 이 모든 것에 사랑을 더하면 "온전한 것"이 된다.

4. 분 석

드러몬드는 고린도전서 13:4-7의 내용을 분석하면서 이는 마치 과학자가 빛을 투명 프리즘에 통과시켜 프리즘 다른 쪽으로 빨강, 파랑, 노랑, 보라, 오렌지 및 무지개의 모든 빛깔들을 나오게 하는 것처럼 바울이 사랑을 영감된 지능의 프리즘에 통과시켜 우리에게 사랑의 여러 요소를 보여주고 있다고 말한다(p.17). 그리고 사랑의 여러 요소들은 우리들이 매일 듣는 덕행들이며 모든 사람이 생활의 현장에서 실천할 수 있는 것들이라고 말한다. 여기 모든 요소가 사람과 관계되고 실제생활과 관계되어 있다. 우리는 사랑의 실천이 오늘과 내일에 관한 것이지 영원과 관계되어 있지 않음을 알아야 한다. 하지만 오늘과 내일에 필요한 사랑은 영원으로부터 온 그리스도의 사랑이 있었기 때문에 가능한 것이다. 그리고 사랑은 인간의 의지의 결단이 아니라 인간의 감정과 의지를 굴복시켜 그리스도의 모습을 닮게 하는 성령의 능력이다. 그러므로 다음에 열거되는 사랑의 특성은 인간의 성품들의 일면이 아니라 성령의 역사로 성도들의 삶의 열매가 되는 것이다.

드러몬드가 요약한 사랑의 아홉 가지 스펙트럼은 다음과 같다.

① 인내 --- "사랑은 오래 참고"
② 친절 --- "사랑은 온유하며"
③ 관용 --- "사랑은 시기하지 아니하며"
④ 겸손 --- "사랑은 자랑하지 아니하며 교만하지 아니하며"
⑤ 예절 --- "사랑은 무례히 행하지 아니하며"
⑥ 무 사욕 -- "사랑은 자기의 유익을 구하지 아니하며"
⑦ 온순 --- "사랑은 성내지 아니하며"
⑧ 정직 --- "사랑은 악한 것을 생각하지 아니하며"
⑨ 신실성 -- "사랑은 불의를 기뻐하지 아니하며 진리와 함께 기뻐하고"

이제 드러몬드가 이 아홉 가지 요소를 어떻게 분석하고 있는지 각각 생각하기로 하겠다.

(1) 인내

인내는 사랑의 수동적인 특성이다. 사랑은 수동적이요 시작하기를 기다리며 서두르지 않고 조용하며 언제든지 요청이 있을 때 일을 할 수 있는 준비가 되어있다 (p.20). 인내는 수확을 기다리는 농부의 태도에서 나타난다(약 5:7-8). 사랑은 온유하며 오래 참으며 이해하므로 오래 기다리는 것이다. 인내는 타고난 성품이 아니요 기독교인의 소명에 속하며 성령을 의지할 때 개발된다. 인내는 또한 참는 것이다. 인내는 배가 고픈데 아내가 밥을 늦게 만들어도 남편이 참는 것이요, 남편이 퇴근 후 집에 늦게 들어와도 아내가 참는 것이다. 화가 났을 때 끝까지 참는 것이 사랑이다. 화가 날 때 그냥 참으면 심리적인 문제가 생긴다. 사람이 화가 날 때 무조건 참기만 하면 스트레스가 쌓이고 건강을 해치게된다. 그런데 화가 날 때 터트리면 남는 것은 터뜨린 것만 남는다. 그러므로 화가 나면 기독교적인 방법으로 해결해야 한다. 기독교적인 해결책은 먼저 자신이 화낸 잘못을 인정하고, 그 후에 회개하며 그리고 다시 화내지 않도록 노력하는 것이다.

(2) 친절

본문의 "사랑은 온유하며"는 "사랑은 친절하며"로 번역해야 한다. 본문의 "온유"는 마태복음 5:5의 "온유"와 다르다. 우리말의 온유는, 마태복음 5:5의 온유(πραεῖς)가 정상적인 온유이다. 본문의 "온유"(κρηστεύεται)는 "친절"의 뜻을 가지고 있다. 이 용어는 동사형으로 이곳에 한번만 사용된 용어이다. 명사형으로는 골로새서 3:12에 나타난다(χρηστότητα - 자비로 변역).

사랑은 친절에서 능동적으로 나타난다. 친절은 즉각적으로 사역한다. 친절은 실패함이 없고 항상 사랑을 산출한다. 예수님께서 다른 사람에게 친절을 베풀기 위해 많은 시간을 보내셨다고 말한다. 드러몬드는 "세상에서 행복보다 더 위대한 것은 거룩밖에 없다"(p.21)라고 말하면서 거룩은 우리들의 소장품이 아니라고 말한다. 거룩은 하나님이 인간에게 줄 수 있는 것이지만 우리는 친절을 통해 상대방을 행복하게 만들 수 있다고 말한다. 그러므로 우리들이 친절을 베풀므로 세상에서 두 번째로 귀한 것을 상대방에게 줄 수 있는 것이다. 드러몬드는 "나는 한 번 이 세상을 지나갑니다. 그러므로 내가 할 수 있는 어떤 선한 일이나 다른 사람에게 보일 수 있는 어떤 친절은 지금 행하게 해주십시오. 왜냐하면 나는 다시 이 길을 지나지 않을 것이기 때문입니다"

라는 말로 친절부분을 끝맺는다. 세상에는 친절이 필요
하다. 예수님은 나무 위에 올라가 있는 삭개오에게 "내
가 오늘 네 집에 유하여야 하겠다"(눅 19:5)라고 말씀
하심으로 친절을 베풀었다. 또한 예수님은 수가성 우
물가에서 만난 사마리아 여인에게 "물을 좀 달라"(요
4:7)라고 말씀하심으로 친절을 베푸신 것이다. 그 당
시의 상황으로 볼 때 유대인인 예수님께서 세리나 사마
리아 여인과 같은 사람들에게 말을 걸 필요도 없었지만
그들과 대화하고 그들의 영혼에 관심을 가지실 만큼 친
절하셨다.

(3) 관용

관용은 사랑이 다른 사람과 경쟁할 때 나타나는 요소이
다. 드러몬드는 "만약 우리들이 이 도량의 은혜로 강
화되어 있지 않는 한 기독교인의 마음을 어둡게 하는
가장 비열하고 가치 없는 기분이 모든 일을 시작할 때
우리를 기다리고 있다"(p.23)고 말한다. 시기는 우리
와 같은 처지에 있는 사람들에게 악의의 감정을 품는
것이다. 참으로 기독교인이 부러워할 유일한 것은 "시
기하지 아니하는" 크고, 부요 하고, 도량이 넓은 마음
이라고 한다. 바울 사도는 자신에게 괴로움을 더하게
하기 위해 복음을 전하는 사람들을 관용으로 용서하면
서 "겉치레로 하나 참으로 하나 무슨 방도로 하든지 전

파되는 것은 그리스도니 이로써 나는 기뻐하고 또한 기뻐하리라"(빌 1:18, 개역개정)고 심중을 토로한다. 바울은 "너희 관용을 모든 사람에게 알게 하라 주께서 가까우시니라"(빌 4:5)라고 말한다. 우리들이 관용을 베풀 수 있는 시간이 한정되어 있는 것이다.

(4) 겸손

드러몬드는 "겸손은 당신이 베푼 사랑이 열매를 맺을 때 당신의 입술에 봉인을 하며 당신이 한 일에 대해서는 잊어버리는 것이다"(p.23)라고 말한다. "당신이 친절을 베푼 다음, 사랑이 세상에서 사역하므로 아름다운 일을 이룬 다음 다시 그늘로 되돌아가 이룬 사실에 대해 아무 말도 하지 않는 것이다."(p.23) 교만이 최악의 죄라면 겸손은 최선의 미덕이다. 노벨 수상자 11명이 서울 심포지엄 선언문에서 이런 말을 한다. "지식은 평화와 인류의 행복에 커다란 기여를 할 것이다. 우리는 지식의 이분 단계에 섰을 뿐이며 앞으로 해야 할 일이 무궁하다". 성경은 "교만은 멸망의 선봉이요 겸손은 존귀의 앞잡이니라"(잠 18:12)고 겸손의 중요성을 가르친다.

우리는 여기서 바울의 삶 속에 나타난 겸손을 배워야 한다. 바울은 많은 글을 쓴 사람이다. 그런데 바울의 글 중 바울이 자신을 다른 사람들과 비교하면서 자신을 평가한 세 구절에 우리는 관심을 두고자 한다. 바울은 "나는 사도 중에 지극히 작은 자라"(고전 15:9)고 자신을 사도와 비교한다. 그 후 바울은 "모든 성도 중에 지극히 작은 자보다 더 작은 나에게"(엡 3:8)라고 자신을 성도와 비교한다. 그런데 생의 마지막 단계에 와서 바울은 "죄인 중에 내가 괴수니라"(딤전 1:15)고 죄인과 자신을 비교한다. 곡식이 익을수록 머리를 숙이는 것처럼 바울은 생을 더 살면 살수록 겸손해졌다.

(5) 예절

예절이 사랑의 요소에 포함된 것이 이상할 정도이다. 그러나 예절은 사회에서의 사랑의 특성이다. 공손한 예절은 사소한 일에서의 사랑이다(p.24). "당신이 가장 배우지 못한 사람들을 가장 높은 상류사회에 어울리게 해도, 만약 그들의 마음속에 사랑만 저축하고 있다면 그들은 무례히 행하지 않을 것이다"(p.24)라고 드러몬드는 예절의 중요성을 말한다. 우리가 마음에 사랑을 가지고 있으면 자동차 주차를 할 때에도 다른 사람이 주차할 것을 생각하고 주차하게 된다. 우리에게 사랑이 있으면 교회당에서 의자에 앉을 때도 다음에 오는 사람이 편리하도록 앉는다. 우리에게 사랑이 있으면 화장실도 다음 사람을 위해 깨끗하게 사용한다.

(6) 무 사욕

사랑은 그 자신의 것을 구하지 아니한다. "사랑은 우리
들의 권리들을 전혀 구하지 말고, 그것들을 무시하며,
우리들의 계산에서 개인적인 요소를 모두 제거하라고
요구 한다"(p.25). 자기부인(self-denial)도 그 자체
로는 아무 것도 아니다. 왜냐하면 더 큰 것을 이루기 위
해 자기부인을 할 수가 있기 때문이다. 정치인들이 "나
는 마음을 비웠다"라고 공언하지만 더 큰 욕심을 챙기
기 위해 그런 소리를 하곤 한다. 이는 진정으로 마음을
비운 것이 아니다. 드러몬드는 "사랑에는 어려운 일이
있을 수 없다. 아무 것도 어려울 수 없다. 나는 그리스
도의 '멍에'가 가벼웠다고 믿는다. 그리스도의 멍에는
그의 생활방식이었다. 나는 그 길이 다른 길보다 더 쉬
운 길이었다고 믿는다. 나는 그 길이 다른 길보다 더 행
복한 길이었다고 믿는다"(p.26)라고 말하므로 무사욕
을 통한 그리스도의 사랑의 깊이를 갈파했다. 소유하거
나 얻는데 행복이 있지 않고 주는데 행복이 있다.

(7) 온순

드러몬드는 사랑의 다른 요소보다 온순(good temper)
에 대해 많은 지면을 할애한다. 때로 우리는 성미가 급
한 것을 사람의 천성적인 연약성으로 생각하여 심각하
게 생각하지 않는 경향이 있는데 사실은 성미가 급한

것이 인간 본성의 가장 파괴적인 요소 중의 하나라고 말한다.(p.27) 거의 완벽한 성품의 소유자일지라도 성미가 급하여 화를 속히 내면 모든 것이 허사로 돌아가고 만다.

여기서 드러몬드는 몸으로 짓는 죄와 마음으로 짓는 죄를 구분하면서 탕자와 맏아들을 비교하여 설명한다(pp.28-30). 우리는 맏아들이 짓는 죄에 대해서는 별로 심각하게 생각하지 않는 반면 탕자가 짓는 죄에 대해서는 심각한 것으로 생각한다. 그러나 사랑이신 하나님의 눈으로 볼 때 탕자와 맏아들 어느 쪽이 더 잘못했겠는가. 맏아들은 동생의 귀가를 못 마땅히 여겨 화를 내면서 집에 "들어가기를 원하지 않았다"(눅 15:28). 맏아들의 태도 때문에 아버지에게, 탕자에게, 손님들에게 미친 영향은 얼마나 지대했겠는가. 맏아들처럼 천국 안에 있다고 고백하는 사람들의 사랑스럽지 못한 태도 때문에 얼마나 많은 탕자들이 천국밖에 머물러야 하는가(p.29). 드러몬드는 맏아들의 이런 온순하지 못한 성질은 투기, 분노, 자만, 무자비, 잔인, 독선, 급한 성질, 완고 등으로 구성되어 있다고 그 심각성을 지적한다(p.29). 맏아들의 눈썹에 모여진 뇌운은 금방이라도 번개를 동반한 천둥소리를 내기에 충분한 상태로 충전되어 있다. 예수님께서 "내가 진실로 너희에게 이르노니 세리들과 창녀들이 너희보다 먼저 하나님의 나라에 들어가리라"(마 21:31, 개역개정)하신 말뜻을 깊이 깨달아야 한다고 경고한다. 급한 성미를 조절하지 못하는 것은 내부에 질병이 계속적으로 있다는 것을 말해주는 간헐적인 열과 같다는 것이다. 성을 자주 내는 사람은 천국 안에 있는 모든 사람을 비참하게 만들고 천국밖에 있는 사람에게 장애물 역할을 한다. 급한 성미는 사랑을 위한 테스트(test)요, 사랑하지 않는 본성의 노출이다.

그러면 급한 성미를 어떻게 고칠 수 있을까. 드러몬드는 우리 성격의 개조는 인간의 의지나 시간의 경과에 의해서 성취되는 것이 아니요, 그리스도 즉 그리스도의 성령을 우리 영혼에 첨가시키므로 만이 가능하다고 말한다. 그리스도의 성령만이 우리의 영혼을 통찰하시고, 달콤하게 만들며, 정결하게 하고 모든 것을 변화시킬 수 있다. 그리스도의 영만이 우리 속에 있는 잘못을 제거시킬 수 있고 재생시킬 수 있다(p.31). 그러므로 이 문제는 생사의 문제이다.

드러몬드는 "누구든지 나를 믿는 이 작은 자 중 하나를 실족하게 하면 차라리 연자 맷돌이 그 목에 달려서 깊은 바다에 빠뜨려지는 것이 나으니라"(마 18:6, 개역개정)는 예수님의 말씀을 인용하면서 이는 "사랑하지 않는 것보다 살지 않는 것이 더 낫다"는 심각한 경고의 말씀이라고 한다.(p.32)

(8) 정직

정직은 의심이 많은 사람을 위한 은혜이다. 정직은 동기가 불순하지 아니하며, 밝은 면을 바라보며, 모든 행위를 가장 좋게 이루려는 마음의 상태이다. 사람이 일을 처리해 나가다 보면 결과가 나빠질 수 있다. 그러나 그 사람의 동기가 깨끗했으면 그 사람은 정직한 사람인 것이다. 그런 사람을 가리켜 무능한 사람이라고 말할 수 있을지는 몰라도 그 사람이 부정직한 사람이라고 말할 수는 없다. "악한 것을 생각하는 것"(고전 13:5)은 다른 사람에게 해를 끼치기 위해 방법과 수단을 숙고하는 것이다. 사랑은 이런 것과는 무관한 것이다. 그러므로 정직한 사람은 다른 사람에게 영향을 끼칠 수가 있다. 의심의 분위기 속에서는 사람들이 기를 펼 수 없다. 신뢰의 분위기에서는 마음에 안도감을 갖고 격려와 권고를 받게 된다. 자녀들이 부모에게 약점이 있는 것을 알면서도 왜 부모 곁에서는 편안함을 느끼는가? 그 이유는 부모가 그를 믿어준다고 생각하기 때문이다. 우리에게 영향을 끼친 사람은 우리를 믿어주는 사람임을 우리는 알 수 있다. 드러몬드는 이런 사람들과 어울리면 마음이 즐겁고, 느슨해지며, 격려가 된다고 한다.

(9) 신실성

진리를 사랑하는 것이 신실성이다. 어느 교회의 교리

나, 어떤 주의 주장을 기뻐하지 아니하고 진리 안에서 기뻐하는 것이 신실성이다. 신실한 사람은 겸손하고 편견 없는 마음으로 진리를 추구하고 어떤 희생에도 불구하고 진리 안에서 즐거워 할 것이다. 신실성은 다른 사람의 약점들을 이용해서 자기의 유익을 구하지 않으려는 자기제어와 다른 사람의 약점을 들추어 내지 않고 덮어두는 자비와 사물을 바로 판단하는 바른 심성, 그리고 다른 사람을 의심하고 비방하기보다 그를 더 낫게 보려는 기쁨을 포함한다고 드러몬드는 말한다.(p.34) 사랑과 진리는 늘 함께 다닌다. 사랑은 도덕적 선이며 진리는 지성적인 선이다. 사랑은 결코 중립적이 될 수 없다. 사랑은 편을 들게 된다. 그런데 사랑은 항상 진리 편을 들기 마련이다.

여기까지 사랑의 아홉 가지 스펙트럼을 이야기하고 드러몬드는 '이 사랑의 요소를 어떻게 우리의 성품으로 만들 수 있겠는가?' 라고 질문한다. 그는 우리가 매일 사랑을 배울 수 있는 수천의 기회를 가졌다고 한다. 세상은 운동장으로 노는 것이 아니요, 학교 교실로 배우는 곳이라고 한다.(p.35) 어떻게 훌륭한 음악가, 훌륭한 조각가가 탄생되는가. 그 비결은 계속해서 연습하는 길 밖에 없다. 그러므로 잘 사랑하려면 계속에서 사랑을 실습해야 한다. "재능은 외로움 가운데서 개발되지만 성품은 생활의 흐름 속에서 개발 된다"는 괴테의 말을 빌려 우리의 성품개조는 매일의 생활 속에서 사랑의 요소를 실천해 나가는 길밖에 없음을 강조한다. 사람이 영혼을 활동시키지 않으면 영혼의 근육도 개발하지 못하며, 도덕적 소질도, 영적 성장의 아름다움도 개발하지 못한다. 그런데 이렇게 하기 위해서는 사랑이신 그리스도를 바라보아야 한다. 우리는 명령으로 사랑하게 할 수는 없다. 우리가 사랑하는 대상을 볼 때 사랑에 빠지게 되고 그와 같이 되는 것이다. 마찬가지로 우리는 완전하신 그리스도를 바라 볼 때 사랑을 실천하게 될 수 있다.

5. 논증

이 부문에서 드러몬드는 고린도전서 13:8-13까지의 내용을 근거로 바울이 왜 사랑을 최고의 가치가 있는 덕목으로 말하고 있는지를 논증한다. 한 마디로 말해서 "사랑은 언제까지든지 떨어지지 아니하기" 때문이라고 한다. 사랑은 오래 지속된다.

바울은 그 당시 사람들이 귀중하게 생각하고 오래 지속될 것으로 생각했던 것들을 열거하고 그것들은 잠정적인 것이지 영구적인 것이 못된다고 말한다. 예언, 방언, 지식, 이 모든 것이 일시적인 것이다. 한때 독창적이라고 인정받던 지식이 10년이 못되어 새로운 지식으로 대치된다. 도서관에서 10년 이상 된 교과서를 꺼

내보면 지식의 한정성을 곧 깨닫게 된다.

그러면 영구적으로 지속되는 것은 무엇인가. 바울은 여기 언급한 것을 죄로 정죄 하지 않고 잠정적인 것이라고 말할 뿐이다. 우리가 사랑하는 세상의 모든 것들이 잠정적인 것이요 오직 영구한 것은 믿음, 소망, 사랑인데 그 중에 제일이 사랑이라는 것이다. 어떤 이는 믿음은 보는 것으로, 소망은 결실로 변화될 것이므로 이 둘 역시 없어질 것이라고 하나 바울은 그렇게 말하지 않는다(p.47). 그러나 믿음이나 소망보다 사랑이 최고이다. 하나님이 세상을 사랑하신 것은 우리에게 영생을 주시기 위해서였다. 영생은 사랑이 있을 때만 가능하다. "풍요하게 사랑하는 것은 풍요하게 사는 것이다. 그리고 영원히 사랑하는 것은 영원히 사는 것이다."(p.49-50)

왜 당신이 내일을 살기 원하는가? 이는 사랑하고 사랑 받을 수 있기 때문이다.

사람이 세상에서 사랑을 하지도, 사랑을 받지도 못하면서 늙어 가는 것보다 더 비참한 운명이 있을 수 없다.

우리를 사랑해 주는 사람이 없고 또 우리들이 사랑해 줄 사람이 없다면 우리들은 자살 할 수밖에 없다. 사랑은 결코 폐하여지지 아니한다. 그리고 사랑이 있는 한 생명도 폐하여지지 아니한다. 영생은 우리가 죽어서 얻는 것이 아니요 바로 지금부터 사는 것이다. 왜냐하면 사랑은 영원하기 때문이다.(p.51) 이런 얘기가 있다. 하나님께서 천사에게 세상에서 가장 귀한 세 가지를 가지고 오라고 하셨더니, 천사가 장미, 어머니의 사랑, 아기의 미소를 가지고 천국으로 떠났는데 가는 동안 장미는 시들고, 아기의 미소는 늙어버렸으나 어머니의 사랑만은 영원하였다고 한다.

드러몬드는 여기까지 말하고 일주일에 한 번씩 고린도전서 13장을 석 달 동안 자기와 함께 읽고 묵상하기를 제의한다. 성자는 잠자리에서 만들어지지 않고 생활을 통해 탄생되는데 우리는 이 말씀을 묵상하고 우리가 얼마나 실천했는지 반성하는 시간을 갖는 것이 중요하다고 말한다(p.52). 그리고 우리가 심판 받을 때는 어떻게 믿었느냐에 의해서가 아니라 어떻게 사랑했느냐에 의해서라고 말한다. 종교의 최종 시험은 종교성이 아니라 사랑이다. 우리가 최후의 날에 들을 소리는 신학의 음성이 아니요 생애의 음성이며, 기도 책의 음성이 아니요 그리스도의 이름으로 베푸는 냉수 한 그릇의 소리를 듣게 될 것이라고 말한다.

드러몬드는 이렇게 세상에서 가장 귀한 것은 사랑이라고 말한다. 지금까지 요약을 통해 보듯 이 책은 신학 서적이 아니요 생활서적이요 경건 서적이다.

본 평자는 이 책을 읽고 많은 것을 깨닫고 은혜도 많이 받았다. 가정예배 때 드러몬드의 제안에 따라 일주

일에 한 번이 아니라 하루에 한 번씩 다른 성경구절과
함께 고린도전서 13장을 읽기로 하고 실천하고 있는
중이다. 비록 인간이 부족하지만 드러몬드의 말처럼 연
습하고 또 연습할 때 어제보다 오늘이, 오늘보다 내일
이 사랑의 실천으로 엮어질 수 있으리라 믿는다. 본서
는 분량도 많지 않지만 한 번 손에 잡으면 마지막 페이
지를 넘길 때까지 사람의 마음을 놓아 주지 않는 그런
책이다.

하나님의 새로운 사회

(*God's New Society*) ,

By John R. Stott/ 박상훈역/아가페출판사, 1986, 초판 370p.

하나님의 새로운 사회(*God's New Society*)는 존 스
톳트(John Stott) 박사의 에베소서 강해이다. 스톳
트 박사는 영국 런던에
있는 올 소울스 교회
(All Souls Church)
의 목사로 봉직해 오다
가 1975년, 공식 은퇴
후 계속 설교와, 성경
강해 및 집필을 통해
계속적인 영향을 미쳤
다. 스톳트 박사는 한
국어로 번역된 그의 저
서들을 통해 한국 교회

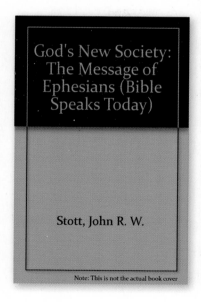

God's New Society:
The Message of
Ephesians (Bible
Speaks Today)

Stott, John R. W.

Note: This is not the actual book cover

에 잘 알려져 있다. 스톳트 박사는 한국어로 번역된 그의 저서들을 통해 한국 교회에 잘 알려져 있다. 스톳트 박사의 저서의 특징은 개인 구원만을 강조하지 않고 기독교인의 사회에 대한 책임도 강조하는 균형 잡힌 기독교의 진리를 강조한다는 점이다. 본서에서도 책의 제목이 암시하고 그가 서언에서 명백히 밝혔듯이 개인 구원과 공동체의 중요성을 균형 있게 강조한다. 목차의 제목들도 스톳트 박사의 같은 경향을 반영하고 있다. 본서와는 상관이 없는 내용이지만 스톳트 박사가 1988년에 내 놓은 *Essentials: A Liberal-Evangelical Dialogue* (한역: 복음주의가 자유주의에 답하다, 포이에마, 2010)에 보면 스톳트 박사는 불신자들이 지옥에서 영원히 고통 받는 것을 부인한다. 그는 방금 언급한 책에서 지옥에 대해 설명하는 가운데 소위 "영혼 멸절설"(annihilation theory)을 주장한다. (번역본 pp. 546-547 참조). 비록 그의 "영혼 멸절설"은 받아들일 수 없지만 스톳트 박사는 그의 저서를 통해 성경의 내용을 많은 사람들에게 이해하기 쉽게 펼쳐 준 귀한 하나님의 종이다.

스톳트 박사는 서론(1:1-2)에서 에베소서의 중요성을 여러 학자들의 말을 인용하여 증거 한 후 에베소서의 저자는 사도 바울임을 명백히 한다.

제1장 새로운 생명에서 에베소서 1:3-2:10을 세 부분으로 나누어 다룬다.

첫째 부분은 모든 영적인 복(1:3-14)을 취급한다. 여기서 스톳트 박사는 삼위일체 하나님이 성도에게 주신 복을 선택, 양자, 통일됨의 주제로 다루고, 이런 복들이 유대인에게만 국한된 것이 아니라 이방인에게도 똑같이 적용됨을 강조하고 있다.

둘째 부분은 지식을 구하는 기도(1:15-23)를 다룬다. 여기서는 에베소서 1:3-14에서 언급한 모든 영적인 복의 풍성함을 깨닫도록 하나님이 우리의 눈을 뜨게 해 주실 것을 기도한다. 바울 사도가 독자들이 알기 원하는 진리는 하나님의 부르심의 소망과, 하나님의 기업의 영광과, 하나님의 능력의 크심이다. 하나님이 우리를 왜 부르셨으며, 신자들이 받을 기업이 얼마나 영광스러우며, 우리를 부르신 하나님이 얼마나 능력이 많으신가를 명백히 함으로 성도들의 위치가 확고한 것을 증거한다.

셋째 부분은 성도들이 그리스도와 함께 부활(2:1-10)한 것을 다룬다. 이 부분에서 본래의 인간의 상태는 죽은 상태요, 종노릇하며, 저주받은 존재들이나 하나님의 은혜로 그리스도와 함께 부활하게 되었고(2:5), 부활의 축복을 누리게 되었다고 말한다.

제2장 새로운 사회에서 에베소서 2:11-3:21을 1장과 마찬가지로 세 부분으로 나누어 다룬다.

첫째 부분은 하나의 새로운 인류(2:11-22)에 대해서 취급한다. 오늘날 젊은 사람들이 "조직"에 대해 환멸을 느끼며 "체제"에 대해 적의를 품고 자신들을 가리켜 "소외된 자"라고 말하면서 어떤 이들은 개혁을 부르짖고, 어떤 이들은 혁명을 도모하며, 또 어떤 이들은 자포자기 상태에 빠져 생활하기도 한다. 그런데 칼 마르크스는 루드비히 포이에르바하(Ludwig Feuerbach)로부터 소외라는 말을 도입하여 보편화시켰고 무산계층의 처지를 경제적 소외라는 측면에서 이해했다(p.111). 마르크스는 경제적 소외를 계급투쟁의 기초로 삼고 무산 계층이 유산계층을 향해 투쟁해야한다고 말한다. 그래서 소외가 경제적인 용어에서 정치적인 용어로 탈바꿈하게 되었다. 스톳트 박사는 소외에 대한 이런 이해는 전혀 성경적이 아니라고 말한다. 성경은 포이에르바하와 마르크스 보다 훨씬 앞서 인간 소외에 대하여 말하고 있다. 성경은 경제적, 정치적 소외와는 다른 보다 근본적인 두 가지 소외에 대해 기술하고 있다. 이는 죄로 인해 생성된 것으로 그 하나는 창조자 하나님으로부터의 인간의 소외요, 다른 하나는 인간들 상호간의 소외이다(p.12). 이런 소외된 인류를 하나님은 그리스도를 통해 새로운 인류로 만드시고 새로운 사회를 이룩하게 하셨다. 이처럼 새로 이룩된 공동체를 가리켜 하나님의 나라(2:19상), 하나님의 가족(2:19하), 하나님의 성전(2:20-22)으로 묘사하고 있다.

둘째 부분은 바울의 독특한 특권(3:1-13)을 다룬다. 여기서 바울은 이 새로운 사회를 이룩하는데 하나님께서 그에게 주신 특권을 말한다. 바울은 하나님의 계시를 받은 자이며 이 복음의 메시지를 선포해야 할 사역이 그에게 있다고 천명한다. "이 복음을 위하여 그의 능력이 역사하시는 대로 내게 주신 하나님의 은혜의 선물을 따라 내가 일꾼이 되었노라(3:7, 개역개정)" 바울은 맡은 책임을 겸손으로 수행한다. 그의 겸손이 사도로서의 책임을 수행하는데 아무런 방해도 되지 않았다고 말한다. 스톳트 박사는 이 부분의 결론에서 ① 교회는 역사의 중심이다. ② 교회는 복음의 중심이다. 교회는 그리스도인의 삶의 중심이라는 주제로 교회 즉 새로운 공동체의 중요성을 지적한다.

셋째 부분은 하나님의 능력에 대한 확신(3:14-21)을 다룬다. 이 부분은 에베소서에 나오는 바울의 두 번째 기도이다. 첫 번째 기도는 엡 1:15-23에 나왔다. 이 두 번째 기도에서 스톳트 박사는 바울이 하나님께 자신의 영혼을 쏟아 놓는다고 말한다. 기도의 내용은 성도들이 ① 성령의 능력으로 강건하게 되기를 원하며, ② 사랑 가운데서 뿌리가 박히고 터가 튼튼해지는 것이며, ③ 그리스도의 사랑을 알며, ④ 하나님의 충만하신 것으로 충만하게 되는 것이다(pp.168-174).

제3장 새로운 표준들은 에베소서 4:1-5:21까지를 세 부분으로 나누어 다룬다.

첫째 부분은 교회의 통일성과 다양성(4:1-16)을 다루는데 교회의 통일성은 하나님의 연합에서 찾을 수 있다고 말한다. 교회가 하나인 것은 성령이 하나요, 소망이 하나요, 하나님이 한 분이시기 때문이다(pp.186-187). 그리고 교회의 통일성은 겸손, 온유, 오래 참음, 서로 용납함, 사랑이 그 기초가 되며 이런 연합의 초석들이 놓여지지 않으면 외형적인 구조는 아무 소용이 없다고 말한다(p.185). 그런데 교회의 다양성은 그리스도인의 연합을 더 풍요롭게 하는데 교회의 다양성은 그리스도께서 주신 신령한 은사의 다양에서 나타난다. 이와 같은 교회에 주신 다양한 은사는 봉사를 위해 주어진 것이다. 그러므로 은사를 소유한 것은 자랑이나 세도를 부리는 이유가 되지 못하고 오히려 교회를 위해 봉사하며 헌신하게 하는 원동력이 되어야 하는 것이다(pp.209-212).

둘째 부분은 새로운 옷(4:17-5:4)을 다룬다. 여기서 스톳트 박사는 새 생활의 교리적 기초(4:17-24)와 그 교리적 기초가 실제 생활에서 어떻게 성취되는 방식

(4:25-5:4)으로 나누어 다룬다. 교리적 기초는 이방인의 생활과 그리스도인의 생활을 대조시키면서 그리스도인들은 하나님의 형상으로 재창조된 새 사람을 입은 사람들이라고 말한다(p.227). 그런데 새 사람은 자신의 힘으로 태어날 수 없고 그리스도 안에서 다시 지어질 때 가능한 것이다(p.230). 이처럼 새 옷을 입은 사람들은 그 생활을 통해 구체적인 변화가 있어야 한다. 스톳트 박사는 그 변화를 본문에 의지하여 6가지로 말한다. ① 거짓을 말하지 말고 돌이켜 참된 것을 말하라(4:25). ② 화를 내지 말고 너희의 분이 의로운 분이 되도록 하라(4:26-27). ③ 도둑질하지 말고 돌이켜 수고하며 주는 자가 되라(4:28). ④ 입으로 더러운 말을 하지 말고 돌이켜 선한 말을 하라(4:29-30). ⑤ 불친절과 악독을 버리고, 돌이켜 인자하며 사랑 가운데서 행하라(4:31; 5:2). ⑥ 음행에 관계되는 말을 하지 말고, 돌이켜 감사하는 말을 하라(5:3-4).

셋째 부분은 의로움을 위한 또 다른 동기들을 다룬다(5:5-21). 여기서는 의롭게 되어야 할 동기가 네 가지로 언급되는데 ① 심판의 필연성(5:5-7), ② 빛의 열매(5:8-14), ③ 지혜의 특성(5:15-17), ④ 성령 충만(5:18-21)을 든다. 하나님의 진노의 심판은 이미 정해진 것이요, 그 심판은 불의한 자를 향한 것이기 때문에 새 사람들은 "저희와 함께 참예하는 자가 되지 말라"(5:7, 개역)는 권고를 받고 있는 것이다. 새 사람들은 빛의 열매를 맺고, 지혜 있는 자와 같이 세월을 아끼고 하나님의 뜻을 찾아 순종해야 하는 것이다.

제4장 새로운 관계를 에베소서의 마지막 부분인 에베소서 5:21-6:24을 다룬다.

스톳트 박사는 "여기서 바울은 하나님의 새 백성이 불가피하게 맺게 될 새로운 관계로 옮겨감으로써, 자신의 서신의 나머지 부분에서는 두 가지의 보다 차원이 깊은 기독교인의 삶에 대해서 강조하고 있다"(p.269)고 말한다. 그 첫째는 가정이라는 실제적이고도 현실적인 관계요, 그 둘째는 우리가 싸워야 할 적에 관한 것과 우리의 영적 투쟁에서 갖추어야 할 것이다.

첫째 부분에서 남편과 아내(5:21-33)의 관계를 다룬다. 아내가 남편에게 복종해야하는 이유는 첫째, 창조 사실에서 남편이 아내의 머리됨이 그 증거이며 둘째, 구속 사실에서 그리스도가 교회의 머리됨과 비교되었기 때문이다. 이것은 어떤 문화에 국한 된 것이 아니요 영구적이고 더 보편적인 효력을 가진 진리인 것이다(p.279). "우리는 그리스도 안에서 새로이 창조됨으로써 타락으로 인해 왜곡된 양성간의 관계(창 3:16)에서 벗어나, 창조의 본래적 의도로 환원되는 것이다"(P.279)라고 스톳트 박사는 말한다. 아내가 남편에게 복종하는 것이 아내의 의무의 특징이라면 남편의 의무는 아내를 사랑하는 것이다. 남편은 아내를 사랑하되 그리스도께서 교회를 사랑하시듯 사랑해야 한다. 이와 같은 사랑은 자기 부인의 사랑이요, 자기희생과 봉사를 통해 실천하는 사랑이다. 바울 당시 여자의 신분이 낮게 평가되고, 여자를 물건처럼 생각하는 그런 시대에 이런 고차원적인 사랑을 남편에게 요구하는 것은 기독교의 유일한 도덕이요 하나님의 창조 질서 속에 포함되어 있는 것이다.

둘째 부분은 부모와 자녀 및 상전과 종(6:1-9)의 관계를 다룬다. 여기서는 다섯 개의 소제목으로 나누어 설명한다. 첫째, 자녀의 의무(6:1-3)는 자기 부모에게 순종하는 것이다. 자녀가 부모에게 순종하는 것은 인간의 본성이요 하나님께서 인간의 마음에 새기신 자연법에 속하는 것이다(P.304). 이는 어느 사회에서든지 자녀들이 해야 할 규범으로 받아들여지고 있는 것이다. 본문의 "자녀들"이 누구를 가리키느냐에 대해 스톳트 박사는 어느 문화이건 미성년자로 인정되면 그 범주에 넣어야 한다고 말한다(p.308). 그러나 스톳트 박사는 계속해서 말하기를 성년이 된 자녀라도 부모를 계속 공경해야 하기 때문에 부모들에게 소홀히 행동하거나 잊어버릴 수 없다고 못 박아 말한다(p.308). 둘째, 부모의 의무(6:4)는 부모의 권세를 행사할 것이 아니라 자제와 온유와 인내를 가지고 자기 자녀들을 교육하는 것이라고 말한다. 부모에 대한 이와 같은 요구는 그 당시의 규범과 날카롭게 대립되는 현상인 것이다. 로마 사회에서 아버지는 가족의 우두머리로, 가장으로 가족의 모든 식구들에게 절대적인 권세를 행사했었다. 이런 아버지에게 자제를 요구하는 것은 기독교의 탁월한 도덕에서 나온 것이다. 바울 사도는 소극적으로 자녀를 노엽게 하지 말라는 교훈에, 주의 교양과 훈계로 양육하는 적극적인 교훈을 더 첨가시켜 부모의 할 바를 가르친다. 셋째, 종의 의무(6:5-8)에서 바울이 노예들을 인격적으로 대함을 볼 수 있다. 그 당시 재산으로 밖에 그 가치를 인정할 수 없는 노예들에게 바울이 훈계하고 있다는 단순한 사실이 노예들을 기독교 공동체의 구성원으로 인정했다는 것을 증거하고 있다. 기독교인이 된 노예들은 그리스도께 하듯 주인에게 순종해야 한다(p.319). 넷째, 상전의 의무(6:9)는 세 가지의 원칙을 제시함으로 설명한다. ① 황금률을 실천하라. 즉, "무엇에든지 남에게 대접을 받고자 하는 대로 너희도 남을 대접하라 이것이 율법이요 선지자니라"(마 7:12, 개역개정), ② 공갈을 그치라, ③ 그리스도가 모두에게 상전이 되심을 기억하고 종을 대하라. 다섯째, 노예제도의 폐지에 대해 성경이 왜 단호한 태도를 표명하지 못하고 그저 빙 돌려서 약하게 말하고 있을 뿐인가? 스톳트 박사는 노예제도는 정죄 되어야 하고 폐지되어야 한다고 말하면서 신약 성경이 노예제도의 폐지를 요구하지 않았던 이유를 세 가지로 설명한다. ① 기독교인들이 로마 제국에서 처음에는 별반 중요성을 지닌 무리로서 부각되지 못했기 때문에 그들에게는 정치적으로 아무런 힘이 없었다. 그 당시 노예제도 폐지는 사회를 완전히 해체하는 결과를 초래하는 형편이었다. ② 그 당시 노예에게 해방 증서를 줌으로 노예에서 자유인으로 해방시키는 방법이 있었기 때문에 강하게 노예제도 폐지를 말하지 않았을 수가 있다(참조 고전 7:21; 몬 16). ③ 그 때로부터 노예의 법적 신분이 향상되기 시작했으며 더 개선되어 나갈 여지가 보였기 때문에 신약 성경이 노예제도 폐지에 대해 강한 입장을 취하지 않았다고 생각할 수 있다(pp.323-325).

셋째 부분은 정사와 권세(6:10-20)에 대해서 다룬다. 하나님의 영원한 목적은 유대인들과 이방인들이 그리스도 안에서 한 몸을 이루어 하나님의 새로운 인류로서 부르심에 합당한 삶을 살아야 하는 것이다. 그러나 성도들은 눈에 보이지 않는 영적 싸움을 계속해야 한다(p.331). 이 싸움은 주님의 초림과 재림 사이의 기간에 계속되어질 싸움인 것이다(p.333). 그런데 신자들이 대항하는 세력은 영적인 적으로서 세 가지의 주된 특징을 가지고 있다. ① 우리의 적은 힘이 강하다. ②

우리의 적은 사악하다. ③ 우리의 적은 교활하다. 스톳트 박사는 신자가 대항해야 할 정사와 권세는 인격적인 초자연적 존재이지 어떤 구조물이나, 전통이나, 제도가 아니라고 말한다(p.348). 그러나 초자연적인 존재가 그런 것들을 사용할 수는 있다고 말한다. 그러므로 신자들은 하나님의 전신 갑주를 입고 투쟁해야 한다고 설명한다. 하나님의 전신 갑주는 진리의 띠, 의의 흉배, 복음의 신, 믿음의 방패, 구원의 투구, 그리고 성령의 검이다. 스톳트 박사는 "하나님의 갑주로 무장하는 것은 기계적인 일이 아니다. 그 자체가 바로 우리가 하나님께 의지한다는 표현, 다른 말로 기도인 것이다."(p. 360)라고 자연스럽게 전신 갑주의 장비에 기도를 덧붙이고 있다(6:18-20).

서신의 결론(6:21-24)에서는 다른 서신에서와 마찬가지로 대필자 두기고에 대해 언급하고 서신 서두의 인사말을 그리스도인답게 행했던 것처럼 마지막 간구의 말로 그리스도인답게 끝맺고 있다.

첫 번째 바람과 기도는 "평안과 믿음을 겸한 사랑이 형제들에게 있을지어다"(6:23)이며, 두 번째 바람과 기도는 "우리 주 예수그리스도를 변함없이 사랑하는 모든 자에게 은혜가 있을지어다"(6:24)이다. 이 서신은 영원한 과거 속으로 담대한 응시를 함으로써 시작하고 불멸의 소망을 바라보는 내용으로써 끝을 맺고 있는 것이다(p.369).

　이제 하나님의 새로운 사회의 번역과 출판에 대해 몇 마디 언급하고자 한다. 박상훈 역으로 아가페 출판사에서 펴낸 본서는 번역, 인쇄, 장정 모두 칭찬을 받아 마땅하다고 생각된다. 번역은 원문의 내용을 충실하게 따르면서도 한국어로 읽기 쉽게 번역해 주었으며 인쇄와 장정도 보기 쉽고 산뜻하게 만들어 주었다.
　여기서 재 판시 교정을 위해 두 가지만 지적한다면 먼저 번역의 경우 "We tend to proclaim individual salvation without moving on to the saved community"(영어판 p.9)를 번역판에서는 "우리는 공동체의 구원에는 관심을 쏟지 않고 단지 개인 구원만을 선포 한다"(p.9)로 번역했는데 스톳트 박사의 의도는 본 문맥에서 "공동체의 구원" 보다는 구원받는 공동체 즉 "교회"의 중요성에 대해 언급하고 있다고 생각된다. 따라서 본 문장은 "우리는 구원받은 공동체에 대한 관심 없이 개인 구원만 선포하는 경향이 있다"로 좀 더 직역하는 것이 나을 것 같다. 그리고 "To denying his reality is to expose ourselves the more to his subtlety"(영어판 p.265)를 번역판에서는 "그것의 실재를 부인하는 것은 우리 스스로를 마귀의 간교에 더욱 노출시키는 것이다"로 해야 할 것이다. "b. Don't lose your temper, but rather ensure that your anger is righteous."(영 어판 p.185)를 번역판은 "화를 내지 말고 너희의 분이 의로움을 확실하게 하라"(p.234)로 번역했다. 곰곰이 생각하면 뜻이 통하기도 하지만 "화를 내지 말고 너희 분이 의로운 분이 되도록 하라"로 번역하는 것이 더 쉽 게 이해될 것 같다. 본서가 한국 교회에 미칠 영향이 지 대할 것을 기대하면서 서평에 임한다. 본서의 번역으로 한국 교회가 더 균형 잡힌 교회가 되며 한국 교회의 강 단이 더 풍요해지기를 바란다.

은혜에 붙잡혀

(*In the Grip of Grace*) ,
by Max Lucado. Dallas: Word Publishing, 1996, pp.235.

본서는 미국 샌 안토니오(San Antonio)에 위치한 오크
힐스교회(Oak Hills Church)의 목사로 봉사한 맥스 루

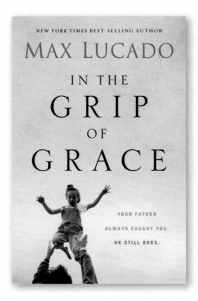

카도(Max Lucado)목
사의 간증과 같은 저서
이다. 그는 세상에서
가장 행복한 발견 세
가지가 첫째는 하나님
이 그를 용서해 주셨다
는 사실을 발견한 것이
요, 둘째는 그의 아내
데날린(Denalyn)이 그
에게 결혼해 준 사실이
요, 셋째는 사람들이

그의 두서없는 글을 읽어준다는 사실이라고 말한다. 사실상 루카도 목사는 훌륭한 연설가요 감명을 주는 저술가이다.

루카도 목사의 「은혜에 붙잡혀」는 서론과 본론 그리고 결론으로 구성되어 있다. 그리고 본론은 3부로 나뉘어 있는데 제1부에서 죄인인 인간의 비참한 모습을 다루고, 제2부에서 하나님의 사랑과 용서를 다루며, 그리고 제3부에서는 용서받은 인간들이 어떻게 살 수 있는지를 다룬다. 이제 좀 더 자세하게 본서의 내용을 살펴보기로 한다.

루카도 목사는 서론에서 그가 이 책을 쓰게 된 이유를 설명한다. 루카도 목사는 자신을 "아주 좋은 우아한 옷 한 벌"과 비교하며 본서를 시작한다. 그는 자신의 옷을 사람들에게 자랑스럽게 자랑하곤 했다. 루카도 목사는 자신이 소유하고 있는 옷에 관해 하나님이 칭찬하리라 생각했는데 하나님은 침묵을 지키셨다.

그런데 자신의 옷은 점점 낡아지게 되었다. 루카도 목사는 "문제없어," "내가 열심히 수선하면 좋아질 거야"라고 생각하면서 열심히 노력했지만, 결국 옷에는 구멍이 생기고, 끝이 달아서 고칠 수 없는 상황에 도달했다고 고백한다.

이렇게 스스로 만든 "의의 옷"은 결국 "거지의 누더기"로 변하고 말았다. 루카도 목사는 하나님이 이 더

러운 옷을 싫어하고 책망할 것으로 생각하여 그 옷을 고치고 또 헤어진 부분을 감추려고 생각했다. 그러나 그 옷이 너무 헤어져서 그는 그의 시도를 포기하고 말았다.

그런데 루카도 목사는 어느 겨울날 목요일 오후에 칭찬을 위해서가 아니라 따스함을 느끼기 위해 하나님의 면전으로 들어간다. 그의 기도는 "내가 벗은 것을 느낍니다"였다. 하나님의 대답은 "그렇다, 네가 오래 동안 벗은 상태로 있었느니라"였다. 그리고 하나님이 하신 일은 하나님이 만든 "제왕의 옷"으로 나를 감싸주시고 "내 아들아, 네가 이제는 그리스도로 옷 입었느니라"(갈 3:27)라고 말씀해 주셨다.

루카도 목사님이 생애 가운데서 깨달은 가장 위대한 발견은 바로 하나님의 은혜였다. 그래서 이 하나님의 은혜에 관해 로마서의 산봉우리를 걸으면서 생각해 보려고 한다. 로마서의 말씀은, 루터, 요한 웨슬리, 요한 칼빈, 윌리암 틴데일, 성 어거스틴, 등 수백만의 성도들의 삶을 변화 시켰다. 로마서의 말씀이 우리의 삶도 변화시킬 것이다.

1. 강의 비유(롬 1:21-32)

한 아버지가 산 위의 큰 성에서 다섯 아들과 살고 있었는데 큰아들은 순종하는 아들이었지만 네 아들은 반역적이었다. 아버지는 성 근처 가까이에 있는 강을 주의

하라고 아들들에게 경고했지만 네 아들은 아버지의 경고를 무시하고 강에 빠져 물결에 휩싸여 알지 못하는 먼 나라에 도착하게 된다. 네 아들은 간신히 생명은 구했지만 아버지의 집이 어디 있는지 조차도 알 수 없는 위험한 곳에서 불을 피우고 몸을 데우고 지냈다. 세월이 지나면서 한 아들은 초가집을 짓고 그 지역에 정착하여 즐기기 시작했고, 다른 아들은 초가집을 짓고 정착한 형제를 감시하고 그의 잘못을 기록하느라 여념이 없다. 그리고 또한 아들을 아버지 집으로 돌아가기 위해 강가에서 돌을 쌓아 올리고 있었다.

그런데 막내가 하루아침에 눈을 뜨니 아버지가 보내신 큰아들이 그들을 데리러 왔다. 그래서 큰아들과 막내는 둘째, 셋째, 넷째에게 찾아가 집으로 가자고 했으나 모두 다 자신의 형편에서 벗어나기를 원치 않았다. 결국 막내아들만 큰아들의 등에 업혀 아버지 집으로 돌아왔다. 한 아들은 "내 마음대로 하겠다"이고 다른 아들은 "다른 사람과 비교 하겠다"이며, 또 다른 아들은 "내가 나를 구원 하겠다"이며, 막내아들만 "내가 나를 당신께 맡기겠다"이다.

루카도 목사는 우리들의 하나님과의 관계가 어떤 관계인지를 묻는다.

루카도 목사는 로마서 1:21-32을 근거로 초가집을 지은 "향락주의자"에 대해 설명한다. 향락주의자는 향락을 추구하면서 귀한 것을 천한 것과 바꾼다. 그는 하나님의 영광을 우상숭배와 바꾸는 사람이다. 그리고 루카도 목사는 로마서 2:1-11을 근거로 형제의 약점을 찾고 "판단하는 자"에 대해 설명한다. 이런 사람은 다른 사람의 잘못을 찾아 자신의 잘못을 가려 보려는 사람이다. 계속해서 루카도 목사는 로마서 2:17-3:20을 근거로 돌을 쌓고 있는 "율법주의자"에 대해 설명한다. 율법주의자는 자신의 죄를 인정하면서 아버지의 자비를 구하기 위해 열심히 노력하는 사람이다. 이런 사람들이 우리들의 모습을 반영한다. 루카도 목사는 이런 세 부류의 사람이 자신만족(self-satisfaction), 자아의로움(self-justification), 그리고 자신 구원(self-salvation)을 대표한다고 규정한다. 문제는 자신(self)이 문제이다. 루카도 목사는 로마서 1장은 긍정적 소식보다는 부정적 소식을 전한다고 설명한다. 우리들의 죄가 얼마나 치명적인지를 증명하고 있다. 하나님의 은혜를 제시하기 전 하나님의 진노를 이해해야만 한다.

제1부: 얼마나 엉망진창인가!

2. "하나님의 은혜로운 진노"

루카도 목사는 이 부분에서 로마서 1:18-20의 내용을 설명한다. 하나님은 악을 미워하신다. 하나님은 거룩하신 하나님이요, 인간의 죄는 이 하나님의 거룩에 대해 정면으로 맞서는 범죄이다. 하나님은 죄로 인해 그의 피조세계가 파괴되고 그의 거룩한 뜻이 짓밟히는 것을 무관심하게 지켜 볼 수는 없다. 그래서 바울은 등골이 오싹한 세 마디의 말씀을 하신다.

> "하나님께서 그들을 마음의 정욕대로 더러움에
> 내버려 두셨다"(롬 1:24).
> "하나님께서 그들을 부끄러운 욕심에 내버려
> 두셨다"(롬 1:26).
> "하나님께서 그들을 그 상실한 마음대로 내버려
> 두셨다"(롬 1:28).

루카도 목사는 인간의 불순종은 자체 파멸을 가져오기 때문에 친절하신 아버지 하나님께서 인간의 불순종에 대해 진노하실 수밖에 없다고 설명한다. 인간은 불순종의 죄에 대해 전혀 핑계를 할 수 없는 형편에 있다. 그 이유는 하나님이 그의 창조 세계를 통해 자신을 충분히 나타내 보여 주셨지만 인간들은 하나님의 말씀을 듣지 않았기 때문이다.

3. 하나님 없는 삶

루카도 목사는 로마서 1:21-32을 근거로 인간의 향락주의적인 삶에 대해 설명한다. 향락주의자들은 "알게 뭐야, 내가 나쁠 수도 있지, 그래서 어쨌단 말인가, 내가 하는 일을 왜 다른 사람이 참견한단 말인가"
라는 태도로 산다.

결국 우리들은 우리의 삶의 기준을 상실하게 되었
고, 우리의 목적을 상실하게 되었으며, 우리들의 경배
를 상실하게 되었다. 초가집을 짓고 오늘을 즐기기를
원하는 아들처럼 향락주의자들은 내일 큰 성에서 살 소
망을 파괴해 버리고 말았다고 루카도 목사는 설명한다.

4. 하나님 없는 판단

초가집을 짓고 정착한 형제를 감시하고 그 잘못을 기록
하느라 여념이 없는 아들처럼 우리는 다른 사람들을 판
단하기를 즐겨한다. 루카도 목사는 17명을 살해한 죄
인 제프리 다머(Jeffrey Dahmer)의 구원받은 이야기
를 예로 우리들의 태도를 묘사한다. 제프리 다머는 인
간의 잔인성의 한계를 다시 쓸 만큼 극악무도한 자이었
는데 동료 죄수가 그를 살해하기 몇 날 전 그는 회개하
고 기독교인이 되었다(p. 36). 그의 죄는 씻겨 졌고,
그의 영혼은 깨끗해 졌으며, 그의 과거는 용서함을 받
았다. 이런 일이 우리의 마음을 괴롭히지만 이런 일이
발생할 수 있는 것이 기독교 복음의 위대함이다.

루카도 목사는 우리들이 사안을 판단하는 의사봉을
가지고 있지 않은 이유로 첫째, 우리는 판단할 수 있을
만큼 선하지 않으며, 둘째, 우리는 어떤 일에 대해 충

분히 알고 있지도 않다고 설명한다. 바울은 "다만 나를 판단하실 이는 주시니라"(고전 4:4)라고 선언한다.

5. 하나님 없는 종교

루카도 목사는 로마서 2:17-3:18을 근거로 "하나님 없는 종교"의 실상을 설명한다. 사람들은 혈통을 자랑한다. 그러나 믿음은 개인적인 것이요, 하나님의 왕국에는 특별한 계보도 없고 거룩한 혈통도 없다. 그러므로 바울은 유대인이라는 혈통 때문에 하나님의 나라에 들어갈 수는 없다고 말한다.

바울은 유대인들의 거룩한 표지(標識)인 할례 문제를 다룬다. 유대인들은 할례를 복종의 표시로 받아들이지 않고 우월성의 표시로 받아들였다(p. 47). 이와 같은 태도는 하나님 없는 종교의 태도라고 루카도 목사는 지적한다.

그리고 루카도 목사는 구원에 관한한 그것은 하나님이 하시는 일이라고 못 박는다. 로마서에 나타난 바울의 메시지는 하나님이 그의 자녀들을 구원하시는 분이라는 것이다.

루카도 목사는 우리의 혈통이나 우리 몸에 새긴 어떤 상징 때문에 구원 얻는 것이 아니요, 하나님께서 우리를 구원하신다는 사실을 분명히 한다.

제2부: 얼마나 멋있는 하나님인가!

6. 시체를 부르심

　　루카도 목사는 이 부분에서 로마서 3:21-26의 내용을 소개한다. 하나님과 우리를 분리시키는 것은 죄이다. 죄는 어떠한 사람의 문제가 아니요 우주적인 문제이다. 모든 사람이 다 죄인이다. 죄는 전체 인간을 감염시킨다. 그래서 죽음은 우주적인 조건이 되었다.

　　죽은 꽃은 생명이 없고, 죽은 몸도 생명이 없고, 죽은 영혼도 생명이 없다. 우리 모두는 죄로 인해 죽은 상태이다.

　　그래서 우리는 이적이 필요하다. 죄 문제의 해결은 정부도, 교육도, 의식도, 교리도 아니요 누군가 죽은 자를 살리는 이적이 필요하다. "예수 그리스도를 믿음으로 말미암아 모든 믿는 자에게 미치는 하나님의 의니 차별이 없느니라"(롬 3:22, 개역개정). 바울은 커튼을 열고 우리의 죄 문제 해결 방법이 하나님에게 있다고 선언한다(롬 3:21). 이렇게 하나님은 죽은 시체에 새로운 생명을 불어넣어 주셨다. 이제 시체가 움직이고, 웃고, 행복을 느끼게 되었다.

7. 사랑과 공의가 만나는 곳

　　루카도 목사는 이 부분에서 로마서 3:21-25의 내

용을 소개한다. 죄인들을 위해 하나님은 한 방법을 제시하셨다. 하나님은 그의 은혜를 인간에게 주셨다. 은혜의 방향이 인간을 향해 작용한 것이다. 존 맥아더(John MacArthur)목사는 "구원의 방법에 관한 한 오로지 두 가지 종교만이 있다. 그것은 예전에도 그랬고 앞으로도 그럴 것이다. 하나는 성경적인 기독교인 하나님이 성취하신 종교요, 다른 하나는 그것들이 어떤 이름을 사용하건 모든 다른 종교가 포함된 인간이 성취하는 종교이다"(p. 71)라고 루카도 목사는 은혜의 기독교와 공로의 종교를 비교한다. 루카도 목사는 로마서의 처음 세 장 반이 "우리는 실패했다"(p. 72)라는 말로 요약할 수 있다고 말한다.

그러면 실패한 우리를 하나님은 어떻게 하셨는가? 하나님이 어떻게 죄는 심판하시고, 죄인은 사랑하실 수 있었는가? 하나님이 스스로 세우신 기준을 낮추신 것이 아닌가? 하나님이 어떻게 그의 의로우심을 지키면서 동시에 죄인을 사랑하실 수 있는가? 하나님은 이런 딜레마를 해결하시기 위해 은혜의 결단을 하신다.

그 방법은 하나님이 예수 그리스도를 우리에게 주심으로 해결된다. 예수님의 완전한 기록을 우리에게 주고 우리의 불완전한 기록을 예수님에게 주신 것이다 (p. 75). 예수님은 그의 완전한 삶으로 율법을 성취하셨다. 예수님은 그의 죽으심으로 죄의 요구를 만족하게 하셨다. 이렇게 하나님은 죄를 두둔하지도 않으시고, 그의 기준을 낮추시지도 않으시고, 우리들의 반역을 내 버려 두시지도 않으셨다. 예수님은 우리들의 죄를 묵인 하시지 않고 오히려 우리의 죄를 담당하신 것이다. 하 나님은 우리의 죄 때문에 자신을 심판하신 것이다. 이 렇게 하여 우리의 죄는 심판을 받고, 우리들은 구속을 받게 되었다. 하나님의 거룩은 유지되고, 하나님은 계 속 하나님으로 남아 계신다.

8. 공로 없는 곳에 공로를 인정하시다.

루카도 목사는 여기서 로마서 3:27-4:25의 내용을 다 룬다. 우리들은 주유소에서 주유할 때 그 값이 얼마인 지는 쉽게 알 수 있다. 그러나 우리들은 우리들이 지은 모든 죄의 값을 알 수가 없다. 분명한 것은 우리들의 죄 값은 우리들이 지불할 수 없을 정도로 많다는 것이다. 그러나 하나님의 은사는 우리가 상상할 수 없을 만큼 크다. 바울은 "사람이 의롭다 하심을 얻는 것은 율법의 행위에 있지 않고 믿음으로 되는 줄 우리가 인정하노 라"(롬 3:28, 개역개정)고 선언한다.

그런데 이 믿음의 방법에 이의를 제기하는 세 가지 부류의 사람들이 있다.

첫째 반대는 실용주의자로부터 온다. 그것은 "우리 가 믿음의 길을 따르기 위해 율법을 폐기하는 것인가

(p. 81)라는 의구심이다. 바울은 이런 질문을 하는 사람에게 "은혜는 모험적인 것이다"라고 대답한다. 은혜를 받은 사람은 하나님의 선하심을 남용하지 않는다. 은혜를 받은 사람은 계속 죄 가운데 머물러 있을 수 없다(참고, 롬 6:1). 하나님이 주신 은혜는 우리로 하여금 바른 일을 열심히 하도록 만든다.

두 번째 반대는 새로운 것에 대해 조심스런 태도를 취하는 사람으로부터 온다. 나는 새로운 것이 싫다. 나에게는 율법만 있으면 그것으로 족하다고 생각하는 사람들이 반대하는 것이다. 아브라함에게 충분했다면 나에게도 충분하다고 생각하는 것이다. 그러나 바울은 아브라함이 은혜의 본보기라고 말한다. 우리는 율법이 실패한 이후에 은혜의 방법이 마련되었다고 생각해서는 안 된다. 은혜는 율법이 계시되기 이전에 제공되었다 (p. 85). 사실상 은혜는 새로운 것이 아니다. 하나님의 자비는 바울과 그의 독자들 이전에 있었으며, 다윗과 아브라함 이전에 있었다. 은혜는 우리들이 범한 어떤 죄보다도 더 오래 되었다. 하나님의 은혜는 우리들의 죄보다 오래 되었으며, 우리들의 죄 보다 훨씬 크다 (p. 86).

세 번째 반대는 믿음의 방법이 너무 좋아서 참이 될 수 없다고 생각하는 사람으로부터 온다. 이런 사람들은 자신의 신용이 너무 나빠서 구제 불능이라고 생각한다.

그들은 하나님이 당신에게는 은혜를 주실지 모르지만 나에게는 아니라고 생각한다(p. 87). 그러나 하나님은 99세 된 아브라함에게 아들을 약속하셨고, 그리고 1년 후에 사라는 그의 남편 아브라함에게 "아버지"가 되었다고 말할 수 있도록 하나님은 그 약속을 성취시켜 주신다. 아브라함에게 아들을 주신 바로 그 하나님이 우리에게 은혜를 약속하셨다.

9. 메이저 리그 은혜

루카도 목사는 이 부분에서 로마서 5:1-3을 설명한다. 여러 가지 상황으로 야구를 할 수 없는 경우인데 하나님은 우리를 메이저 리그 선수로 뽑아 주셨다. 메이저 리그에 속한 선수들은 야구를 할 수 있는 것 자체만으로도 행복하다. 로마서 처음 네 장은 우리가 가치가 없는 사람들인데도 한 평생의 삶을 살게 되었다고 말한다. 우리는 선택받을 만큼 선하지도 않은데 메이저 리그 선수들처럼 세상에서 경기를 하게 된 것이다.

첫째 축복: 우리는 하나님으로 더불어 화평을 누린다. 하나님과 더불어 화평을 누리는 것은 믿음의 결과이다. 우리가 죄 가운데 있을 때에는 우리는 하나님을 원수로 생각한다. 그래서 우리는 그로부터 멀어지기를 원한다. 그러나 우리가 우리 죄를 고백하고 하나님을 믿으면 우리들의 하나님에 대한 생각이 달라진다. 하나님은

더 이상 우리들의 적이 될 수가 없다. 우리는 하나님의 임재를 기뻐하게 된다.

둘째 축복: 우리는 하나님과 함께 한 장소를 소유했다. 바울은 우리들이 왕의 면전으로 인도함을 받았다고 기록한다(롬 5:2). 에베소서는 우리가 한 성령 안에서 아버지께 나아감을 얻게 되었고(엡 2:18), 우리가 그리스도 안에서 그를 믿음으로 말미암아 담대함과 하나님께 당당히 나아감을 얻게 되었다(엡 3:12)고 기술한다. 우리가 받은 축복은 하나님의 면전을 잠시 방문한 것이 아니요, 영원히 하나님의 면전에서 살게 되었다는 사실이다(p. 93).

셋째 축복: 우리는 그의 영광에 참여한다. 바울은 우리가 하나님의 영광을 바라고 즐거워한다(롬 5:2)라고 기록한다. 하나님의 은혜로 "목구멍이 열린 무덤 같은" 우리가 이제는 하나님의 영광에 참여자가 된 것이다. 얼마나 놀랄만한 축복인가!

10. 빈곤자들의 특권

루카도 목사는 여기서 로마서 5:6-8의 내용을 다룬다.

교회에서 가끔 잔치를 벌리 곤 한다. 내가 잘 먹을 수 있는 길은 내가 배고프다고 말하는 것이다. 우리는 죄인들이었다. 우리가 죄 문제를 해결할 수 있는 길은 우리가 그리스도가 필요하다고 인정하는 것이다.

(1) 빈곤자의 모습

바울이 묘사한 우리들의 모습은 매력적이 아니다. 우리는 우리 스스로를 도울 수 없고, 하나님을 배반하여 살았고, 죄인들이며, 그리고 하나님의 원수들이었다 (롬 5:6, 8, 10). 그런데 이런 우리들을 위해 그리스도가 죽으셨다. 우리는 마치 스스로를 도울 수 없는 처형되어야 마땅할 요나단의 아들 므비보셋과 같은 사람들인데, 하나님께서 다윗 왕이 므비보셋에게 은혜를 베푼 것처럼, 우리에게도 은혜를 베풀어 주셨다(삼하 4:4 참조).

(2) 왕의 약속

다윗과 요나단은 생명을 나눈 형제였다. 그런데 사울과 요나단이 전쟁으로 죽자 다윗은 요나단의 아들 므비보셋을 찾아 구원하여 준다. 그러나 므비보셋은 더 확실한 보장을 요청한다. 바로 이런 모습이 우리들의 모습이다. 죄인인 우리를 찾아 구원해 주셨는데 우리는 더 확실한 보장을 요구한다. 이런 요구의 답변으로 바울은 "우리가 아직 죄인 되었을 때에 그리스도께서 우리를 위하여 죽으심으로 하나님께서 우리에 대한 자기의 사랑을 확증 하셨느니라"(롬 5:8, 개역개정)라고 말한다. 하나님은 그의 아들을 희생시킴으로 우리에게 대한 사랑을 증명해 주셨다.

(3) 수양의 특권

다윗이 요나단과의 약속을 지킨 것처럼 하나님은 우리에게 그의 약속을 지키신다.

> "이제 그리스도 예수 안에 있는 자에게는 결코 정죄함이 없나니"(롬 8:1)
>
> "우리는 율법에서 벗어났다"(롬 7:6)
>
> "우리는 그리스도의 피로 하나님께 가까워 졌다" (엡 2:13)
>
> "우리는 흑암의 권세에서 구원받았다"(골 1:13)
>
> "우리는 의롭다 인정받았다"(롬 5:1)
>
> "우리는 온전하게 되었다"(히 10:14)
>
> "우리는 양자로 입양되었다" (롬 8:15)
>
> "우리는 항상 아버지께 나아갈 수 있게 되었다" (엡 2:18)
>
> "우리는 거룩한 제사장이 되었다"(벧전 2:5)
>
> "우리는 버림을 당하지 않게 되었다"(히 13:5)
>
> "우리는 썩지 아니할 기업을 받았다"(벧전 1:4)

우리는 그리스도 안에서 모든 영적 복을 소유하게 되었다.

제3부 얼마나 큰 차이인가

11. 은혜가 사역한다.

루카도 목사는 이 부분에서 로마서 6:11-12을 설명한다. 은혜는 방종을 불러일으킬 것 같다. 그러나 사실상 은혜는 선한 일을 위해 사역한다.

(1) 은혜는 우리를 해방시키신다.

바울은 심각한 질문을 한다. "죄에 대하여 죽은 우리가 어찌 그 가운데 더 살리요"(롬 6:2). 바울은 이와 반대되는 일이 벌어진다는 사실에 대해 어리벙벙할 뿐이다. 은혜를 받은 사람이 은혜로운 삶을 살지 않을 수 있는가? 바울은 은혜를 받은 사람은 순종의 삶을 산다고 분명히 한다. 하나님의 은혜는 이기심에서부터 우리를 자유 하게 하신다.

(2) 죄 값은 지불되었다.

죄는 우리를 감옥에 가두었다. 죄는 우리를 죄책과 수치와 기만과 공포 속에 가두었다. 그런데 예수님이 오셔서 보석금을 내시고 우리를 해방시켜 주셨다. 그리고 예수님이 친히 우리의 남은 형기를 채워 주셨다. 그리스도께서 우리의 자리를 대신해 주셨기 때문에 우리는 계속 감옥에 머물러 있을 필요가 없게 되었다. 우리는 죄에서부터의 자유 함을 얻었다. 그래서 바울은 "우리가 알거니와 우리의 옛 사람이 예수와 함께 십자가에 못 박힌 것은 죄의 몸이 죽어 다시는 우리가 죄에게 종노릇 하지 아니하려 함이니 이는 죽은 자가 죄에서 벗어나 의롭다 하심을 얻었음이라"(롬 6:6-7, 개역개정)라고 선언한다.

(3) 서약이 이루어졌다.

죄 값이 지불되었을 뿐만 아니라 서약이 이루어졌다. 바울은 "무릇 그리스도 예수와 합하여 세례를 받은 우리는 그의 죽으심과 합하여 세례를 받은 줄을 알지 못하느냐"(롬 6:3, 개역개정)라고 말한다. 세례는 평범한 의식이 아니다. 세례는 선한 양심으로 하나님께 나아가는 선서이다(벧전 3:21 참조). 세례는 성도가 그리스도를 따르겠다고 약속하는 거룩한 서약이다. 결혼이 두 사람의 마음의 연합을 축하하는 것인 것처럼 세례는 죄인과 구세주와의 연합을 축하하는 것이다(p. 114). 성령의 보이지 않는 사역은 세례의식에서 볼 수 있도록 표현되었다. 우리는 세례를 가볍게 생각해서는 안 된다.

(4) 더 높은 표준으로 이끌어 주셨다.

주님과 연합됨으로 우리는 변화되었다. 과거의 지저분한 삶을 접고 선한 일이나 유익한 일을 실천한다. 과거에 우리는 죄에 대해 종이 되었다. 죄가 우리를 조종했다. 그러나 이제는 달라졌다. 우리는 하나님의 명령을 순종하고 말씀이 가르친 대로 실천하게 되었다. 우리는 더 이상 죄의 종이 아니다. 바울은 "하나님께 감사하리로다 너희가 본래 죄의 종이더니 너희에게 전하여 준 바 교훈의 본을 마음으로 순종하여 죄로부터 해방되어 의에게 종이 되었느니라"(롬 6:17-18, 개역개정)라고 선언한다. 해방된 죄수가 다시 감옥에 가기를 원하겠는가. 그렇지 않다. 더 높은 표준이 우리에게 소개되었다.

12. 자수하라

루카도 목사는 이 부분에서 로마서 7:24을 설명한다.

"오호라 나는 곤고한 사람이로다. 이 사망의 몸에서 누가 나를 건져내랴"(롬 7:24, 개역개정). 어떤 날은 바르게살기가 힘들 경우가 있다. 하나님은 완전을 요구하시지 않지만 진실성은 요구하신다.

(1) 정직한 마음은 정직한 경배를 한다.

느헤미야는 정직의 가치를 알았다. 느헤미야는 예루살렘 성벽이 무너진 것을 듣고 그는 하나님을 원망하지 않고 "이제 종이 주의 종들인 이스라엘 자손을 위하여 주야로 기도하오며 우리 이스라엘 자손이 주께 범죄한 죄들을 자복하오니 주는 귀를 기울이시며 눈을 여시사 종의 기도를 들으시옵소서 나와 내 아버지의 집이 범죄하여 주를 향하여 크게 악을 행하여 주께서 주의 종 모세에게 명령하신 계명과 율례와 규례를 지키지 아니하였나이다"(느 1:6-7, 개역개정)라고 자신의 잘못을 뉘우친다. 바사 왕국의 실력자 느헤미야 이지만 자기 백성 이스라엘의 몰락에 대해 책임을 지고 죄를 통감한다. 느헤미야는 "하나님, 나에게 모든 죄가 있습니다" "아버지, 내가 아버지를 실망 시켰습니다"라고 회개 기도를 드렸다(p. 122). 이처럼 자신의 죄를 공개적으로 인정한 정직함은 하나님께 바른 경배를 드릴 수 있게 한다. "정직한 경배가 있기 전에 정직한 마음들이 있어야만 한다"(p. 122).

(2) 진리를 위한 동기

농사를 위해 땅을 준비하는 것이 필요하듯 영혼을 위해서는 죄의 고백이 필요하다. 농부는 땅이 준비되면 씨앗이 잘 자라는 것을 안다. 죄의 고백은 우리들의 마음을 경작해 주십사고 하나님을 초청하는 행위이다(p. 122). "고백은 하나님으로부터 용서를 구하는 것이지, 사면을 구하는 것이 아니다. 용서는 죄책을 전제로 한다. 사면은 죄책을 묻지 않고 지은 죄를 잊어버리는 것이다. 고백은 잘못을 인정하고 용서를 구한다. 사면은 잘못을 부인하고 무죄를 주장 한다"(p. 122). 우리는 하나님을 우리 마음에 초청하기보다는 하나님을 마음밖에 모시는 일에 더 익숙하다. 그러나 은혜는 우리 스스로를 하나님께 맡기는 것이다.

(3) 진리의 모델

베드로는 성도들의 모델이다. 그는 한 순간 자신감에 차서 교만했지만 다음 순간 예수님을 부인하기까지 한다. 그러나 베드로는 잘못을 회개하고 주님 앞으로 나아온다. 베드로와 가룟 유다의 차이가 있다면 베드로는 죄를 회개하고 주님 앞으로 나아 왔지만, 가룟 유다는 죄를 회개하지 않고 자살한 것이다(요 21:15-17; 마 27:3-10 참조). 베드로의 회개는 두 가지 면에서 확실하다. 첫째, 베드로는 그리스도를 떠나 있을 수가 없었다. 베드로는 빈 무덤의 소식을 듣고 제일 먼저 무덤으로 달려갔다(눅 24:12; 요 20:2-10). 둘째 베드로는 그리스도에 대해 잠잠하고 있을 수는 없었다. 베드로는 담대하게 그리스도를 전파했다(행 3:12-26; 4:19 참조).

(4) 진리의 순간

예수님은 우리에게 완전하라고 요구하시지 않는다. 그러나 예수님은 우리에게 정직하라고 요구하신다(p. 125). 베드로는 다른 사람들이 가만히 있을 때 죄를 회개하고 그리스도를 고백했다. 그러나 베드로는 주님의 시선을 필요로 했다. "주께서 돌이켜 베드로를 보시니 베드로가 주의 말씀 곧 오늘 닭 울기 전에 네가 세 번 나를 부인하리라 하심이 생각나서 밖에 나가서 심히 통곡 하니라"(눅 22:61-62, 개역개정). 주님에게 감춘 비밀이 있는가? 우리들의 삶의 어떤 부분을 아직도 주님께 맡기지 않았는가? 오래 도망 다닐수록 사태가 더 악화된다는 교훈을 배워야 한다. 우리가 은혜에 붙잡히면 우리는 정직할 수 있는 자유 함을 누린다.

13. 충분한 은혜

루카도 목사는 이 부분에서 고린도후서 12:7-9의 내용을 근거로 설명한다. 비행기 엔진에 불이 붙어 비행기가 추락하게 되었다. 기장이 "이 비행기는 추락하게 됩니다." "우리는 모두 낙하산 탈출을 해야 합니다"라고 소리쳤다. 그런데 어떤 승객이 "제 요청 하나 들어주세요"라고 말한 후 "저에게 분홍색 낙하산을 주실 수 없습니까?"라고 말한다면, 기장은 "제가 낙하산 드리는 것으로 족하지 않습니까?"라고 말할 것이다. 또 어떤 승객은 "내가 낙하할 때 멀미가 나지 않도록 예방책은 없습니까?"라고 요청한다. 기장은 역시 "낙하산으로 족하지 않습니까?"라고 대답한다. 하나님은 "내 은혜가 네게 족하도다"(고후 12:9)라고 말씀하신다.

(1) 문제: 하나님이 "아니다"라고 말하실 때

하나님은 우리가 원하는 것을 "아니다, 그것은 안 돼"

라고 거절하실 때가 있다. 하나님은 우리가 필요한 모든 것을 구하라고 말씀하신다(빌 4:6). 그러나 하나님은 우리가 원하는 것을 항상 제공해 주시지는 않는다. 하나님은 "내가 너에게 은혜를 주었다. 그것으로 충분하지 않느냐. 너는 그것으로 만족할 수 있느냐"라고 말씀하신다(p. 131). 문제는 하나님이 은혜로 우리를 구원해 주셨는데 우리가 만족할 수 있는가 하는 점이다.

(2) 간청: 내 몸에 가시를 제거해 주세요.

바울은 응답되지 않는 기도에 대한 특별한 감정을 가지고 있다. 그는 "내 육체에 가시 곧 사단의 사자"(고후 12:7)를 제거해 달라고 기도한다. 그러나 하나님은 "내 은혜가 네게 족 하도다 이는 내 능력이 약한데서 온전하여 짐이라"(고후 12:9)라고 대답하신다. 바울은 자신이 당하고 있는 고통이 말로 표현할 수 없는 심각한 것이기 때문에 "내 육체에 가시" "사단의 사자"로 묘사하면서 그것을 제거해 주시라고 간청하지만 하나님은 그 간청을 거절하신다. 가시는 우리가 움직일 때 찌른다. 바울은 한 번도 멈추지 않았다. 그는 계속 움직였다. 그가 설교하지 않을 때는 설교 때문에 감옥에 있었다. 우리는 우리 몸에 있는 가시를 제거해 달라고 간청한다.

(3) 원리: 은혜로 충분하다.

바울 사도가 시련을 당하지 않고, 대적이 없고, 좋은 시력을 가졌고 그리고 말을 잘했다면 더 좋은 사도가 될 수 있었지 않을까? 그럴 수도 있고, 그러지 않을 수도 있다. 하나님이 시련을 제거시켜 주셨더라면 바울은 하나님의 은혜를 완전히 깨달을 수 없었을 것이다. 아무도 바울이 설명한 것처럼 하나님의 은혜를 설명하지 못했다. 하나님은 시련을 통해, 대적을 그 앞에 둠으로, 그리고 어눌하게 함으로 바울을 더 좋은 사도로 만드시고 하나님의 은혜를 깨닫는 사도로 만드셨다.

14. 영혼의 전쟁

루카도 목사는 이 부분에서 로마서 7:7-26의 내용을 설명한다. 루카도목사가 사무실로 출근할 때는 항상 교통 혼잡이 있어 왔다. 하루는 "더 좋은 방법이 있을 거야"라고 생각하는 중 차가 밀리는 신호등으로부터 반 마일 전에 지름길을 발견했다. 그래서 그는 그 지름길을 택해 사무실을 가곤 했는데 많은 시간을 절약했다. 다른 사람들은 그 지름길을 모르는 것 같았다. 어느 날 아침 아내인 데날린(Denalyn)에게 자신이 발견한 기발한 방법을 뽐낼 양으로 같은 지름길을 통해 사무실로 향했다. 그리고 칭찬을 기대하면서 아내에게 "어떻게 생각하느냐"고 묻자 아내가 "당신은 법을 어겼어요" "그 길은 일방통행이었소"라고 대답했다. 그리고 아내는 "돌아가서 스스로 보시지요"라고 말했다. 어떤 이유에서인지 나는 "출입불가" 표지를 보지 못한 것이다.

그런데 문제는 법을 알기 전에 내가 행한 것이 아니요, 법을 안후에도 내가 하기를 원하는 그 부분이다. 내 마음은 "불법이지만 나는 경찰에게 붙잡히지 않았는데, 시간이 많이 절약되는데, 나 같은 모범 운전사에게는 법이 필요 없지"라는 생각으로 가득 차 있었다. 내가 법을 알기 전에는 내가 평강을 누렸는데 이제 내가 법을 앎으로 내 마음 속에 전쟁이 일어나게 되었다. 바울은 "내 속 사람으로는 하나님의 법을 즐거워하되 내 지체 속에서 한 다른 법이 내 마음의 법과 싸워 내 지체 속에 있는 죄의 법으로 나를 사로잡는 것을 보는도다"(롬 7:22-23, 개역개정)라고 영혼의 전쟁을 토로한다. 이런 영혼의 전쟁이 성도들의 삶 속에 있지만 하나님은 성도들을 버리지 아니하시고 성도들을 계속해서 인도해 주신다(pp. 144-148).

15. 증오의 심각함

터넬(Kevin Tunell)은 술에 만취해서 한 가정의 18세 된 딸을 치어 죽였다. 그 때 터넬은 17세였다. 그 딸의 부모는 150만 불 배상 소송을 했으나 936 불만 받기로 결정을 했다. 그런데 조건은 터넬이 1982년부터 2000년까지 매주 금요일 1불씩을 피해자 가족에게 우송하여 18년을 채우는 것이었다. 터넬이 성실하게 매주 1불씩 우송하지 않자 피해자 가족이 고소해서 터넬이 30일 동안 감옥에 갇혀 있기도 했다. 터넬이 피해자가족에게 2001년까지 지불할 수 있는 수표 박스를 제공했으나 피해자 가족은 그 제안을 거절했다. 그들이 원하는 것은 돈이 아니요 고행이었다. 그러나 문제는 936번의 지불이 피해자 가족의 증오를 지워 버릴 수 있는가 이다.

(1) 증오의 습관

누구나 상처를 받는다. 우리는 상처를 받을 때 우리에게 상처를 입힌 사람들을 무시해버리기도 하고, 거리를 두기도 하며, 성가시게 잔소리를 하기도 한다(p. 151). 우리는 창의적으로 우리가 받은 상처에 대해 보복하려 한다. 베드로가 상처를 입힌 형제를 일곱 번 까지 용서하리이까 라고 묻자 예수님은 일흔 번 씩 일곱 번 까지 용서하라고 말씀하신다(마 18:21-22). 은혜는 결코 고갈되지 않는다.

(2) 증오의 원인

나를 버린 아버지, 젊은 청년 때문에 나를 버린 아내, 내 직장을 빼앗은 상관 등에 대해 우리는 증오를 갖게 된다. 예수님은 많은 빚을 진종이 탕감을 받았는데도 적게 빚을 진종을 용서하지 못한 이야기에서 증오의 원인을 가르쳐 준다. 은혜를 모르는 사람은 증오심을 갖게 된다. 우리가 수백만 불의 빚을 졌을 때 우리의 지갑은 비어 있었다. 우리는 사례금이 필요하지 않고 특별한 선물이 필요했다. 그런 우리에게 모든 빚을 탕감할 수 있는 선물을 주신 분이 예수 그리스도이시다.

(3) 증오의 치유

하나님의 은혜를 놓치면 비통함만 싸이게 된다. 하나님의 은혜를 품게 되면 용서의 마음이 풍성해 진다. 우리 스스로가 하나님의 은혜에 잠기면, 우리는 은혜를 베풀 수 있는 자리에 다가가게 된다. 다른 사람을 미워하기 전에 우리는 하나님 앞에서 스스로를 정직하게 바라 볼 수 있어야 한다. 우리는 하나님의 은혜가 필요한 죄인이다.

16. 동료들과 함께 타고 있는 생명이라는 선박

루카도 목사는 이 부분에서 로마서 14:1과 15:7을 근거로 성도들은 모두 같은 배를 탄 동료들임을 설명한다. 은혜는 세 가지 선언을 한다. 첫째, 하나님만이 나의 불 경건을 용서하실 수 있다. 둘째, 하나님만이 내 이웃을 판단하실 수 있다. 셋째, 하나님이 받아들인 것은 나도 받아 드려야 한다. 하나님, 내 이웃, 그리고 나는 하나님의 사랑으로 만들어진 삼각형이다(p. 160).

(1) 배를 혼란스럽게 만든다.

우리는 호화여객선을 타고 여행하는 것이 아니라 군함을 타고 전쟁을 하고 있다. 어떤 이는 기도할 때 손을 들고 기도하고, 어떤 이는 무릎을 꿇고 기도한다. 어떤 이는 성만찬 때 진짜 포도주를 사용하고, 어떤 이는 포도즙을 사용한다. 그래서 우리가 타고 있는 배는 혼란스러운 일들이 있게 된다. 하지만 우리는 같은 선장을 모시고 산다. 그 선장은 예수 그리스도이시다.

(2) 용납하라는 명령

연합은 하나님도 관심을 기우리는 부분이다. 하나님 아버지는 자녀들이 티격태격하는 것을 원치 않는다. 분열은 하나님이 좋아하시지 않는다. 연합이 세상을 그리스도에게 이끄는 열쇠이다(p. 163). 연합이 하나님의 관심거리라면 그것은 우리의 관심거리일 수밖에 없다.

(3) 가버나움에서 있었던 일

연합은 다른 사람의 변화를 요구하는 것으로 시작되지 않고 우리 모두가 다 완전하지 않다는 것을 인정할 때 시작된다. 제자들은 예수님의 면전에서 "누가 크냐"에 대해 쟁론하였다(막 9:33-37). 베드로, 요한, 마태 등 제자들이 각자 자신이 크다고 생각했다. 예수님은 "누구든지 내 이름으로 이런 어린 아이 하나를 영접하면 곧 나를 영접함이요 누구든지 나를 영접하면 나를 영접함이 아니요 나를 보내신 이를 영접함이니라"(막

9:37, 개역개정)고 해답을 제시하신다. 예수님은 한 구절에서 "영접함"을 네 번(헬라어)이나 사용해서 강조하신다.

(4) 다양성의 테스트

요한이 "선생님 우리를 따르지 않는 어떤 자가 주의 이름으로 귀신을 내어 쫓는 것을 우리가 보고 우리를 따르지 아니하므로 금하였나이다"(막 9:38)라고 말하는 것을 들으신 예수님은 "금하지 말라"라고 말하고 하나님을 믿는 성도들 사이에는 차이가 있음을 지적하신다. 교회 안에는 기도에 열심 있는 성도, 믿음이 든든한 성도, 하나님의 주권을 강조한 성도, 하나님의 열정을 나타내는 성도 등 다양성이 있다.

(5) 열매와 믿음을 조사하라

분열의 행동이나 이단적인 교훈은 하나님께 영광을 돌리지 못한다. 선한 행위만이 하나님께 영광을 돌린다. 예수님이 제자들에게 우리를 따르지 않는 사람들일지라도 그들의 사역이 선한 열매를 맺는 사역이라면 그들을 용납해야 한다고 가르친다. 예수님은 믿음을 보고 열매를 보라고 말씀하신다. 하나님의 배는 대단히 큰 배이다. 큰 배에 많은 방이 있듯이 하나님의 나라에는 많은 견해를 용납할 여유가 있다(p. 170).

17. 우리가 진정으로 알기를 원하는 것은

루카도 목사는 이 부분에서 로마서 8:31-39의 내용을
설명한다. 모든 부모는 어느 날 갑자기 자녀들이 성년
이 된 것을 깨닫고 자녀에 대한 부모의 애정 표시를 한
경험이 있을 것이다. 자녀들이 곧 부모를 떠날는지 모
르지만 아직은 자녀들을 자신의 보호 하에 두고 싶은
부모의 심정이 그것이다.

(1) 보호의 문제

"만일 하나님이 우리를 위하시면 누가 우리를 대적하
리요"(롬 8:31). 이 말씀의 근본 뜻은 "만일 하나님이
우리를 위하시면"에 강조를 두는 것이다. 우리의 부모
가 우리를 잊으실 수는 있다. 우리의 선생이 우리를 소
홀히 할 수는 있다. 그러나 하나님은 우리를 위하신다.

(2) 공급의 문제

"자기 아들을 아끼지 아니하시고 우리 모든 사람을 위
하여 내주신 이가 어찌 그 아들과 함께 모든 것을 우리
에게 주시지 아니하겠느냐"(롬 8:32, 개역개정). 바울
의 질문은 아들을 주신 분이 우리의 필요를 채우시지
않겠느냐는 것이다. 하나님은 우리의 필요를 아시고 그
필요를 채워주신다(시 91:11 참조).

(3) 죄책과 은혜의 두 가지 문제

"누가 능히 하나님께서 택하신 자들을 고발하리
요 의롭다하신 이는 하나님이시니 누가 정죄하리
요 죽으실 뿐 아니라 다시 살아나신 이는 그리스도
예수시니 그는 하나님 우편에 계신 자요 우리를 위
하여 간구하시는 자시니라"(롬 8:33-34, 개역
개정).

쟈니는 고무줄 새총 장난을 하다고 할머니가 애지중지
하는 오리를 맞추어 죽였다. 쟈니는 죽은 오리를 헛간
에 감추었는데 그의 여동생 샐리가 보았다. 그 날 점심
을 먹은 후 할머니가 샐리에게 설거지를 하라고 하자
샐리는 쟈니가 설거지하기를 원한다고 하면서 작은 목
소리로 "오리를 기억해라"라고 말한다. 쟈니는 할 수
없이 설거지를 했다. 그 후도 계속해서 샐리는 오리를
들먹이며 쟈니를 괴롭게 했다. 그래서 쟈니는 오리 때
문에 더 이상 샐리의 노예가 될 수 없다고 생각해서 할
머니에게 자초지종을 고백했다. 할머니는 처음부터 모
든 것을 알고 있었다고 하셨다.

사단은 우리를 고발한다. 사단은 우리를 비방한다.
아무리 사단이 우리를 비방해도 하나님이 우리를 의롭
다 하셨다. 이것이 하나님의 은혜이다. 이제 사단은 고
요해졌고 우리는 해방감을 만끽한다.

(4) 인내의 문제

"누가 우리를 그리스도의 사랑에서 끊으리요 환란이나 곤고나 박해나 기근이나 적신이나 위험이나 칼이랴" (롬 8:35, 개역개정). 우리는 하나님의 사랑이 얼마나 오래 지속될는지 알기를 원한다. 하나님이 우리를 영원히 사랑 하실지 궁금해 한다. 우리가 못된 짓을 해도 하나님이 우리를 사랑하실까? 우리가 죄를 범해도 하나님이 우리를 사랑하실까?

이런 질문에 답하시기 위해 예수님은 인간의 몸을 입으시고 성육신하셨다. 바울은 이 문제에 대해 "내가 확신하노니 사망이나 생명이나 천사들이나 권세자들이나 현재 일이나 장래 일이나 능력이나 높음이나 깊음이나 다른 어떤 피조물이라도 우리를 우리 주 그리스도 예수 안에 있는 하나님의 사랑에서 끊을 수 없으리라" (롬 8:38-39, 개역개정)라고 대답한다.

결론: "나를 보살펴 주는 것을 잊지 마세요"

한번은 루카도목사가 14세 된 빌리 잭(Billy Jack)과 자리를 나란히 하며 비행기 여행을 했다. 빌리 잭은 루카도 목사에게 "나를 보살펴 주셔야 해요" "나는 가끔씩 혼란스럽거든요"라고 말했다. 그는 승무원이 지나갈 때마다 "나를 보살펴 주셔야 해요"라는 말을 잊지 않았다. 빌리 잭은 몸은 컸지만 어린아이였다. 그는 계

속 "나를 보살펴 주는 것을 잊지 마세요"라고 주변의
모든 사람에게 말했다.

어른들은 자존심 때문에, 예의를 지키려고 이런 말
을 하지 않는다. 루카도 목사는 빌리 잭이 은혜의 개념
을 이해했을 것으로 생각했다. 책 서두에 언급한 것처
럼 빌리 잭은 자신을 큰 형의 등에 업혀 아버지께 돌아
간 막내아들과 같다. 비행기에 무슨 문제가 발생했다면
제일 먼저 도움을 받을 사람은 빌리 잭이었다.

우리는 우리 스스로를 구원할 수가 없다. 하나님은
그의 아들을 보내셔서 우리를 집으로 데리고 가시기를
원한다. 우리는 하나님의 은혜에 붙잡혀 있어야 한다.

루카도 목사는 "은혜에 붙잡혀"를 통해 우리는 우
리 스스로를 구원할 수 없으며 우리의 공로는 기껏해야
누더기 옷과 같은 것이라고 분명히 한다. 그리고 하나
님은 불쌍한 우리들을 구원하여 집으로 데리고 가시기
위해 그의 아들을 보내 주셨다. 우리가 해야 할 일은 우
리의 잘못을 뉘우치고 하나님의 아들의 등에 업혀 아버
지의 나라로 돌아가는 일이다. 루카도 목사는 하나님의
사랑은 변함없는 사랑이요 영원한 사랑임을 실감 있게
설명한다. 그는 본서에서 로마서의 구절구절을 설명하
지는 않았지만 로마서의 중심사상을 이해하기 쉽게 예
화와 비유를 사용하여 잘 설명해 주었다.

IV

기독교인의 삶과 성결

- 그러면 우리는 어떻게 살 것인가?
- 거룩함의 추구
- 리더들이 가장 쉽게 저지르는 10가지 실수

그러면 우리는 어떻게 살 것인가?

(How Should We Then Live: The Rise and Decline of
Western Thought and Culture),
By Francis Schaeffer. Westchester : Crossway Books, 1976,
pp.288.

쉐퍼(Francis Schaeffer) 박사는 우리에게 잘 알려진
학자이다. 그의 많은 저서를 통해서 뿐만 아니라 스위

스의 라브리(L'Abri
Fellowship)의 활동
을 통해서 우리에게 친
근한 지도자이다. 쉐
퍼 박사가 "미국장로
교회"(Presbyterian
Church in America:
PCA)의 제 2회 총회
(1974년) 때에 특강
강사로 오셔서 강의하
는 중 "나는 성경 말씀

을 true truth(진짜 진리)라고 true(진짜, 혹은 참)를 한 번 붙이지만 여러분은 몇 년이 못가서 true, true truth(진짜, 진짜 진리)라고 true(진짜)를 두 번 붙여야 할 때가 올 것이다"라고 예언적인 말을 했는데 오늘날의 사회와 교회의 모습이 쉐퍼 박사의 말의 실현인 것 같아 안타까움을 금치 못한다.

본서의 「그러면 우리는 어떻게 살 것인가?」(*How Should We Then Live*)는 서구문화가 하나님을 떠날 때 어떻게 멸망했다는 것을 예리한 통찰력으로 파헤친 저서이다.

고대 로마에서부터 현대에 이르기까지 문학, 예술, 미술, 영화 등 다양한 분야에서 하나님을 떠난 문화가 어떤 길을 걷게 되었는지를 기록해 주고 있다.

이 책은 13장으로 되어있으며 역사적으로 유명한 그림이 그 당시의 신학적 입장을 대변하기 위해 많이 사용되고 있다.

제1장 고대 로마

로마의 법률과 정치사상은 유럽의 배경과 전체 서양세계에 강한 영향을 미치고 있다. 그런데 로마 사상과 문화의 대부분이 헬라 사상에 의해 형성되었다. 헬라인들은 도시국가, 즉 폴리스(polis)에 그들의 사회를 건설하려 했다. 그러나 폴리스가 사회를 건설하기 위한 토대로 불충분하다는 것이 판명된 이후에 폴리스는 멸망되었다(p.21). 그 후 로마인들은 그들의 사회를 그들의 신들 위에 건설하려고 시도했다. 그러나 그들의 신들은 인간 이상의 것이 못되었고 유한하며 제한된 신들이었다. 이러한 제한된 신들은 사회가 붕괴됨으로 같이 붕괴되는 그런 존재들이었다. 결국 그들의 연약한 신들을 기반으로 사회를 건설하려는 로마인들의 소망 역시, 실패할 수밖에 없었다.

로마 문화의 연약함의 결과로 사회는 붕괴되고 말았다. 그런데 기독교 세계관의 강점은 로마문화의 연약함을 채워줄 수 있었다. 왜냐하면 기독교인은 인간들이 스스로 알아낼 수 없는 우주와 인류에 관한 지식을 가지고 있을 뿐만 아니라 절대적이고 세계적인 가치 기준을 가지고 있으며 그 가치 기준에 의해 생활하기 때문이다. 기독교의 가치는 인간이 하나님의 형상으로 창조된 유일한 존재로서 개인의 기본적인 존엄성과 가치를 인정한다. 마치 2000년 전에 건립된 다리가 작은 수레가 지나갈 때는 견딜 수 있지만 오늘날 무거운 짐을 실은 트럭이 지나가면 부서지는 것처럼 로마의 문화는 기반이 약하므로 중압감을 견디지 못해 부서져버린 것이다. 로마는 야만인과 같은 외적 침입에 의해 멸망된 것이 아니다. "로마는 충분한 내적 기반을 갖고 있지 못했다. 야만인들은 단지 멸망을 완성시켰을 뿐이고 로마는 점차 폐허로 변한 것이다"(p.29).

제2장 중 세

중세는 사회적, 정치적, 그리고 지적인 혼란의 시기이다. 초기 성경적 기독교 미술이 생명으로 가득 찬 모습을 그린 반면 중세시대에는 자연의 묘사는 대부분 사라졌고 생동하는 인간성의 묘사도 배제되었다. 하나님이 창조하신 실제 세계내의 실제 인간의 묘사는 사라진 것이다. 그 대신 중세시대에는 성당을 꾸미는 상징적인 벽화가 범람했던 것이다. 중세에는 미술뿐만 아니라 음악과 건축 양식에까지 커다란 변화를 가져왔다.

이런 변화는 중세시대의 신학적 입장을 반영해주고 있는 것이다. 중세시대에는 기독교 진리가 인문주의의 영향으로 점차 왜곡되어 갔다. 이런 왜곡은 중세의 문화에 영향을 미쳤을 뿐만 아니라 그 당시의 로마 카톨릭의 입장에 따라 교회의 권위가 성경의 교훈보다 우위를 차지하게 되었다. 인간 구원을 논함에 있어서 그리스도의 사역과 더불어 인간의 공로가 중요한 요소로 강조되게 되었다. 그런데 중세 후기에 하나님이 창조하신 세계를 긍정적으로 보는 태도가 생기게 되었다. 이는 우리가 살고 있는 매일 매일의 생활에 대한 강조에서부터 나타난 결과이다. 중세는 여러 견해가 혼합된 혼란의 시기이다.

결국, 중세 역시 사회를 건설할 튼튼한 기반을 갖지 못했다. 비록 존 위클리프(John Wycliffe)와 존 후스(John Huss) 등이 중세 말경 성경의 교훈과 초대교회의 신앙으로 돌아가야 한다고 주장했지만 그들의 주장은 중세의 거센 물결을 바로잡지는 못했다.

제3장 르네상스

르네상스 초기에는 예술이나 문학 분야에서 고대의 작품들에 대한 관심이 증대하게 되었다. 건축양식 역시 고딕(Gothic) 방식에서 고전적인 형태로 변하게 되었다(p.62). 그러나 다른 편으로 우주의 중심에 인간의 위치를 놓는 새로운 전망이 증가하게 되었다. 그런데 중요한 것은 마사치오(Masaccio)때까지만 해도 예술이 성경적인 방향으로 흐를 수도 있었고 비성경적인 방향으로 흐를 수도 있었다. 그러나 마사치오 직후 주사위는 던져졌으며 인간의 독립성과 자율성이 점차 중요한 위치를 점하게 되고 모든 것들에 대한 의미의 상실을 가져오게 되었다(p.68). 예술 분야에서 인문주의적인 영향이 두드러지게 나타난 것이다. 그 예로 다윗상(1504)은 성경의 다윗을 조각한 것이 아니요(p.71) 인문주의적인 인간이 미래에 관한 자신의 상을 묘사한 것이다. 다윗상은 인간이 자신의 능력에 대해 확신을 가지고 미래를 바라보면서 기다리고 있는 것을 묘사하고 있는 것이다(p.72). 이 한 예가 보여주듯이 중세에는 여러 분야에 인문주의적인 영향이 나타나게 되었다. 그리고 인문주의는 결국 비관주의로 빠질 수밖에 없다는 것을 보여주게 된 것이다.

제4장 종교개혁

존 위클리프(B.C. 1320-1384)와 같은 종교개혁의 선구자들이 이미 있었음을 기억해야 한다. 종교개혁은 그 이전에 교회로 잠입해온 인문주의적 왜곡을 제거시키는 작업을 했다. 1500여 년에 걸쳐 발전된 성경의 권위와 동등해진 교회의 권위를 제거하며 인간의 구원에 있어서 그리스도의 사역 외에 인간의 공로를 첨가하는 사상을 바로잡는 것이었다. 그리고 성경의 교훈과 이교도의 가르침의 혼합을 정돈하고 바로잡게 된 것이다.

루터(Martin Luther)가 1527년 10월 31일에 95개조를 발표한 이래 종교개혁의 불길은 루터와 칼빈을 중심으로 번져나가기 시작했다. 개혁자들은 성경을 하나님의 권위 있는 말씀으로 받았고 인간은 하나님의 형상에 따라 창조된 피조물임을 믿었다. 이런 종교개혁의 영향은 음악 분야에서는 물론(Bach, Handel) 미술 분야(Rembrandt)에서도 나타나게 되었다. 종교개혁은 하나님이 사회의 기반이 되는 시대이다. 하나님이 사회의 기반이 될 때 그 기반은 튼튼하고 어떤 무게가 그 위를 누를지라도 견디어 낼 수 있는 기반이 되는 것이다. 종교개혁의 정신은 점차 인간 생활의 여러 분야에 번져 나가게 되었다. 비록 종교개혁이 사회적 정치적 완전을 가져오지는 못했지만 점차 개선되게 되었다. 하나님의 존재를 인정하고 성경의 권위를 인정할 때 사회는 혼돈 없는 자유를 맛보게 된 것이다.

종교개혁의 영향을 러더포드(Samuel Rutherford)를 통해 정치적인 분야와 국가의 구조적인 분야에 (p.109), 하워드(John Howard)를 통해 감옥 개혁에 (p.117), 윌버포스(William Wilberforce)를 통해 노예무역 반대 등에 나타나게 된 것이다. 이처럼 종교개혁의 정신은 인간생활 분야에 계속적으로 영향을 미치므로 사회는 점점 개선되게 된 것이다.

제5장 종교 개혁의 계속

종교 개혁은 단순히 교회의 개혁만을 뜻하지 않는다.

종교 개혁은 사회제도와 정치인 분야에도 많은 영향을 미쳤다.

폴 로버트(Paul Robert)의 "정의가 국가를 끌어 올린다"(Justice Lifts the Nations, 1905)라는 벽화는 종교 개혁이 성경을 바로 이해함으로 도덕적인 분야뿐만 아니라 법률분야에도 기초를 놓았다고 증거 한다.

로버트는 법정에서 행해지는 많은 법률 재판이 성경에 근거하여 진행되었음을 지적하려 했다. 종교 개혁 정신은 단순히 민법과 형법의 분야에만 영향을 미친것이 아니요, 헌법의 분야에도 영향을 미쳤다.

사무엘 러더포드(Samuel Rutherford)가 쓴 "법은 왕이다"(Lex Rex: Law is King, 1644)는 존 위더스푼(John Witherspoon, 1723-1794)을 통해 미국 헌법 형성에 큰 영향을 미쳤다. 비록 미국 헌법을 기초한 모든 사람들이 기독교인들은 아니었지만 그들은 기독교 정신이 만들어 낸 사회적 분위기의 영향을 받아 종교개혁의 기초위에 헌법을 세우게 되었다.

종교 개혁자들은 인간의 타락과 죄인 됨을 강조했다. 그래서 종교 개혁 정신의 영향을 받은 국가들은 국가의 형태를 견제와 균형의 개념으로 형성하게 된다. 스위스는 입법부와 행정부는 베른(Bern)에 두고, 사법부는 로잔에 두어 지리적인 견제와 균형을 취했고, 영국은 왕과 의회의 양원 제도와 사법부를 독립시켜 견제와 균형을 이루었다. 그리고 미국은 행정 기능을 맡은 백악관, 입법 기능을 맡는 상원과 하원, 그리고 법률 판단 기능을 맡는 사법부로 견제와 균형을 이루었다. 종교 개혁 국가들은 체제와 혼란의 문제에 대한 해결책을 가지고 있었다.

종교 개혁 정신은 인종 문제와 부의 문제에 대해서

도 사회에 큰 역할을 했다. 이 부분에 대해 교회가 비록 제 역할을 적시에 감당하지는 못했지만 노예제도 폐지, 감옥의 개혁, 죄수들에 대한 인권 신장, 광산과 공장에서의 노동자들의 인권 문제 등을 개선하는데 계속적인 노력을 경주했다. 결국 노예 제도는 1807년 영국에서 금지되었고, 1834년에는 영국의 모든 식민지에서 금지되었다. 미국에 윌이엄 윌버포스(William Wilberforce, 1759-1833)와 같은 뛰어난 기독교인이 몇 명만 있었더라면 미국에서도 노예 제도가 훨씬 빨리 끝났을 것이다.

제6장 계몽운동

영국은 무혈혁명(bloodless Revolution)으로 국회와 왕 사이에 동등한 권력을 분배할 수 있었다. 이는 영국이 종교개혁의 기반 위에 있었기 때문에 가능했다.

그러나 불란서에서는 영국의 뒤를 따르려고 했을 때 처절한 피의 혁명을 낳고야 말았다. 이는 불란서가 계몽운동의 아버지라고 불리는 볼테르(Voltaire)의 인문주의적인 사상을 바탕으로 하고 있었기 때문이다(pp.120 이하). 계몽운동의 유토피아적 이상을 다섯 단어로 요약할 수 있다. 이성, 자연, 행복, 진보 그리고 자유가 그것들이다(p.121).

르네상스시대에 일어났던 인문주의적 요소가 계몽

운동 때에 그 꽃을 피우게 되었다. 여기 인간이 절대적 위치에 선 것을 볼 수 있다. 종교개혁과는 정반대로 계몽운동은 인간중심의 운동이었다. 계몽운동은 하나님의 위치에 인간을 세우고 성경의 권위 대신에 인간의 이성을 따르는 운동이었다(p.123). 계몽운동의 이런 영향으로 말미암아 인간은 존재의 의미를 상실하게 되고 모든 사물의 의미를 부여할 절대를 상실하게 된 것이다.

제7장 근대 과학의 발흥

코페르니쿠스(Copernicus, 1475-1543)로부터 시작하여 이 시대에 과학혁명이 발생한다. 갈릴레오(Galileo, 1564-1642)는 천동설 대신 지동설을 주장하게 되었다. 한 가지 중요한 사실은 과학혁명이 르네상스, 종교개혁과 동시대에 일어나게 된 것이다. 코페르니쿠스가 살아있을 때 루터의 95개조가 공표 되었고 칼빈의 기독교 강요가 출판되었다. 이런 역사적 형편은 과학혁명이 성경의 교훈과 상치되지 않는 형편에서 발생하게 되었다는 것을 직감하게 만든다. 근대 과학은 성경의 교훈과 대립되지 않았다. 이 당시의 과학자들은 대부분 기독교인이었으며 과학의 발흥은 하나님이 창조한 자연법 질서를 존중하는 가운데서 진행되었으며 하나님의 존재를 부인하지 않은 상태에서 발전되었다. 비행기가 날려면 그것은 존재하는 우주의 질서에 적합하게 제작되어져야 한다. 이 당시의 과학자들은 대부분 개방된 우주관을 가지고 과학 활동을 했다. 따라서 기계는 인간의 주인이 될 수도 없고 위협도 될 수 없다. 개방된 우주관에서는 인간의 위치가 상실되지 않은 것이다.

제8장 철학과 과학에 있어서의 몰락

초기의 현대과학자들은 개방된 체제 속에서 자연 원인의 획일성을 믿었다. 그러나 현대의 현대과학자들은 폐쇄된 체계 속에서 자연 원인의 획일성을 믿게 되었다. 포이엘바하(Ludwig Feuerbach, 1804-1872)는 유물론 철학을 제창하고 다윈(Charles Darwin, 1809-1882)은 진화론을 제창하게 되었다. 그리고 다윈의 이론은 헉슬리(Thomas Huxley, 1825-1895)에 의해 '적자생존'이란 이론으로 진보를 가져오게 되었다 (p.150).

현대의 현대과학자들이 이처럼 폐쇄된 우주관 속에서 활동하므로 그들은 결국 유물주의로 빠지게 되었다. 그리고 현대의 철학은 인간의 이성을 통해 실재를 설명할 수 있을 뿐만 아니라 통일되고 진실한 지식을 세울 수 있다고 믿게 되었다.

결국 철학은 일관성을 상실하게 되었고 인간의 문제

를 해결하지 못했다. 이 당시 철학자들은 인간이 무엇이든지 할 수 있다는 낙관주의적 견해를 가졌지만 문제의 해결은 얻지 못했다.

제9장 현대철학과 현대신학

현대철학과 현대신학 역시 폐쇄된 체계 속에서 진리를 찾으려 했다. 따라서 그들은 이성을 최고의 위치에 올려놓게 되었다. 사르트르(Jean-Paul Sartre)와 까뮤(Albert Camus) 및 하이데거(Martin-Heidegger) 등은 비록 방법은 다르지만 폐쇄된 체계 속에서 인간의 의미와 진리를 찾으려 했다.

결국, 현대철학은 헉슬리(Aldous Huxley, 1894-1963)와 함께 인간의 문제를 해결하지 못하고 마약 사용을 도입하는 데 문을 열어놓게 되었다. 현대신학 역시 합리적인 자유주의의 영향으로 예수의 역사성이 부인되고 실존주의의 영향으로 성경의 객관적 진리가 설 자리를 잃게 되었다. 바르트(Karl Barth)의 신정통주의는 어떤 것을 믿는 신앙이 아니라 신앙을 믿는 신앙에 빠지게 되었다(p.176). 결국 하나님은 용어상의 하나님으로 전락해버린 것이다. 이처럼 현대철학과 현대신학은 실존적인 방법론에 매여 신학적인 말장난만을 일삼고 있는 것이다.

제10장 현대의 예술, 음악, 문학 그리고 영화

현대의 염세주의와 현대의 분열은 지리적으로 유럽 본토에서 영국으로 그리고 대서양을 건너 미국으로 번져 갔다. 그리고 현대의 염세주의와 현대의 분열은 문화적으로, 철학으로부터 미술, 음악, 일반문화(소설, 시극, 영화)의 분야에 이르렀고 결국 신학에까지 번지게 되었다. 그리고 이런 현대의 경향이 사회적으로는 지식인에게서 교육받은 사람들에게로 그리고 대중 매체를 통해 모든 사람들에게 퍼져나갔다. 이처럼 절대적인 진리를 상실한 사회는 가치 판단의 기준을 잃은 채 염세적인 정신과 분열의 경향이 점점 팽배해지고 하나님을 떠난 인간 중심적인 탑이 높이 쌓아지고 있는 것이다.

제11장 우리의 사회

우리들의 사회의 특징은 개인적 평안과 풍요라고 할 수 있다. 하나님 중심적인 체제가 무너지고 인간 중심적인 체제가 자리 잡게 되자 인간은 우선 개인적으로 평안하고 물질적인 풍요함이 있으면 만사형통으로 생각하게 된다. 개인적 평안은 결과에 구애받지 않고 다른 사람의 방해 없이 혼자 조용하게 생활하기를 원하는 것이다.

풍요함이란 계속 증가되는 물질의 양으로 판단되는 성공을 의미한다. 이런 개인적 평안과 풍요의 개념으로 인해 우리의 사회는 마약문화로 물들어져 가고 있으며 물질주의적인 기반 때문에 인간의 존엄이 무시되고 있다. 따라서 인간의 생명에 대한 판단을 법이 임의적으로 내리기도 하는 것이다. 미국의 대법원 판사 중 다수가 인간 중심적인 사고를 가지고 있다면 그들의 임의적인 판단에 인생의 시작과 끝이 달려있게 되는 것이다.

제12장 조작과 새로운 권위주의

기독교 원리가 상실된 사회에서는 어떤 개인이나 소수 단체가 사회 전체를 조작하여 그들의 마음대로 할 수 있는 것이다.

이런 방법은 텔레비전(TV)을 통해서 그 사회를 조작할 수도 있으며 극단적으로는 한 도시의 송수관 속에 약을 투입함으로 전체 도시의 사람들을 미치게도 조작할 수 있고 아이를 낳지 못하게도 만들 수 있는 것이다. 이처럼 기독교적인 기반을 상실한 사회는 결국 파멸을 자초할 수밖에 없는 것이다.

제13장 대안

절대적인 진리를 상실한 사회는 밖과 안에서 엄습하는 중압감 때문에 견딜 수 없는 형편에 다다랐다.

첫째, 그런 사회는 경제적 붕괴가 있을 수밖에 없

다. 계속되는 인플레를 해결할 수 없으며 경기 후퇴를 막을 수 없게 된다.

둘째, 전쟁과 전쟁의 위협이 계속될 수밖에 없다. 팽창주의적 공산주의 국가들과 서방국가들 사이에 전쟁이 있게 된다. 군사적으로 경제적으로 그리고 정치적으로 공산주의 국가들의 이런 위협이 있게 될 것이다.

셋째, 격렬한 혼돈이 있게 된다. 한 국가 내에서나 전 세계적으로 정치적 폭동이나 테러행위가 계속되게 될 것이다. 개인적으로 혹은 단체적으로 테러행위를 하게 될 것이다.

넷째, 세계 부의 과격한 재분배가 있을 수 있게 된다. 이는 정상적인 방법으로가 아니요, 개인들이 개인적 평안과 풍요를 상실하게 될 때 전제주의 국가의 조종을 환영하게 되며, 이 전제주의 국가가 임의적으로 재분배를 할 수 있게 되는 것이다.

다섯째, 식량부족과 자원부족 사태가 발생하게 된다. 부족한 상태에 이르면 사람들은 해결을 약속하는 전제주의 국가에 응종하게 마련이다. 기독교의 기반이 전혀 없었던 국가들이 먼저 전제주의 국가에 머리를 숙이게 될 것이다.

기독교인들에게 주는 세 가지 제안으로 이 책은 끝맺는다.

첫째, 오늘날 인문주의적인 사고방식의 표식이 무엇인지 기억해야 한다. 그것은 바로 실존적인 방법론이다. 우리는 우리 자신들의 실존적인 방법에 빠지지 않도록 주의해야 한다.

둘째, 기독교인들은 바른 세계관을 알아야 할 뿐만 아니라 그런 세계관의 이념에 따라 바로 실천하여 기독교 정신이 생애의 모든 분야에 영향을 미치게 해야 한다.

셋째, 기독교인은 과거 훌륭한 기독교인들에게 감사를 드리면서 앞으로 우리의 후대들이 우리의 업적을 보고 우리에게 감사할 수 있도록 바로 행동해야 한다. 기독교인들은 모든 형태의 인간 중심의 체제를 하나님 중심의 체제로 만들기 위해 노력해야 한다.

본서는 쉐퍼의 역작으로서 서구사상과 문화의 흥망을 깊이 있게 다루어 주었다. 사회가 절대를 상실하고 하나님을 떠날 때 어떻게 된다는 것을 생생하게 묘사해 준 책이다. 그리고 인간들의 복잡한 문제를 해결할 수 있는 길은 인간들이 하나님께 돌아가야 함을 너무도 웅변적으로 설명하고 있다.

거룩함의 추구

(*The Pursuit of Holiness*) ,
By Jerry Bridges. Colorado Springs: Navpress, 1978,
pp.158.

본서는 기독교인의 성결에 대해 17장에 걸쳐 기술한 책이다. 저자는 마치 농부가 씨를 뿌리고 물을 주어 곡

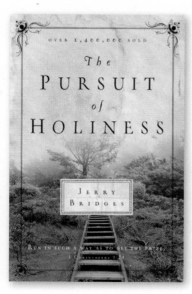

식의 수확을 얻는 과정에 자신의 노력이 필요하지만 수확을 위해 전적으로 외부의 힘에 의존해야 함을 아는 것처럼 기독교인의 성결 역시 하나님께 달려 있지만 우리들의 노력이 필요함을 역설하고 있다.

제1장 '성결은 네 자신을 위해 있다'라는 제목 하에 저자는 기독교인들이 매일 성결을 위해 노력하여야 함을 말한 다음 우리들이 성결하지 못하게 되는 이유를 든다.

첫째, 죄에 대한 우리들의 태도가 하나님 중심 적이기보다 자기중심적이다. 우리는 죄를 하나님의 말씀에 비추어 판단하기보다 우리의 생각대로 판단한다.

둘째, '믿음으로 산다'는 개념을 오해하고 있다. 우리는 믿음으로 살면 성결을 위한 노력은 하지 않아도 되는 것으로 오해하고 있다.

셋째, 우리들은 죄를 심각하게 생각하지 않는다고 말한다. 우리들의 죄감이 무디어져서 죄를 심각하게 생각하지 않는다.

제2장 '하나님의 성결'에서 저자는 하나님께서 모든 기독교인을 성결의 생활로 불러주셨다고 말한다. 하나님은 우리를 우리 주변에 있는 거룩한 기독교인만큼 거룩하도록 우리를 부르신 것이 아니라 하나님처럼 거룩하도록 우리를 부르셨다. 하나님은 우리를 문화적 성결(Cultural Holiness)로 부르시지 않고 하나님을 닮는 성경적 성결로 우리를 부르셨다. 그러므로 우리는 하나님이 죄를 미워하시는 것처럼 어떤 형태의 죄도 미워해야 한다.

제3장 '성결은 선택이 아니다'에서 저자는 기독교인의 생활에서 성결은 절대적인 것이라고 강조한다. 기독교인의 생활에서 성결은 있어도 좋고 없어도 그만인 상태가 아니라 이는 있어야만 하는(must) 것이다. 저자는 이 사실을 증명하기 위해 성도들이 거룩한 그리스도와 연합된 사실을 설명하고 야고보서의 믿음과 행위의 관계를 설명한다.

제4장 '그리스도의 성결'에서 저자는 두 가지의 주제를 다룬다. 첫째는 그리스도의 완전한 성결이 우리에게 전가되었으므로 우리들은 그리스도 안에서 우리들의 안전을 찾아야 하며 둘째는 그리스도께서 우리들의 성결의 본이 되신다는 점이다.

제5장 '하나님 나라에 속한 기도교인의 생활'을 설명한다. 기독교인은 예수를 믿고 구원을 얻으므로 하나님 나라에 속하지만 이 땅 위에서 범죄 할 가능성이 있음을 설명한다. 그러므로 자신의 연약으로 범죄 하게 될 때 실망하여 성결의 추구를 포기하는 것은 기독교인의 생활을 잘못 이해하고 있는 것이다. 기독교인은 계속해서 성결의 생활을 위해 노력해야 하며 죄와 싸워야 한다.

제6장 '성결을 위한 투쟁'에서 저자는 세 가지의 지침을 제시한다.

첫째, 죄의 뿌리(좌소)가 우리의 마음에 있음을 알아야 한다. 그러므로 우리는 매일 하나님의 도우심이 필요한 것이다.

둘째, 죄는 주로 우리의 욕망을 통해 역사한다는 것을 알아야 한다. 아담의 타락 이후 욕망은 인간을 죄로 빠뜨리는 데 큰 역할을 해온 것이다.

셋째, 죄는 우리들의 이해를 속이므로 우리를 넘어지게 만든다. 성령의 조명을 받은 우리의 이해는 죄의 길과 정반대이다. 그러므로 사단은 우리들의 마음을 속이는 것이다.

제7장 '매일 투쟁을 위한 도움'에서 저자는 먼저 성도들이 그리스도와 연합되었다는 것과 하나님께서 성령을 우리 안에 내주하게 하신 사실을 확신해야 한다고 강조한다. 성결의 추구는 인간의 힘으로 되는 것이 아니요, 하나님께 의존해야 하기 때문이다. 그리고 저자는 두 가지의 지침을 제시한다.

첫째, 성도는 겸손하고 끈기 있는 태도로 성경을 묵상해야 한다. 성도는 성경묵상을 통해 힘을 얻게 된다. 둘째, 성도는 성결을 위해 기도해야 한다. 하나님이 성도들을 향해 요구하시는 것은 "내가 거룩하니 너희도 거룩하라"는 것이다.

제8장 '승리가 아니라 순종'이라는 제목으로 저자는 성결의 생활은 순종을 통해 이루어진다고 설명한다. 우리가 실패한 것은 우리가 불순종하기 때문이다. 우리는 우리의 성결의 추구에서 '승리'와 '실체'라는 용어를 사용하기보다 '순종'과 '불순종'이라는 용어를 사용해야 한다. 왜냐하면 우리들의 성결은 우리가 얼마나 하나님 말씀에 순종했느냐와 연관되기 때문이다.

제9장 '죄를 장사지내고'라는 제목으로 저자는 성도들이 죄를 장사지낼 때 반드시 성령의 능력과 지도하에 이를 실천해야 함을 강조한다. 죄를 장사지내기 위해서는 먼저 확신을 가져야 한다. 거룩함이 없이는 아무도 주를 보지 못하리라(히 12:14)는 말씀에 따라 거룩하게 되기 위해 확신을 가져야 한다. 그리고 거룩하게 되는 첩경은 순종이라는 것을 잊지 말아야 한다. 우리들의 행위를 점검할 때

첫째, 우리의 행위가 육체적으로 영적으로 유익이 되는가.

둘째, 우리들의 행위가 우리의 의지를 조종하지 않는가. 즉 어떤 습관적인 힘에 끌려 어쩔 수 없이 행동하지 않는가.

셋째, 우리들의 행위가 다른 사람에게 상처를 입히지 않는가.

넷째, 우리들의 행위가 하나님을 영화롭게 하는가? 등의 기준에 따라 우리들의 행위를 점검하여 성결의 생활을 추구해야 한다.

그리고 성결의 생활을 위해 또 필요한 것은 결단의 실천이다. 어려움을 감수하면서 결단의 실천을 할 때 우리는 성결해진다.

제10장 '개인적 단련의 필요'에서 저자는 성결은 하루 아침에 이루어지는 것이 아니요 장기간의 세월을 통해 이루어진다고 말한다. 그러므로 우리는 개인적으로 말씀 연구를 통해 우리 스스로를 훈련시켜야 한다고 말한다. 성경 말씀 연구는 읽고, 묵상하고, 암송하고 적용하므로 성결의 추구에 큰 보탬이 될 수 있다. 성도들의 성결이 진전되면 자연히 죄를 미워하게 되고(시 119:104) 하나님의 율법이 요구하는 것은 무엇이든지 우리에게 유익한 것임을 알게 된다.

제11장 '몸의 성결'에서 저자는 진정한 성결은 우리들의 육체적 욕구를 주장할 수 있어야 한다고 말한다. 우리는 해야 할 것은 하지 않고 우리들의 원하는 대로 행동하는 경향이 있다고 지적한다. 몸의 성결에서 저자

는 먹는 문제, 주초 문제, 성 문제, 나태 등의 문제를 다룬다.

제12장 '영의 성결'에서 저자는
'하나의 생각을 심으면
하나의 행위를 거두고
하나의 행위를 심으면
하나의 습관을 거두며
하나의 습관을 심으면
하나의 성격을 거둔다.' 라는 옛 격언을 인용하여 생각의 중요성을 설명한다. 저자는 기독교인들이 세상의 풍조를 저항하기보다 세상의 풍조에 밀려 영향을 받는다고 지적한다. 성도들의 영의 성결에 방해가 되는 것은 교만이다. 교만으로 말미암아 하나님과 사람을 싫어하게 되고 다른 사람을 용서하지 못하는 성격과 보복하는 성격을 개발하게 된다고 말한다. 그리고 영의 성결에 방해가 되는 것은 비평적인 성격이라고 지적한다.

제13장 '우리들의 의지의 성결'에서 저자는 우리들이 어떤 일을 결단할 때는 항상 의지가 작용하기 때문에 의지의 성결이 중요함을 설명한다. 죄가 세상에 들어오기 전에는, 이성은 하나님의 뜻을 이해하게 하고 의지는 하나님의 뜻에 동의하게 하고 감정은 하나님의 뜻을

실천하는 것을 즐거워하게 했지만, 죄가 세상에 들어온 후에는 그렇지 않다고 전제한 후 우리들의 의지의 작용을 성결하게 해야 한다고 말한다.

제14장 '성결의 습관'에서 저자는 한 번 죄를 범하면 다음번은 더 쉽게 죄를 짓게 된다고 말한다. 성결의 습관을 위해 다음 원리를 묵상하고 실천해야 한다.

첫째, 습관은 계속되는 반복으로 개발된다는 것을 잊지 말아야 한다.

둘째, 못된 습관을 깨뜨리기 위해서는 예외를 만들지 말아야 한다.

셋째, 모든 분야에서 부지런하면 다른 한 분야에서도 성공하게 된다.

넷째, 한 번 실패로 실망하지 말아야 한다.

제15장 '성결과 믿음'에서 저자는 성결을 위해서는 믿음이 필요하다고 말한다. 믿음은 우리의 구원을 위해서 필요할 뿐만 아니라 하나님을 기쁘게 하는 삶을 살기 위해서도 필요하다. 믿음은 비싼 대가를 치르더라도 하나님의 말씀에 순종하게 한다. 히브리서 11장의 믿음의 용사들 역시 믿음으로 하나님의 약속을 바라보며 거룩한 생을 살 수 있었다. 만약 우리들의 믿음이 없다면 어려운 성결의 추구를 계속할 수 없는 것이다. 믿음과

성결은 떼려야 뗄 수 없도록 연결되어 있다.

제16장 '불결한 세상에서의 성결'에서 저자는 성도들이 죄 많은 세상에서 살고 있음을 전제하고 성경 말씀처럼 세상에 동화되지 말고 세상에 영향을 끼치면서 살아야 한다고 말한다. 세상에 영향을 끼칠 수 있는 방법은 공개적으로 그리스도와 연합됨을 표명해야 한다. 기회가 있는 대로 그리스도를 세상에 증거 함으로 세상적 영향에서 벗어날 수 있다. 그리고 적극적으로 우리 성도는 세상의 빛 역할을 해야 한다. 그리고 세상의 형편이 용납할 수 없는 형편에 이르면 자신이 소속하고 있는 그룹에서나 혹은 장소에서 떠나는 것이 성결을 유지할 수 있게 된다. 이를 위해 성도는 많은 기도를 해야하며 기도 후 결단해야 한다.

제17장 '성결의 즐거움'에서 저자는 하나님께서 성도들로 하여금 기쁨의 생활을 갖도록 계획하셨기 때문에 진정한 기쁨은 성결의 생활에서 찾을 수 있다고 말한다. 성결의 생활은 거룩한 하나님과 교제하는 기쁨을 가져온다. 그리고 기쁨은 성결의 생활의 결과일 뿐만 아니라 성결의 생활을 할 수 있도록 우리를 돕기도 한다.

　　브리지스(Jerry Bridges)는 그의 실질적인 경험을 바탕으로 성도들이 어떻게 성결의 생활을 추구해야 함을 이 책에서 쉽게 설명해 준다. 브리지스(Bridges)의 "거룩함의 추구"(The Pursuit of Holiness)는 바른 신학을 기초로 기록된 책이다. 성경말씀을 하나님의 말씀으로 믿는 신앙으로 기록했기 때문에 말씀의 권위를 무시하는 오늘날, 이 책은 우리에게 큰 유익을 준다. 왜냐하면 이 책은 성도들이 실천할 기준을 분명히 제시해 주기 때문이다.

리더들이 가장 쉽게 저지르는 10가지 실수

(*The Top Ten Mistakes Leaders Make.*),
by Hans Finzel, Colorado Springs: Cook Communications
Ministries, 2000, pp. 200.

1. 정상에서 아래로 내려다보는 태도.

정상에서 아래로 내려다보는 문제는 모든 잘못된 리더십

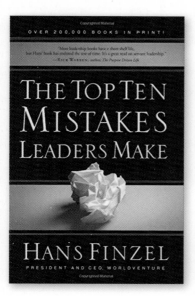

의 어머니라고 할 수 있
다. 리더십의 첫째가는
죄는 정상에서 아래로
내려다보는 전제적인
오만이다. 우리는 우리
속에 웅크리고 있는 주
장하려는 리더십, 전제
적인 리더십, 그리고 위
에서 아래로 내려다보
는 리더십을 경계해야
한다. 이런 리더십은

약한 하급자들에게 명령을 하달하는 군대에서 볼 수 있는 모델이다. 위에서 아래로 내려다보는 리더십은 채인 반응을 나타낸다.

보스가 임원에게 명령을 짖어댄다. 임원은 사원에게 명령을 짖어댄다. 사원은 집에 가서 아내에게 명령을 짖어댄다. 아내는 아이들에게 명령을 짖어댄다. 아이들은 강아지를 발로 찬다. 강아지는 죄 없는 이웃집 고양이를 쫓아다닌다. 위에서 아래로 내려다보는 리더십은 이와 같은 좋지 않은 채인 반응을 가져 온다.

왜 많은 사람들이 위에서 아래로 내려다보는 리더십을 즐겨 사용하는가?

첫째, 그것은 전통적이다.

둘째, 그것은 가장 흔한 것이다.

셋째, 그것은 가장 쉬운 것이다.

넷째, 그것은 가장 자연스러운 것이다.

다섯째, 그것은 인간의 타락을 반영한다.

그러면 개선 방법은 무엇인가?

첫째, 참여적인 운영을 하라.

둘째, 격려자의 스타일을 유지하라.

셋째, 민주적인 리더십을 행사하라.

넷째, 자신을 다른 사람들과 동류로 생각하라.

다섯째, 섬기는 리더가 되라.

2. 사람보다는 사역을 중요하게 생각하는 태도.

일반적으로 리더들은 사역중심으로 훈련되어 있다. 독일 사람들은 예외는 있겠지만 일반적으로 사역중심의 삶에 적응되어 있다고 생각된다. 한국 사람들은 사역의 결과 중심적인 삶을 살고 있지 않나 생각된다. 온 세상 사람들이 한국 사람들을 평가 할 때 "빨리 빨리"라는 말로 평가한다. 이것은 무엇을 뜻하는가? 한국 사람들은 일을 빨리 빨리 한다는 뜻이다. 이 말은 한국 사람들도 사역중심의 삶에 익숙해 있다는 뜻이다.

　다음 몇 가지 질문을 통해 자신이 사역중심의 성격인지 사람중심의 성격인지를 스스로 판단해 볼 필요가 있다.

*사람들은 나를 귀찮게 한다. 그들은 방해가 될 뿐이다.

*나는 내 일을 끝내기 위해 혼자 있는 것을 더 좋아 한다.

*사람들만 아니라면 내 목회 사역은 참 좋다.

*사역현장에서 사람들의 네트웍을 잘 활용하지 못한다.

*사람들의 감정을 거슬리는데 무관심하다.

*나는 듣는 일을 잘 하지 못한다.

*인내심이 짧다.

*혼자, 떨어져서, 외로운 것을 즐긴다.

*성취에 자신의 가치를 의존한다.

이상의 진술을 읽고 "그렇다"라고 긍정적인 답을 하는 사람은 사역중심의 삶에 익숙해 있는 사람이다. 만약 여러분의 집무실에 예약 없이 어떤 사람이 찾아 왔을 때 여러분은 마음속으로 그 사람을 방해로 생각하는가 아니면 기회로 생각하는가? 그리고 그 사람과 대화할 때 어떻게 해서든지 대화를 빨리 끝내기 원하는가 아니면 대화가 자연스럽게 끝날 때가지 그 사람과 대화를 즐기는가? 만약 여러분이 그 사람을 기회로 생각하고 그 사람과의 대화를 즐긴다면 여러분은 사람중심의 성향을 가진 사람이다.

심리학자들과 정신병 전문 의사들은 사역의 성취를 위해 매진하는 사람을 가리켜 "강박 신경증 환자" (obsessive-compulsive personality)라고 부른다. 그런데 기독교 리더들이 되기 위해서는 일 중독자가 되어야만 가능하다고한다. 이런 리더는 다른 사람의 말을 듣는데 결함이 있어서 결국은 자신의 성격 형성에도 문제가 생기고 그리스도의 몸인 교회의 정신과 분위기에도 큰 장애 요소가 된다. 우리는 사람을 제쳐놓고 무엇을 이루었다 해도 결국 아무것도 이루지 못한 것이다. 기독교 리더십은 기본적으로 사람을 다루는 사역이다. 전문가들은 가장 영향력 있는 리더는 그들의 대부분의 시간을 사람들과 보내고 사람들의 문제를 해결하는데 사용한다고 한다. 베니스 와 나누스(Warren Bennis and Burt Nanus)는 "우리가 발견한 것은 지위가 높으면 높을수록 그들의 일이 더 많이 인간 상호간의 일이요 인간적인 일이라는 것이다. 우리들의 최고 경영자들은 대략 그들의 시간의 90%를 사람들의 복잡한 문제를 해결하고 관심을 갖는데 사용 한다"(Bennis, Warren and Burt Nanus, Leaders: The Strategies for Taking Charge. New York: HarperCollins, Inc., 1985, p. 56)라고 지적한다.

마이어 박사(Paul Meier)가 달라스 신학교(Dallas Theological Seminary)에서 기독교 심리학과 성격 개발 분야 교수로 가르칠 때의 일이다. 그가 신학교 입학생들을 대상으로 심리학 테스트를 시행했다. 그런데 신학교에 입학하는 대부분의 신입생들이 "강박 신경증 환자" 유형의 사람들임을 발견했다. 왜 이런 유의 사람들이 지원했을까? 왜 이런 유의 지원자들이 입학 허락을 받았을까? 그 이유는 신학교 신입생들이 그들이 성취한 것을 바탕으로 지원서를 화려하게 쓰기 때문이다. 오늘날 신학교들은 신입생들이 어떤 사람이냐에 따라 선발하기 보다는 그들이 무엇을 성취했느냐에 따라 선발한다.

예수님은 사람을 만나고 사람들과 어울리면서 사역을 하셨다. 예수님은 사람중심의 사역을 하셨다. 복음서들은 예수님께서 군중들과 무리들 사이에서 시간을 많이 보내셨음을 증거 한다. 사람중심의 사역은 다른 사람들에게 영향을 미치는 것이다. 기독교 리더는 하나님의 사람들에게 영향을 미쳐 그들이 하나님의 목적을 향해 움직이도록 하는 것이다. 교회의 사역이 무엇인가? 사람인가 아니면 생산인가? 그것은 말할 것도 없이 사람이다. 기독교 리더들은 다른 사람에게 영향을 미쳐 그들로 하여금 더욱 그리스도를 닮게 하는 것이다.

3. 칭찬과 격려를 인색하게 하는 것.

한 아내가 30년 결혼 생활한 후 남편에게 "이젠 당신과 사는 것이 정말 지겨워, 당신이 나를 사랑한다는 말을 들은 지가 얼마나 됐는지 기억도 없어요"라고 푸념을 했다. 이 말을 들은 남편이 태연하게 "여보, 우리가 결혼 할 때 내가 당신을 사랑한다고 말했지 않소. 내 생각이 바뀌면 그 때 당신에게 말하리다."라고 대답했다. 우리는 이렇게 격려와 칭찬에 인색하다.

사람은 감정적인 충전을 자주해야 한다. 기독교 기관에서는 격려와 칭찬이 더 인색하다. 사람들은 의무감 때문에 일하는 것이지 칭찬이 왜 필요 한가 라고 생각한다. 더 심각한 태도는 "그들은 주님을 위해서 일하고 있지요. 그래서 주님께서 그들의 수고를 보상해 주실 것입니다"라고 생각하는 것이다. 또 어떤 사람은 칭찬을 하면 자존심만 키워주기 때문에 그것은 영적인 것이 아니므로 반드시 피해야 한다고 생각한다.

그러나 칭찬은 동기를 유발하고 일을 계속하게 하는 힘을 제공한다. 리더는 다음과 같이 격려하고 칭찬해야 한다.

* 들어라 (약 1:19). 리더라고 항상 말을 해야 한다고 생각하지 말라.
* 공감하라 (롬 12:15). 다른 사람이 행복하면 그 행복을 나누고, 다른 사람이 비극을 당하면 모든 것을 멈추고 함께 울라.
* 위로하라 (고후 1:3-4). 우리가 경험한 많은 고통의 경험은 다른 사람의 고통을 위로하는데 풍요하게 사용 될 것이다.
* 짐을 함께 나누라 (갈 6:2). 이것이 "그리스도의 법을 성취하는" 길이다.
* 격려하라 (살전 5:11). 다른 사람의 잘한 일을 찾아 "잘했다"라고 말해주라. 잘한 일을 지적해서 칭찬을 하면 더 자주 칭찬 할 잘한 일이 생길 것이다.

4. 자유분방한 사람(Maverick)에게 일 할 기회를 주지 않는 것.

기관들은 항상 제도화되려는 경향을 가지고 있다. 제도들은 사람의 관계를 파괴하는 특성을 가지고 있다. 활동은 기념비가 되고, 영감은 제도로 변한다. 우리가 자주 듣는 이런 이야기는 기관이 오래 될수록 특별한 은사를 가진 사람들을 용납하지 못한다는 것이다. 자유분방한 사람은 본성적으로 잘 정리되어 있지 않다. 고착된 기관들은 그들의 경직성 때문에 자유분방한 사람에게 상처를 입혀서 내 치곤한다. 이런 경향은 사업 세계에서 뿐만 아니라 교회 내에서도 일어나는 현상이다.

한 기관의 형성과정은 대부분 시작(Birth)-유아기(Infancy)-유년기(Childhood)-청년기(Adolescence)-성년기(Adulthood)-중년기(Middle Age)-노년기(The graying years)-고령기(Old Age)-폐업(Death)으로 이어진다. 그런데 한 기관에서 자유분방한 사람이 필요한 시기는 기관의 발전과 확장이 필요한 유년기와 청년기 때와 기관이 다시 한 번 태어나야할 노년기 때이다. 청년기 때는 기관이 시작될 때 없었던 새로운 인재들이 기관이 시작될 때의 원리들에 대해 도전하고 변화를 시도하는 때요, 노년기 때는 기관이 화석화되어지고, 기관의 유지가 가장 중요한 존재목적이 되고 새로운 사상은 받아들이지 않으며, "우리는 항상 그런 방법으로 일을 해 왔지"라는 말이 주제가가 된 때이다. 이럴 때에 기관들은 자유분방한 사람들의 창의적 사상이 필요하다. 사도 바울, 마틴 루터(Martin Luther), 윌리엄 캐리(William Carey), 마틴 루터 킹(Martin Luther King), 척 콜슨(Chuck Colson), 그리고 리 아이아코카

(Lee Iacocca) 와 같은 사람들은 변화를 통해 세상에 큰 획을 그은 자유분방한 사람들이었다.

그러면 자유분방한 모든 사람이 다 기관에 유익한 사람인가? 사실상 어떤 자유분방한 사람은 주변 모든 사람들에게 고통만 준다. 그런 사람은 그 기관에 필요하지 않은 사람이다. 그러면 어떻게 유익한 자유분방한 사람을 분별할 수 있는가? 유익한 자유분방한 사람은 다음 특징을 가지고 있다.

* 그들은 자신들의 새로운 사상에만 관심 갖지 않고, 기관의 목표에 관심을 갖는다.
* 그들은 그들의 현재 위치에서 유익을 창출한다.
* 그들은 몰래 일하지 않고 다른 동료가 알도록 함께 일한다.
* 다른 사람들이 그들의 지도력을 인정한다. 즉 그들의 영향력이 인정되고 좋은 결과가 뒤 따른다.

그러면 유익한 자유분방한 사람을 어떻게 격려할 수 있는가?

* 그들에게 넓은 범위의 작업 환경을 제공하라. 그들은 솟구치기 위해 공간이 필요하다.
* 그들 스스로 책임질 수 있는 일을 맡겨라.
* 그들의 사상을 듣고 성장할 수 있는 시간을 허용하라.
* 그들이 원하면 혼자서 일할 수 있도록 배려하라.
* 간섭을 자제하고 그들이 꽃 피울 수 있는 시간을 허용하라.

자유분방한 사람은 창의적이기 때문에 조직화된 기관의 규칙을 따르는데 익숙하지 않다. 그렇다고 기관이 자유분방한 사람을 내치면 그 기관은 고령화를 빨리 당긴다. 기관이 자유분방한 사람에게 일할 수 있는 공간을 줄 때 기관의 화석화를 막고 기관을 활성화시키며 좋은 결과를 초래할 수 있다. 자유분방한 사람은 매일의 삶의 경험에서는 고통을 유발하는 사람이 될 수도 있지만 기관의 긴 역사를 생각할 때 꼭 필요한 존재이다.

다음의 편지는 우리에게 시사하는 바가 크다.
바울 사도 목사
독립 선교사
고린도, 그리스

사랑하는 바울 선생께,
근래에 우리는 당신으로부터 우리 선교회에 소속되어 사역하기를 원한다는 지원서를 받았습니다. 우리는 당신의 경우를 철저하게 조사했습니다. 그런데 솔직하게 말씀드리면 우리는 당신이 정식 선교사로 합격되었다는 사실에 놀라움을 금치 못하고 있습니다.

1. 첫째로 우리는 당신이 효과적인 사역을 위해 극복하기 어려운 심각한 눈병을 앓고 있다는 사실을 들었습니다. 우리는 일반적으로 20-20의 시력을 요구하고 있습니다.

2. 둘째로 우리는 풀타임 선교사가 생계를 위해 파트타임 노동을 하는 사실에 대해 좋게 생각하지 않습니다. 그러나 우리는 당신이 파트타임으로 텐트를 만드는 일을 하고 있다고 들었습니다. 당신은 당신이 쓴 빌립보교회에 보낸 편지에서 빌립보교회만이 유일한 후원교회라고 인정하셨습니다. 우리는 왜 이런 일이 벌어졌는지 궁금합니다.

3. 더 나아가, 당신이 감옥 생활을 했다는 것이 사실입니까? 어떤 형제들이 말하기로는 당신이 가이사랴에서 2년간 복역을 했고 로마에서도 감옥 생활을 했다고 합니다.

4. 더욱이, 데살로니가에서 온 보고로는 당신이 거기 사는 사람들에게 많은 말썽을 부려 그 사람들이 당신을 가리켜 "천하를 어지럽게 하던 이 사람"이라고 말 했다는 이야기를 들었습니다. 우리는 그런 선정적인 사역이 선교하는데 유익하다고 생각하지 않습니다. 우리는 또한 당신이 다메섹에서 밤에 광주리를 타고 성 밖으로 도망친 사건에 대해서도 한탄스럽게 생각하고 있습니다.

5. 당신이 쓴 편지 중의 하나에서 당신은 자신을 가리켜 "나 늙은 바울"이라고 했습니다. 우리 선교회의 연금 정책은 나이 많은 수혜자가 넘쳐 나는 것을 기대하지 않습니다.

6. 당신의 사역은 성공하기에는 너무 변덕스럽습니다. 처음에는 소아시아, 그다음은 마케도니아, 그다음은 그리스, 그다음은 이탈이아, 그리고 이제 당신은 스페인을 가겠다고 부질없는 시도를 말하고 있습니다. 사람의 능력을 한 곳에 집중하는 것이 분산시키는 것 보다 더 중요합니다.

7. 마지막으로, 의사이신 누가박사께서 당신은 키가 작고 가

날픈 사람이요, 대머리가 벗어졌고, 자주 병을 앓고 있으며, 항상 교회에 대해 자극을 받아 잠도 제대로 자지 못한다고 보고를 합니다. 누가박사의 보고로는 당신이 밤늦게 까지 기도하기위해 어슬렁거리며 집 주변을 걸어 다니기도 한다고 합니다. 우리선교회가 원하는 이상적인 선교사 지원자는 튼튼한 몸에 건강한 정신을 가진 사람입니다. 우리는 밤에 잠을 잘 자는 것이 당신에게 열정(zest)과 원기(zip)를 제공하여 아침에 활력(zing)을 가지고 깨어날 수 있도록 한다고 믿습니다.

바울 형제여, 우리가 당신에 대해 이렇게 말씀 드린 것에 대해 죄송하게 생각합니다. 그러나 우리들의 모든 경험을 통해 볼 때 우리 선교회의 요구 사항에 당신처럼 이렇게 정면으로 배치되는 지원자는 만나 보지를 못했습니다. 만약 우리가 당신을 허입한다면 우리는 현재 선교사 영입을 위해 정해놓은 모든 원리를 깨는 것이 될 것입니다.

가장 신실한 마음으로,
외지 선교회 서기
경박한 홍길동

The Rev. Paul, Apostle
Independent Missionary
Corinth, Greece

Dear Mr. Paul,

We recently received an application from you for service under our board. We have made an exhaustive survey of your case and, frankly, we are surprised that you have been able to "pass" as a bona-fide missionary.

1. In the first place we are told that you are afflicted with severe eye trouble which is almost certain to be an insuperable handicap to any effective ministry. We normally require 20-20 vision.

2. Secondly, we take a dim view of a full-time missionary doing part-time work for living, but we hear that you are making tents on the side. You admitted in a letter to the church at Philippi that they are the only group supporting you. We wonder why this is.

3. Further, is it true that you have a jail record? Certain brethren report that you did two years' time at Caesarea and were also imprisoned in Rome.

4. Moreover, it is reported from Ephesus that you made so much trouble for the businessmen there that they refer to you as "the man who turned the world upside down." We feel such sensationalism has no place in missions. We also deplore the "over-the-wall-in-a-

basket" episode at Damascus.

5. In one of your letters you refer to yourself as "Paul the Aged." Our new pension policies do not anticipate a surplus of elderly recipients.

6. Your ministry has been far too flighty to be successful. First Asia Minor, then Macedonia, then Greece, then Italy, and now you are talking about a wild-goose chase into Spain. Concentration is more important than dissipation of one's powers.

7. Finally, Dr. Luke the physician reports that you are a thin little man, rather bald, frequently sick, and always so agitated over your churches that you sleep every night poorly. He indicates that you pad around the house praying half the night. Our ideal for all applicants is a healthy mind in a robust body. We believe that a good night's sleep will give you zest and zip so that you wake up full of zing.

We regret to inform you, Brother Paul, but in all our experience we have never met a candidate so opposite to the requirements of our mission board. If we should accept you we would be breaking every principle of current missionary practice.

Most sincerely
J. Flavius Fluffyhead
Secretary, Foreign Mission Board
(Source Unknown, 출처 미상)

5. 의사결정을 혼자 하는 독재주의인 태도.

독재주의는 나름대로 장점이 있다. 동구 공산권 나라들이 무너지기 전 그런 나라 안에서의 삶은 그런대로 평온하고 예측 가능한 사회였다. 그런데 그 나라들이 자본주의 세계를 접하고 그 나라들은 경제적 정치적 혼돈 속으로 빠져들고 말았다. 그러나 독재주의 사회가 평온하고 예측 가능할 런지는 모르나 독재주의 사회에서의 백성들의 눈은 실의에 가득 찬 모습이다. 독재주의는 백성들로부터 성취감을 빼앗아 가고 삶의 재미를 박탈해 간다. 결단력 없는 무능한 사람이 그럭저럭 살아갈 수 있는 사회가 독재주의 사회이다.

그런데 지도자의 독재주의적인 태도는 의사 결정과정에서 나타난다. 독재주의적인 지도자는 "나는 답을 알고 있다," "내가 가장 잘 알고 있다"는 생각으로 모든 결정을 혼자서 내린다. 그러나 가장 좋은 것은 평직원들로부터 올라 온 것들이다. 그래서 촉진적인 지도자가 유능한 지도자이다.

촉진적인 지도자가 독재적인 리더보다 교회를 더 든든하게 세운다. 독재적인 리더는 자신이 큰 사람이 되면 될수록 자신이 더 많이 알고 더 많이 다른 사람을 조종해야 한다고 생각한다. 그러나 실제로 지도자는 자원(resource)에 영향을 미치는 일을 많이 하게 된다. 지도자가 높은 직책을 맡을수록 더 많은 자원을 운용하게 된다. 지도자는 책임이 크면 클수록 직원들의 내재적 가치를 더욱 더 인정할 줄 알아야 한다. 이런 지도자가 촉진적인 지도자이다. 성경은 이런 지도자가 교회를 위해 필요한 지도자라고 말한다. "그가 어떤 사람은 사도로, 어떤 사람은 선지자로, 어떤 사람은 복음 전하는 자로, 어떤 사람은 목사와 교사로 삼으셨으니 이는 성도를 온전하게 하여 봉사의 일을 하게하며 그리스도의 몸을 세우려 하심이라"(엡 4:11-12, 개역개정).

대부분의 정부 조직이나 사회의 기구 조직을 살펴보면 한 사람을 최고 위치에 두고 그 사람이 조직을 지배하도록 되어 있다. 이런 기구 조직은 한 사람 밑에 모든 사람이 속해 있도록 구성되어 있다. 이와 같은 조직은 촉진적인 지도자의 역할을 제한하는 기구이다.

바람직한 기구 조직은 정보 교환과 조종이 단순히 위에서 아래로가 아니요, 리더와 각 중요 역할 분담 자 상호간에 원활하게 이루어지며, 또한 각 역할 분담 자 상호간에도 효율적으로 이루어지는 조직이다. 그러나 기독교적인 기구 조직으로 가장 성경적이요 가장 효과적인 기구 조직은 리더가 섬김의 리더임을 보여주며, 리더의 어깨에 모든 책임과 짐이 얹어 있는 것을 보여준다. 리더가 리더십(Leadership)의 사닥다리를 높이 올라가면 올라갈수록 다른 사람의 문제 때문에 더 많은 책임을 지게 된다. 기독교적인 공동체는 리더가 종의 모델의 역할을 하도록 기구가 만들어져야 한다.

리더는 의사 결정을 할 때 핵심 가치를 중요하게 여겨야 한다. 그 핵심 가치는 개인의 존엄성과 단체의 창의성이다. 리더는 기구조직 안에서 사역하고 있는 개인의 존엄성과 가치를 유지하고 제고시키기 위해 열심히 노력해야 한다. 영적으로 정서적으로 적절하고 건강한 감각을 가진 사람들이 목표지향적인 계획과 팀 책임을 감당하면서 생산적인 사역을 자유롭게 이루어 간다.

리더는 하나님의 성령의 인도에 따른 창의적이고 혁신적인 전략을 격려하고, 그 전략들이 상호 의존과 협력에 바탕을 둔 정책과 구조로 실행될 수 있도록 해야한다.

효과적인 감독자의 10가지 중요한 기능(p. 90)

(1) 효과적으로 일을 수행할 수 있는 사람에게 권한을 위임하라.

(2) 사역 책임을 맡길 때 결정하기 전 부하들과 협의하라.

(3) 의사결정을 실행해야 할 이유를 고용인들에게 설명하라.

(4) 편향적인 처리를 하지 말라.

(5) 잘 한 일은 칭찬하라.

(6) 위계질서를 파괴한 부하 직원을 책망하라.

(7) 다른 동료 앞에서는 징계하거나 책망하지 말라.

(8) 고용인들이 관리 규칙에 대한 의견이나 비평을 할

수 있도록 격려하라.

(9) 잘못한 책임을 묻기 전에 고용인들에게 설명할 수
    있는 기회를 주라.

(10) 부하 직원이 순종해야 할 모든 규칙을 감독자도
    지키라.

리더십은 지도자에 의해 감명 받아 한 그룹의 사람
들이 팀 사역, 코칭사역, 창의적 사역을 통해 일의 상승
효과를 내는 것이다. 리더의 일은 자신의 팀과 함께 의
견들을 창출하여 그것들을 조직하고 함께 일하는 것이
다. 리더들은 완벽한 사람들이 아니요 항상 바른 결정
을 하지 못한다. 맥스 디프리(Max DePree)는 "리더십
은 사람들의 공통 개념, 인간이 소유한 은사의 다양성,
계약적인 관계, 모든 사람을 포함하여 풍부한 의사소
통에 전념하고 그리고 리더십은 빚을 지고 있는 상태라
고 믿는 것이다"(Max DePree, *Leadership Is an Art,*
1989, p. 72)라고 반 전제주의적인 이상적 리더십을 잘
요약하고 있다.

6. 잘못된 책임분담.

리더가 혼자 결정하고 책임지는 관행은 리더십의 가장
나쁜 행위이다. 그리고 리더는 권한을 위임할 때 많은
조건을 붙이지 말고 권한을 위임하고 자신을 위해 일하
는 사람을 신뢰해야 한다. 한 기관의 책임자가 다른 능

력 있는 사람들에게 일을 나누어 맡기는 것은 자신의 일을 쉽게 하는 것이다. 많은 리더들이 자신의 능력은 과대평가하고 주변의 사역자들의 능력은 과소평가한다. 리더들이 왜 책임 분담을 하지 못할까?(p. 99)

(1) 자신의 권한을 잃게 될 수 있다는 두려움에서- 리더가 중요한 일을 다른 사람에게 위임하는 것은 용기 있는 결단이다. 자신이 책임 맡은 기관을 조종하려는 리더는 권한 위임을 쉽게 하지 못한다. 독재자는 결코 권한 위임을 하지 못한다.(Dictators never delegate.) (p. 100).

(2) 일의 결과가 좋지 않게 될 수 있다는 두려움에서- 이런 두려움은 실제로 정당성을 가질 수 있다. 어떤 외과 의사는 심장 바이패스 수술을 할 때 단지 소수의 간호사만 신뢰한다. 그것은 맡은 책임이 중요하고 다른 사람이 그 일을 할 때 일의 결과가 나쁘게 나올 것을 두려워하기 때문이다. 그러나 어떤 일이든지 완벽한 방법은 없다.

(3) 일의 결과가 예상외로 더 잘 나올 수 있다는 두려움에서- 이런 생각은 리더의 교만에서 기인된 슬픈 생각이다. 어떤 리더는 직원들이 자기보다 더 능력이 있는 것을 두려워한다. 이런 리더는 리더의 효능을 망쳐 놓는다. 리더는 궁극적으로 새로운 리더를 양성해서 그에게 자리를 넘겨주어야 한다. 사실은 자신보다 훨씬

능력이 많은 하부 직원에 둘려 쌓여 있는 리더가 행복한 리더이다.

(4) 필요한 시간을 기다릴 줄 모르기 때문에- 권한 위임은 시간을 필요로 한다. 사역 중심의 사람은 권한 위임을 통해 다른 사람이 일하는 동안 기다리기 보다는 일이 곧 바로 성취 되는 것을 원한다. 사역 중심의 생각을 하는 리더는 "내가 그 일을 하면 더 잘 할 수 있고 더 빨리 할 수 있다"는 생각에 사로잡혀 있다.

(5) 다른 사람을 의존한다는 두려움 때문에- 이 문제는 지도자의 독립심과 연관을 가지고 있다. 지도자들은 독립적으로 자라왔고 공격적으로 자라왔기 때문에 팀 사역의 환경에서 다른 사람 의존하는 것을 배울 수가 없다. 리더는 팀의 모든 사람이 각자의 책임 맡은 부분을 완성해야 전체의 일이 성취된다는 사실을 깨닫고 팀 내의 다른 사람을 의존하여야 한다.

(6) 훈련의 부족과 긍정적 경험의 부족으로- 어떤 리더는 다른 사람에게 권한을 위임하는 방법을 전혀 배우지 못한 경우도 있다. 아무도 그들을 믿고 그들에게 권한 위임을 해 주지 않았기 때문에 그들은 독립적으로 일하는 것을 배웠다. 이럴 경우는 작은 그룹 내에서 권한 위임의 경험을 쌓으므로 권한 위임이 어떻게 효과를 발휘하는지 배워야 한다.

(7) 권한 위임을 자신의 소유권을 양보하는 것으로 생

각하여- 권한 위임은 사실상 사유적인 소유권과 관련이 있다. 이런 점에서 권한 위임은 공산주의 체제와 상반된다. 공산주의 체제에서는 자신의 일에 자긍심을 가질 수 없다. 거의 70여년의 공산주의 체제 하에서 구소련은 그들의 토지가 많았음에도 많은 농산물을 서방에서 수입하여 사용했다. 그 이유는 구소련 정부가 노동자들에게 사역의 자유를 보장하지 않고 개인적 성취감을 빼앗아 갔기 때문이다.

지나친 경영(overmanaging)은 리더십의 가장 큰 범죄중의 하나이다(p. 103). 책임 분담은 사람들에게 일 처리의 결정권을 주는 것이다. 잘못된 책임분담은 일을 분담해 준 후에 일을 분담 받은 사람의 권한을 계속적으로 간섭하는 것이다. 잘못된 책임분담은 일을 분담해 준 후에 일을 분담 받은 사람의 등 뒤에서 결정권을 행사하는 것이다. 더 오래 리더의 자리에 앉아 있으면 따르는 것이 무엇인지 덜 기억하게 된다. 그래서 어떤 이는 한 기관 안에서 자신이 어떤 권한을 가지고 있는지를 알지 못한다.(p. 104).

성경에서 위대한 권한 위임의 예는 구약에서 느헤미야를 들 수 있다. 느헤미야는 수천의 사역자들에게 예루살렘 성벽을 재건하도록 책임을 위임했다. 신약의 예는 예수님을 들 수 있다. 예수님은 열두 제자에게 전도

명령을 위임하고 자신의 임재로 계속 확인할 것임을 약
속하셨다.(p. 106). 따르는 사람의 스타일에 따라 다
른 방법의 관리를 해야 한다. 리더는 책임분담을 하고
손을 놓고 있을 것이 아니요, 일의 책임을 분담 받은 사
람의 특성에 따라 그들을 관리해야 한다.

완전한 책임 분담을 위한 안내 지침(p. 112)
 (1) 자격 있는 사람을 고르라.
 (2) 신뢰를 보여 주라.
 (3) 위임 받은 사람의 책임을 명확하게 하라.
 (4) 적당한 권한도 위임하라.
 (5) 위임한 일을 어떻게 하라고 명령하지 말라.
 (6) 책임을 측정할 방법을 만들라.
 (7) 위임 받은 사람의 특성을 고려하여 관리하라.
 (8) 실패해도 용납하는 너그러움을 보이라.
 (9) 잘 했을 때는 칭찬하고 공적을 인정하라.

7. 의사소통의 실패.

사람들은 리더가 의사소통을 잘할 수 있기를 바란다.
조직이 작을 때는 몇 사람이 입에서 입으로 결정을 한
다. 가끔 씩은 조직의 중요한 몇 사람이 사람들이 다니
는 통로에서 중요한 일을 결정한다. 그러나 이런 방법
은 조직이 커지면 의사소통의 혼란을 초래한다. 어떤

사람이 어떤 것을 알고 있을 것이라고 가정하지 말라. 이것은 리더십의 핵심 원리이다. 기관이 크면 의사소통에 더 많은 관심을 가져야 한다. 의사소통이 안 되면 터무니없는 루머가 날뛴다. 의사소통은 효과적인 리더가 깊이 생각해야할 필수 과목이다.

어느 방향으로 움직이기 원하는가?(p. 117)

오케스트라 지휘자는 혼돈에서 화음을 창조해 내는 특이한 능력을 가지고 있다. 어떤 일에 대해 같은 생각을 가진 사람은 거의 없다. 오케스트라 단원이 모두 각각의 소리를 내지만 그 다른 소리를 훌륭한 음악으로 만드는 일은 지휘자의 몫이다. 조직이 작을 때에는 말로써 의사 결정을 했지만 조직이 성장하면 의사소통을 통한 결정을 기록으로 전달해야 한다. 때로 정보(information)와 의사소통(communication)이 교대로 사용되곤 한다. 하지만 정보는 발표하는 것이요(giving out), 의사소통은 이해를 구하는 것이다(getting through).(Sydney J. Harris). 무엇보다 새로운 리더십의 등장은 조직 내의 의사소통이 절실히 요구되는 때이다. 조직 내의 사람들은 새로운 책임자가 무슨 생각을 하고 있는지 또 무엇을 기대할지 알 필요가 있다.

효과적인 리더는 열심히 듣는다(p. 121)

리더들은 말하기를 좋아한다. 그들은 자신의 지혜와 통찰을 즐긴다. 그래서 그들의 권한이 높아질수록 그들은 하부 직원으로부터 들을 필요를 느끼지 않는다. 리더들은 의사소통이 수직적이기보다는 수평적이라는 사실을 주목해야한다. 동료들은 모든 일을 서로 의논하는데 상사와는 거의 의논하지 않거나 의논할 경우 공적 태도로 임한다. 리더들은 직원들 사이의 정보의 흐름을 들을 줄 알아야 한다. 많은 사람을 인도하는 리더일수록 더욱 열심히 들어야 한다. 효과적인 리더는 말하는 것보다 듣기를 잘해야 한다. 리더들이 잘 듣지 못하는 이유는 다음과 같다.

(1) 시간이 없어서 듣지 못한다. 많은 사람을 이끄는 리더일수록 각 사람으로부터 들을 시간이 없다.

(2) 의논할 대상이 너무 많아 듣지 못한다. 하부 직원들은 리더와 의사소통하기를 원한다. 그래서 리더가 하부 직원과 의사소통할 수 있는 체계를 만들어야 한다.

(3) 리더들이 겪는 긴장은 듣는 일을 방해한다. 리더들은 자신이 처리해야할 일들에 대한 책임감과 그 일들을 정한 시간 내에 마쳐야 한다는 긴장 속에서 산다. 이런 긴장 속에서 리더들은 직원들로부터 듣는 일을 잘 할 수가 없다.

(4) 리더들의 많은 지식은 잘 듣지 못하게 한다. 때로

리더들은 자신이 이미 알고 있는 내용을 직원들이 말할 때 좋은 듣는 자 역할을 하지 못한다. 이 경우는 리더의 자존심과도 연결된 문제이다. 리더의 지식에 대한 자존심 때문에 잘 듣지 못하는 리더가 될 수 있다. 리더들의 그런 태도는 직원들의 접근을 어렵게 만든다.

(5) 과잉 의사소통은 리더의 귀를 막는 역할을 한다. 오늘날 정보의 홍수 시대에 여러 가지 채널을 통한 너무 많은 정보는 리더로 하여금 직원들과 진지한 의사소통을 하지 못하게 만든다(p. 122).

리더의 의사소통이 잘 이루어지지 않으면 마치 동맥경화와 같이 기관의 발전을 저해하고 리더의 신뢰도를 상실하게 만든다. 열정을 가지고 큰 그림을 그리라. 리더는 기관내의 중요한 문제에 대해 의사소통을 잘해야 한다. 리더는 기관 운영의 목적과 성취 목표와 중요한 가치 등에 대해 직원들에게 잘 알릴 필요가 있다. 기관에서 오래 일한 사람들에게는 이런 것들을 상기시킬 필요가 있고, 새롭게 들어 온 사람들에게는 기관의 비전으로 그들을 감쌀 필요가 있다.

기독교 기관을 위해 봉사하는 리더는 네 가지의 목표를 가지고 있다.

(1) 모든 일에서 하나님께 존귀를 드린다.

(2) 다른 사람의 진보를 돕는다.

(3) 최고를 추구한다.

(4) 유익한 방향으로 성장한다.

리더가 기억해야 할 사항은 기독교 기관 내에는 작은 사람이 하나도 없다는 것이다. 프랜시스 쉐퍼(Francis Schaeffer)는 그의 책 "작은 사람은 없다"(No Little People)에서 하나님의 왕국 안에서는 작은 사람도 없고 작은 장소도 없다고 주장했다. 같은 원리가 기독교 기관에서도 적용된다.

8. 공동체 문화를 이해하지 못하는 실수.

공동체 문화는 "여기서는 이런 방법으로 일을 하지"에 빠져있다. 공동체 문화를 간단히 정의하자면 "우리는 이런 방법으로 일을 처리 하지"라는 말로 설명할 수 있다. 기관의 공동체 문화는 공동체 안에 있는 사람들이 그들이 붙잡고 있는 가치와 그룹 전통에 의존하여 일을 처리하는 것이다.

기관 내의 공동체 문화가 있는지 없는지를 발견하는 것은 그렇게 어려운 일이 아니다. 다음의 질문들에 "예"가 많으면 공동체 문화가 존재하는 것이다.(pp. 135-136)

(1) 당신은 삼성을 더 좋아하는가? 엘지를 좋아하는가?

(2) 당신은 새로운 보스를 대할 때 긴장을 느끼는가? 역학관계의 변화를 느끼는가?

(3) 당신은 일하고 있는 그룹에 잘 적응하지 못한다고 생각하는가?

(4) 당신은 같은 성경을 믿으면서도 다른 사람들과 심각한 불일치를 경험하는가?

(5) 당신은 동료들이 당신의 가치관과 다른 가치관을 가졌다고 생각하는가?

(6) 당신은 어떤 그룹이나 기관과는 절대로 함께 일하지 않겠다고 생각하는가?

(7) 당신이 책임자가 된다면 기관을 많이 바꿔야겠다고 생각하는가?

이상의 질문에 "예"가 많으면 그 기관에는 "공동체 문화"가 존재하고 있는 것이다.

공동체 문화는 아교풀처럼 리더가 기관을 하나로 묶는데 도움을 준다. 공동체 문화는 자석처럼 신입회원을 기관에 매력을 느끼도록 끌어당긴다. 공동체 문화는 줄자처럼 리더가 그의 그룹의 성공 척도를 재는데 사용한다. 조직문화의 막강한 힘을 평가 절하하지 말라. 문화는 공유하는 가치나 행동이 공동체를 함께 묶는 역할을 한다. 공동체 문화는 보이지 않은 경기 규칙으로 그룹이나 기관의 단합을 확신시킨다.

리더십의 최고의 우선순위는 문화를 바꾸고 배양하는 것이다. 그리고 리더는 공동체 문화를 바꿀 때 최우선으로 생각할 것은 하나님과 하나님의 영광을 위해 해야 한다는 것이다. 성경은 무엇을 하든지 하나님의 영광을 위해 하라고 교회와 성도들에게 권면한다. "그런즉 너희가 먹든지 마시든지 무엇을 하든지 다 하나님의 영광을 위하여 하라"(고전 10:31, 개역개정). "또 무엇을 하든지 말에나 일에나 다 주 예수의 이름으로 하고 그를 힘입어 하나님 아버지께 감사하라"(골 3:17, 개역개정). 기독교 리더들은 세상의 회사 사장들과는 다른 봉사의 리더십을 살도록 노력해야 한다.(p. 149).

자신의 것과 다른 가치를 존중하는 법을 배우라. 기독교 리더들은 다른 가치와 다른 신념을 존중하면서 다양성을 배워야 한다.
 (1) 듣는 법을 배우라. 리더는 자신과 의견을 달리하는 사람들로부터 들을 줄 알아야 한다(고전 9:19-23 참조).
 (2) 다양성을 사랑하라. 리더는 그리스도의 교회가 많은 다른 은사를 가진 사람들로 구성되어 있음을 인정해야한다(엡 4:1-17).
 (3) 통일성을 추구하라. 비록 다양성과 다른 점이 있을

지라도 그리스도의 몸은 하나라는 사실을 기억하
고 다양성 가운데서 기본적인 통일성을 유지해야
한다(갈 3:26-29).

(4) 나와 다른 사람들을 좋아하도록 하라. 성경은 사랑
으로 다른 사람을 용납하라고 권면한다. 리더는 다
른 사람을 사랑하고 자신과 다른 사람을 감정적인
차원에서도 받아들일 수 있도록 해야 한다(행
10:9-38).

(5) 신학의 차이가 있어도 방법론을 구별하는 것을 배
우라. 리더는 자신의 신학을 소중히 여기고 열정적
으로 옹호해야 한다. 그러나 사람이 다르면 일하는
방법도 다르다는 것을 잊지 말아야 한다. 성격적인
차이 때문에 기관에 파당이 생기지 않도록 해야 한
다(고전 3:1-9).

(6) 하나님의 영광을 위해 일하라. 그리스도는 십자가
지시기 전에 기도하시면서 그의 마음의 관심은 그
의 교회가 하나이 되는 것이었다. 우리들의 사소한
부분에서의 차이에도 불구하고 우리가 연합하여
사역하면 그는 영광을 받으신다(요 17:1-5, 20-23).

9. 후계자 양성 없는 성공.

자만은 리더십을 경직되게 만들고 겸손은 리더십을 편
하고 부드럽게 만든다. 많은 사람들은 현재의 리더가

수년 동안 일을 잘해 왔고 참으로 훌륭하니 누가 그의 자리를 채울 수 있을까?라고 생각한다. 이런 생각을 가진 교회나 기관은 쇠퇴하는 길을 걷게 된다. 이런 생각을 가진 교회는 새로운 목사를 구할 때 다음과 같은 방법을 사용한다.

첫해에는 새로운 목사는 선임 목사로부터 배운다. 그리고 둘째 해에는 새로운 목사와 선임 목사의 역할을 바꾼다. 두 해가 지나면 선임 목사는 퇴임을 하고 교회는 용감히 평화롭게 화합을 이루어 전진한다.(p. 158).

이런 방법의 잘못은 어디에 있는가? 우리가 완전한 세상에서 살고 있다면 사실상 잘못이 없다. 이런 방법의 허점은 리더의 자만심과 인간의 부패라는 두 가지 사실을 간과한 것이다. 일반적으로 새롭고 젊은 리더가 등장하면 새로운 리더 주변으로 사람들이 몰리게 된다. 그렇게 되면 선임 목사나 선임 리더는 자신의 존재에 대해 도전을 받는 것으로 생각한다. 그래서 선임자와 후임자 사이에 간격이 생기고 충돌이 있게 된다. 선임자와 후임자 사이의 충들을 경험한 기관들은 발전하지 못하고 오래도록 정체상태를 계속하게 된다.

10. 계속적인 후계자 발굴 노력

후계자 문제가 중요하기 때문에 리더는 계속적으로 후계자를 발굴하는데 게을리 해서는 안 된다. 어떤 기관의 성패는 탈랜트를 가진 새로운 리더에게로 리더십을 승계하는 것이다. 그새서 성공적인 리더는 다음 리더가 될 사람을 발견하고 그를 멘토링(mentoring)해서 훌륭한 리더가 될 수 있도록 키워야 한다.

성공적인 후계자를 세우는데 방해되는 것
(1) 일반적으로 기관은 새로운 사람을 원치 않는다.
(2) 새로운 사람은 기관을 좋아 하지 않는다.
(3) 공동체 문화의 충돌이 방해 역할을 한다.
(4) 새로운 리더가 자신이 맡은 책임을 완수하지 못하고 실패한다.
(5) 옛 직원들이 새로운 리더의 노력에 협력하지 않는다.
(6) 옛 리더가 새로운 리더의 노력에 협력하지 않는다.
(7) 옛 리더가 자리를 떠나지 않고 그냥 지킨다.
(8) 새로운 리더는 변화를 수용하는데 인내가 부족하다.
(9) 새롭고 유능한 리더는 다른 유능한 기관으로부터 고용되어 떠난다.
(10) 새로운 리더는 인간관계 기술의 부족으로 추종자를 얻지 못한다.(p. 163)

끝을 잘 마무리 하는 것이 리더십의 중요한 성공 척도이다. 후계자에게 리더십을 넘기는 것은 자녀를 대학 기숙사로 보내는 것과 같다. 그것은 아프지만 해야만

할 일이다.

리더들이 자신의 자리를 떠나지 못하는 이유

(1) 일터가 없어진다는 생각: 나는 앞으로 무엇을 할 수 있을까? 라는 생각이 후계자에게 자리를 넘기지 못한다. 참다운 리더는 자신보다 기관의 필요를 더 중요하게 생각하여야 한다. 특히 남자들은 은퇴하면 어떻게 될까? 하는 두려움이 더 많다.

(2) 변화에 대한 저항: 우리는 친밀한 환경을 좋아한다. 복음자리는 목적성취를 방해하는 무덤과 같다. 변화에 대한 두려움 그리고 가정에 끼칠 영향 등을 생각하면서 리더들은 자신의 자리를 쉽게 떠나지 못한다.

(3) 자기 가치 상실에 대한 염려: 보통 사람은 자신의 정체성을 일로부터 찾는다. 그래서 리더는 자신의 일을 잃으면 자신의 정체성에 치명적인 타격을 받을 것으로 생각한다. 이 경우 일벌레 리더들에게는 더 치명적이다.

(4) 후계자를 믿지 못하는 경우: 사람들은 후계자가 자신보다 더 유능하게 일을 할 것으로 생각하지 않는다. 그래서 선임자는 어떤 이유를 찾아서라도 더 오래 자리를 지키기를 원한다. 그리고 후임자가 "내 방법"으로 일 할 때까지 기다리려 한다.

(5) 기관의 사람들과 일을 사랑함: 이 경우가 리더가 자리를 넘길 수 없게 하는 가장 어려운 이유이다. 우리는 사람들을 사랑하고 일을 좋아 하기 때문에 일터를 떠나기를 원하지 않는다. 리더들은 내가 사랑하는 사람과 어울리면서 외롭지 않게 살 수 있는데 왜 자리를 떠나겠는가? 라고 생각한다.

(6) 투자한 것에 대한 상실감: 목사들을 포함한 리더들은 자신이 섬겼던 기관에 자신의 삶 전체를 바쳐 투자했다고 생각한다. 이는 마치 자녀들이 자라서 부모를 떠날 때 느끼는 부모들의 심정과 같다.

이처럼 후계자를 세우는 일이 어렵지만 멘토링을 통해 후계자를 훈련하고 자리를 잡을 수 있도록 해야 한다. 멘토링은 성공적인 리더십의 양보할 수 없는 기능이다. 새로운 리더를 세우기 위한 멘토링을 할 때 다음의 사항을 주목하여야 한다.

* 위를 향한 멘토링: 리더는 앞서간 리더들을 모델로 삼고 그들이 어떻게 리더역할을 했는지 참작해야 한다.
* 아래로 향한 멘토링: 리더는 다음에 자신의 자리를 이어받을 후계자들을 발굴하고 양육하는데 힘을 써야 한다.
* 내부동료 멘토링: 리더가 더 나은 일을 성취할 수 있도록 기관 안에 있는 동료들이 리더에게 도전하고 책임을 묻는 역할을 한다.

* 외부동료 멘토링: 기관 밖에 있는 동료들로 비슷한 경력을 가진 사람들이 그들의 "노 하우"로 리더의 일을 도울 수 있다. 이는 "파우어 네트워킹"의 방법으로 멘토링의 효과를 극대화 할 수 있다.

리더의 성공은 후계자를 잘 선택하여 자신의 자리에 안착할 수 있도록 하는데 달려 있다. 리더십의 승계는 여러 가지 이유로 어려운 문제이다. 하지만 좋은 계획과 멘토링을 통해 후계자를 제자리에 설 수 있도록 돕는 일은 선임자의 몫이다. 모세는 여호수아가 리더십을 이어 받을 수 있도록 도왔고, 예수님은 열두 제자들에게, 바울은 디모데에게 리더십 승계를 잘 한 모델이 된다.

10. 미래에 초점을 맞추지 못하는 실수.

1829년에는 시간당 15 마일의 속도는 깨질 수 없는 초고속이었다. 그런데 80년이 지난 지금은 34,000 피트 상공에서 시간당 475 마일의 속도로 비행을 한다. 미래는 우리가 생각하는 것 이상으로 빨리 다가오고 있다 (p. 181). 어떤 기관이던지 기관의 사역자들은 자신들의 미래에 영향을 미칠 결단을 요청하고 있다. 이제는 사역자들이 무엇이던지 상사들이 결정한 것을 그대로 수용하려 들지 않는다. 그래서 유능한 리더는 미래를 준비한다. 리로이 에임스(Leroy Eims)는 "리더는 다른 사람이 보는 것보다 더 많이 보는 사람이요, 다른 사람이 보는 것보다 더 멀리 보는 사람이요, 그리고 다른 사람이 보는 것보다 더 먼저 보는 사람이다."(*Be the Leader You were Meant to Be*, 1975, p. 55)라고 말했다. 고사드(Bill Gothard)는 "리더십은 우리 주변 사람들이 할 수 있는 것보다 더 멀리 미래에 있을 우리들의 행동의 결과들을 보는 것이다." 라고 정의한다(p. 183).

변화는 있을 수밖에 없다. 변화는 확실하게 다가오고 있다. 다이나소(dinosaur)가 지구상의 기후 변화에 적응하지 못하여 멸종된 것처럼 우리들도 미래 세상의 변화에 적응하지 못하면 리더들의 자리는 박물관의 어느 한 구석이 될 것이다. 본래적으로 우리는 변화를 원치 않는다. 그러나 리더는 꿈꾸는 자가 되어야 하고 비전을 품는 자가 되어야 한다. 나누스(Burt Nanus)는 "미래를 위해 널리 공감된 매력적이고, 가치 있고, 성취 가능한 비전보다 한 기관을 탁월하게 만들고 장기적인 성공을 할 수 있게 하는 힘 있는 심장(엔진)은 없다."(*Visionary Leadership*, 1992, p. 3)라고 말한다. 우리는 과거 지향적인 리더가 될 가능성이 많다. 그러나 우리에게 필요한 것은 미래를 예상하는 미래 지향적인 리더십이다. 미래 지향적인 리더가 세상에 가장 심오한 영향을 미치는 리더들이다.

그러므로 리더십은 항상 목표와 전략에 노력을 기울여야 한다. 리더들은 "우리들은 다음에 어디로 가야하는가? 그리고 왜 우리들은 거기로 가고 있는가? 등의 질문을 해야 한다. 관리자는 어떻게(how)를 물어야 하지만 리더들은 어디로(where)와 왜(why)를 물어야 한다. 기독교 기관들은 방법론을 신학 화하는 것을 정당시 한다. 기관의 오래된 전통은 비판해서는 안 되는 것이다. 그것은 우리가 유산으로 받은 기관을 하나님의 인도로 만들어 낸 영적인 조상들의 작품이기 때문이다. 이런 태도는 미래 지향적인 리더의 모습이 아니다.

미래는 속히 오고 있다. 보비(Christian Nestell Bovee)는 "모든 것을 상실했을 때에도 미래는 아직 남아 있다"라고 말했다. 성경은 미래에 대해 많은 언급을 한다. 성경은 신적인 예언의 형태로 미래를 말한다. 다니엘서, 이사야서와 많은 소선지서, 그리고 신약의 계시록 등은 미래가 어떻게 전개될 것인지를 말하고 있다. 미래에 대한 많은 책이 있지만 그것들은 믿을 수가 없다. 하지만 성경은 확실한 미래를 말해 준다. 전도서는 "사람이 장래 일을 알지 못하나니 장래 일을 가르칠 자가 누구이랴"(전 8:7, 개역개정)라고 인간의 한계를 말한다. 예레미야 선지자는 "여호와말씀이니라 너희를 향한 나의 생각을 내가 아나니 평안이요 재앙이 아니니라 너희에게 미래와 희망을 주는 것이니라"(렘 29:11,

개역개정)고 하나님이 우리의 미래를 주관하고 계심을
분명히 밝힌다.

크리스챤 리더들은 하나님이 세상과 미래를 주관하
고 계심을 확실히 믿고 미래에 초점을 맞추어야 한다.
리더들의 최고의 사명이 그리스도의 오심의 소식을 땅
끝까지 전파하는 것이다. 모든 민족이 복음을 들으면
(마 24:14) 그리스도께서 이 세상에 그의 약속된 영화
로운 미래를 가져오실 것이다.

지금까지 "리더들이 가장 쉽게 저지르는 10가지 실
수"를 고찰했다. 리더들은 자신이 리드하고 있는 기관
이 화기애애하고, 생명력 있고, 성장하고, 미래지향적
이 되고, 사람 중심적이고, 그리고 민주적인 기관이 될
수 있도록 노력해야 한다. 그리고 유능한 리더들은 자
신의 후계자를 발굴하고 양육하여 리더십 승계를 원만
하게 할 수 있도록 해야 한다.

부록

• 신약 주석의 선택과 사용

신약 주석의 선택과 사용

필자는 목회자들이나 신학생들로부터 "어떤 주석이 좋은 주석입니까?"라는 질문을 자주 듣는다. 사람마다 신학적 관점에 따라 다른 답을 할 것이다. 하지만 여기서는 일반 목회자들을 돕는다는 생각으로 필자의 의견을 개진하고자 한다. 요즈음 기독교 서점에 가면 수많은 기독교 서적이 쏟아져 나오고 있음을 알 수 있다. 서가 앞에 서서 신간 서적들을 보고 있노라면, 시대의 흐름에 밀려가는 느낌을 갖게도 된다. 신간 서적 중에는 성경을 주석해 놓은 주석서도 많이 나와 있는 것을 목격하게 된다. 그런데 주석서의 명칭이 어떤 것은 "주석"이라는 이름으로 출판되었는가 하면, 다른 것은 "주해"나 "강해"의 이름으로 출판되었다. 이렇게 다양한 이름으로 출판된 책들을 분석 정리하기 이전에 그 용어의 의미부터 정리해 두는 것이 유익하리라 생각된다.

1. 용어 정리

1) 주석의 정의

주석은 석의와 같은 의미로 사용되었다. 영어로는 엑시제시스(exegesis)나 코멘타리(commentary)를 사용하는데 일반적으로 엑시제시스(exegesis)는 주석 행위 자체를 뜻하고 코멘타리(commentary)는 주석을 해서 출판해 놓은 주석 책을 가리킨다. 엑시제시스(Exegesis)는 헬라어 엑세게시스에서 부터 왔는데 그 의미는 "설명하다," "이끌어 내다," "인도해 내다" 등의 뜻을 가지고 있다. 그러므로 주석은 주석 하는 사람이 성경 본문을 연구하여 성경 저자가 본래의 수신자에게 말하고자 하는 내용을 정확히 찾아내는 작업이다. 우리가 로마서를 주석할 때 주석 하는 자는 바울이 로마 성도들에게 전달하기를 원했던 내용이 무엇인지를 정확히 찾아내는 것이다. 그러므로 주석은 성경이 기록된 당시의 수신자가 받게 되는 내용을 찾는데 강조를 두는 것이다.

2) 주해의 정의

시중 서점에 나와 있는 어떤 책은 「고린도전서 주해」 「사도행전 주해」 등의 이름을 가진 주석 책들이 있다.

이런 책들의 내용을 분석해 보면 일반적인 공통점을 찾을 수 있다. 주해는 주석과 같은 의미로 사용될 경우도 있고 강해와 같은 의미로 사용될 경우도 있다. 일반적으로 주해는 주석처럼 한 단어나 한 구절만을 설명하지 않고, 문단 전체의 내용을 설명하되 본래 저자가 본래 수신자들에게 전달하고자 하는 내용을 찾는데 강조를 둔다. 이런 관점에서 볼 때 주해는 주석과 유사함을 볼 수 있다. 반면 주해를 할 경우 한 단어나 한 구절을 해석하는데 관심을 두지 않고 문단 전체를 해석한다는 점에서는 주해가 강해 쪽의 특성을 활용하고 있는 것이다.

주해는 내용적인 면에서는 주석의 특성을 살리고 설명하는 방식에서는 강해의 특성을 활용한다고 말할 수 있다.

3) 강해의 정의

강해는 성경을 연구하여 성경 본문이 오늘날 우리에게 무슨 말씀을 하시기 원하는지 찾아내는 것이다. 강해는 성경 본문의 뜻을 왜곡시키지 않으면서 성경 본문의 뜻을 현시대에 적절하게 적용시키는 것이다. 예를 들어 성경에서 사용된 "종"이란 용어의 강해는 해석자가 현대인들이 가지고 있는 하인 정도의 개념이 종의 개념이 아니라, 노예의 개념과 같은 것임을 현대 독자들에게 설명해 주는 것이다. 강해는 성경이 현재 무엇을 말하고 있는지를 찾는 작업이다.

2. 주석 선택 방법

주석은 성경책을 더 알기 쉽게 풀어 쓴 책이다. 그러므로 성경 주석은 성경의 특징을 잘 드러내 주는 것이라야 그 가치를 인정받을 수 있다. 여기서 하나님께서 우리에게 주신 성경의 몇 가지 특징을 고찰함으로 우리의 주석 선별 능력을 높이는 것이 유익하리라 생각된다.

1) 성경 66권은 하나님의 성령으로 영감 된 작품이므로 그 내용이 정확무오할 뿐만 아니라, 성도들의 신앙과 생활의 규범이 된다. 성경의 이 특징은 주석을 하는 데 있어서 대단히 중요하다. 왜냐하면 성경의 영감성과 무오성을 믿는 사람이 주석을 할 때는 성경의 내용이 성도들의 삶과 상황을 조종하는 방향으로 설명하지만, 성경의 영감성과 무오성을 믿지 못하는 사람은 항상 자신이 성경의 내용을 판단하는 위치에서 성경의 내용을 해석하기 때문이다. 전자의 경우에 속한 사람들은 성경이 성도들의 신앙과 삶의 규범이 되는 것으로 인정하지만, 후자의 경우에 속한 사람들은 성경의 규범적인 특성을 받아들이지 못하는 것이다. 따라서 성경의 영감성과 무오성을 받지 못하는 사람들의 주석은 성경의 본문

의 뜻을 풀어서 해석하기보다 자기 자신의 생각이나 타인의 생각을 마치 성경 본문의 뜻인 양 성경 속에 넣었다가 다시 꺼내는 식의 해석을 하게 된다.

그러므로 설교자가 주석서를 선별할 때 우선 주석서의 저자가 성경의 영감성과 무오성을 인정했는지 알아내야만 한다. 일반적으로 설교자가 주석의 내용을 어느 정도 읽어 내려가면 저자의 입장을 감지 할 수 있다. 저자가 본문을 유오하다고 믿으면서 해석을 해 둔 그 내용을 설교자가 어떻게 메시지의 내용으로 사용하여 성도들에게 확신 있게 선포할 수 있겠는가? 그러므로 성경의 영감성과 무오성을 인정한 주석서가 설교자에게 대단히 중요한 것이다.

2) 성경이 언어로 기록되었다는 사실은 성경의 특별한 특징을 제시해 주고 있다. 하나님은 히브리어, 아람어, 헬라어를 사용하시어 성경을 기록해 주셨다. 어떤 언어이든 지상의 언어는 진공 가운데서 사용되어지지 않는다. 언어는 항상 역사의 변화와 관계를 가지고 사용된다. 언어는 역사의 흐름에 따라 그 뜻이 변화되거나 상실되곤 한다. 그러므로 같은 뜻을 유지하는 영존한 언어는 역사상에 있을 수 없다. 씨 에스 르위스(C.S. Lewis)는 『말콤에게 보낸 편지』(Letters to Malcolm)에서 "시간이 어휘의 뜻을 변화시킨다는 것은 논란의

여지가 없다. '영구한 영어'를 만든다는 이상은 전혀 터무니없는 망상인 것이다. 현재 사용되고 있는 언어가 영구할 수는 없다. 그것은 당신이 흐르지 않는 강을 요구하는 것과 같다"(Letters to Malcolm, New York: A Harvest Book, 1992, p. 6)라고 언어가 변화되지 않고 영존할 수 없음을 잘 설명하고 있다. 우리는 하나님께서 성경 계시를 기록하게 하실 때 이런 언어의 역사적 특성도 함께 활용하셨음을 인식해야 한다. 이 말씀은 성경을 주석 하는 사람은 성경 속에 내재적으로 포함되어 있는 언어의 역사적 특성을 인정하고 성경 해석에 임해야 한다는 뜻이다. 그러므로 훌륭한 주석가는 성경의 이런 특성을 그의 주석에 반영하는 것이다.

성경이 언어로 기록되었다는 다른 중요한 의미는 성경을 해석할 때 성경 언어의 문법을 중요하게 생각해야 한다는 뜻이다. 한 단어가 뜻을 전달하려면, 문법적 구조가 필요하고 또 문맥이 필요한 것이다. 예를 들면 같은 단어를 사용한 경우이지만 "그 여인은 인색하지 않은 후원자를 가지고 있다."(She has a liberal sponsor.)와 "그 여인은 자유주의 신학을 지지한다." (She holds liberal theology.)의 의미는 큰 차이를 나타내고 있다. 전자의 리버럴(liberal)은 좋은 의미이지만, 후자의 리버럴(liberal)은 일반적으로 보수주의 내에서는 좋은 뜻이 아니다. 이런 예는 성경도 언어로 기록되었기 때문에 이런 언어적 특성이 그 속에 내재해 있음을 증거 해 주는 것이다.

성경의 언어적 특성의 다른 측면은 언어를 사용할 때 여러 가지 표현법을 쓰듯, 성경도 그런 언어적 표현을 내재적으로 가지고 있다는 것이다. 그래서 성경에 직유나 은유, 완곡어법이나, 과장법, 의인법, 비유, 상징, 풍유 등이 포함되어 있는 것이다. 이처럼 성경에 다양한 언어적 표현이 그대로 나타나 있다는 말은 우리가 성경을 해석할 때 비유는 비유로, 상징은 상징으로, 과장법은 과장법으로 해석해야 한다는 뜻이다. 만약 이런 성경의 기본적인 특성을 무시하면 성경 저자의 뜻을 찾아내기보다는 해석자의 뜻을 성경 저자의 뜻인 양 제시하게 되는 것이다. 그러므로 성경을 주석 하는 사람은 성경 언어의 역사적 특성과 문법적, 문맥적 특성을 잘 파악하여 원래 저자가 성경을 기록할 때 나타내고자 했던 뜻을 찾아내야 하는 것이다. 좋은 주석은 성경의 이런 특징들에 깊은 관심을 두고 쓴 책들이다.

3) 성경은 단순히 도덕을 가르치는 교과서가 아니요 하나님의 구속 역사를 보여주는 계시의 책이다. 물론 성경에는 도덕적인 교훈도 많이 포함되어 있지만 하나님이 성도들에게 성경을 주신 제일차적인 목적은 성경에서 도덕을 배우라는 것이 아니다. 성경은 하나님이 어

떤 분이시며 과거에 무엇을 하셨고 현재 무엇을 하고 계시며 또 미래에 무슨 일을 하실 것인지를 계시해 주는 책이다. 우리는 성경을 통해서 하나님을 알게 되고 하나님을 모시고 사는 사람들이 어떻게 살아야 할 것도 배우게 된다. 그런데 하나님은 자신과 자신의 사역을 계시하는데 있어서 역사에 뿌리를 두고 있기 때문에 우리에게 전달된 성경 계시는 점진적인 성격을 가지고 있다. 그러므로 훌륭한 주석가는 성경 계시의 점진적인 특성을 인정하고 본문을 구속 역사적 맥락에 비추어 성경 전체의 흐름과 비교하면서 해석해야 한다.

이런 관점에서 볼 때 우리는 좋은 주석을 선별하는 몇 가지 원리를 찾아 낼 수 있다.

(1) 우리는 주석서가 성경 본문을 정확무오한 하나님의 말씀으로 받고 해석했는지 점검해 보아야 한다. 물론 성경 해석을 할 때 본문 비평의 문제가 대두되는 것은 사실이다. 그러나 대부분의 본문 비평의 문제는 원저자의 뜻을 왜곡시킬 만큼 복잡한 것은 아니다. 일반적으로 성경을 정확무오한 하나님의 말씀으로 받는 해석자는 원저자의 뜻을 찾아 설명하려는 경향을 보이지만, 성경의 유오성을 인정하는 해석자는 자신의 말을 많이 첨가하는 경향을 보인다.

(2) 우리는 주석서가 성경의 문맥을 중요하게 생각하

고 성경을 해석했는지 점검해 보아야 한다. 성경 본문의 문맥을 중요하게 생각하고 주석한 주석서는 일반적으로 건전한 입장에 서 있는 것들이다.

(3) 우리는 주석서가 성경 원 저자의 뜻을 찾는데 얼마나 노력했는지 분별해 보아야 한다. 좋은 주석일수록 성경을 기록할 당시 하나님께서 사용하신 성경 저자의 경험, 지식, 품성 등을 고려하여 성경 본문의 뜻을 찾는데 많은 노력을 아끼지 않는다.

(4) 우리는 주석서가 성경 본문 중 불분명한 구절을 분명한 구절을 사용하여 해석하려 했는지 점검해 보아야 한다. 성경을 해석하는 사람이 불분명한 구절을 분명한 구절에 의해 해석하고자 하는 태도를 가진다면, 그는 성경의 통일성과 정경성(canon)을 인정하는 것이요 하나님이 성경의 저자임을 인정하고 있는 것이다.

이제 이상의 몇 가지 성경 주석에 관한 원리들을 생각하면서 신약 주석으로 어떤 것들이 있는지 또 어떤 특징들이 있는지 구체적으로 고찰해 보자.

3. 신약 주석의 종류들

1) 전질로 된 주석

전질로 된 주석은 그 질에 있어서 일관성이 결여되어 있는 경우가 흔히 나타난다. 그 이유는 칼빈이나 렌스

키, 마튜 헨리, 박윤선과 같은 경우를 제외하고는 일반적으로 여러 저자가 참여하여 주석 총서를 만들기 때문이다. 그러므로 성경 학도들은 몇 가지 종류의 주석 총서를 소유하는 것이 바람직하지만 각 분야에 중요한 각 권으로 된 주석을 소유하는 것이 바람직하다.

(1) Black New Testament Commentaries (London: A. and C. Black, 1957-).

미국 대륙에서는 Harper's New Testament Commentaries (New York: Harper and Row, 1957-)의 이름으로 출판되었다. 이 주석 총서는 전반적으로 복음주의적인 주석서는 아니지만 저자 중 몇 사람은 복음주의자라고 분류될 수 있는 사람들이다. 성경 본문에 대한 해석이 명료하게 되어 있다. 헬라어의 지식이 없어도 유익을 볼 수 있는 주석서이며, 특히 바렛트(Barrett)의 고린도 전후서 주석과 켈리(J.N.D. Kelly)의 목회서신 주석은 유익하다. 하지만 독자들은 본 주석서의 신학적 입장을 여과시켜 받아 들여야 할 것이다. 이 주석 총서는 후에 베이커출판사(Baker)에 의해 Thornapple Commentaries로 출판되었다.

(2) Calvin's New Testament Commentaries (Grand Rapids: Eerdmans, 1960-1972)

칼빈 주석 총서는 Calvin Translation Society에서 1844-1856사이에 신구약 합쳐 45권으로 번역 출판하였고 거의 100여년이 지난 후(1948-1959) 수많은 신학서적을 출판한 관계로 우리 귀에 익숙한 어드만스출판사(Eerdmans)에 의해 다시 출판되었다. 그런데 현재 손쉽게 구할 수 있는 칼빈(Calvin) 신약 주석은 디 더블유 토랜스(D.W. Torrance)와 티 에프 토랜스(T.F. Torrance)가 편집장 역할을 맡아 12권으로 번역 출판했다. 칼빈 주석은 명료성(clarity)과 간결성(brevity)으로 유명하다. 칼빈주석은 성경 원문의 의미가 무엇인지를 명확하면서도 간결하게 주석해 주었기 때문에 비록 칼빈 주석이 오래되었지만 아직도 목회자와 설교자에게 필요 불가결한 자료가 되고 있다. 개혁주의적인 입장에서 쓰인 귀한 주석서이다. 본 주석 총서는 모든 목회자의 서가에 꽂혀 있어야 한다. 본 주석서의 한국어 번역판은 성서교재 간행사에 의해 출간되었다.

(3) The Expositor's Bible Commentary (Grand Rapids: Zondervan, 1976-).

본 주석 총서는 N.I.V.를 본문으로 삼고 신구약 모두 합쳐 12권으로 되어 있다. 신약 부분은 8-12에 포함되어 있는데, 신약 주석을 만들 때 제 8권에 공관 복

음서 전부를, 제 9권에 요한복음과 사도행전을 합쳐
놓았기 때문에 불편함을 느낀다. 본 주석 총서는 복
음주의적인 입장에서 쓰였고 첫째 권에 브루스(F.F.
Bruce)나 다른 훌륭한 학자들의 논문이 많이 실려 있
다. 해리슨(R.K. Harrison)이 제 1권에 나온 논문들
을 모아 Biblical Criticism: Historical, Literary and
Textual (Grand Rapids: Zondervan, 1978)이라는 책
으로 펴냈다. 본 총서는 각 권에 따라 그 가치가 다르지
만 성경 전체의 본문에 대한 주석을 복음주의적으로 시
도했기 때문에 설교자에게 상당한 도움을 줄 것이다.

(4) Expositor's Greek New Testament (Grand Rapids: Eerdmans, 1952).

전체 5권으로 된 이 주석 총서는 꽤 오래된 작품이
지만 아직도 유익한 주석 총서이다. 특히 제 2권(Vol.
Ⅱ)에 포함되어 있는 노울링(R.T. Knowling)의 사도
행전 주석(The Acts of the Apostles)과 데니(James
Denney, 1856-1917)의 로마서 주석(St. Paul's
Epistle to the Romans)은 아직도 많은 유용한 자료를
제공해 주고 있다. 데니(Denney)는 스코틀랜드의 신
학자요 목사로 특히 그리스도의 죽음의 대속적 성격을
강조하는 구속(Atonement)에 대한 연구서를 많이 집
필했다. 그리고 Expositor's Greek New Testament

라는 명칭이 제시하고 있는 것처럼 헬라어 지식이 있는
독자가 유익을 많이 볼 수 있는 주석서이다.

(5) The International Critical Commentaries (ICC) (Edinburgh: T & T Clark)

오래 전에 시작된 주석 총서로 처음에 드라이버(S.R.
Driver), 프름머(A. Plummer), 브릭스(C.A. Briggs)
등이 공동 편집인으로 수고 했지만, 현재는 에멀톤(J.
A. Emerton), 크랜필드(C.E. B. Cranfield), 스탠톤
(G.N. Stanton)이 공동 편집인으로 봉사하고 있다. 최
근 들어 본 주석 총서는 계속 새로운 주석으로 새롭게
만들어 나가고 있다. 복음주의적인 입장에서 쓰인 주석
총서는 아니지만 크랜필드(Cranfield)의 로마서나 대
이비스(W.D. Davies)와 앨리슨(Dale C. Allison)이
공동으로 저술한 3권으로 된 마태복음은 그 학문적 가
치를 인정받을 만하다. 헬라어가 번역 없이 사용되었기
때문에 독자층이 제한되어 있지만, 신학적인 입장을 여
과시켜 사용한다면, 때로 유용한 도움을 받을 수 있다.

(6) The New Century Bible (London: Oliphants, 1967-).

본 주석 총서는 영국과 미국의 학자들이 참여하여
만든 것으로 R.S.V. 본문을 근거로 최근의 비평적 자

료들을 활용하고 있다. 신학적인 입장은 온건한 비평적 입장을 고수하고 있다. 성경 원어에 대한 전문적인 지식이 없는 독자도 유익을 얻을 수 있도록 기록된 본 총서는 본문의 뜻을 풀어 설명하려는데 관심을 보이고 있다. 본 주석 총서가 완성되면 성경 연구에 좀 더 나은 도구가 되겠지만 주석 총서 중 어떤 책은 별로 흥미를 돋우어 주지 못한다.

(7) The New International Commentary on The New Testament (NICNT)(Grand Rapids: Eerdmans, 1951-)

미국 필라델피아(Philadelphia) 소재 웨스트민스터 신학대학원(Westminster Theological Seminary)의 신약 교수였던 스톤하우스(Ned B. Stonehouse) 박사가 1962년까지 편집장을 맡았고, 스톤하우스가 소천한 후에는 브루스(F.F. Bruce)가 편집장 역할을 하다가, 브루스(Bruce)의 소천 후에는 현재 피(Gordon D. Fee)가 편집장으로 수고하고 있다. 이 주석 총서는 영국에서는 The New London Commentary on The New Testament (London: Marshall, Morgan and Scott)의 명칭으로 출판되었다. 본 주석 총서는 보수주의적인 신학 입장으로 쓰였으며 히브리어와 헬라어에 관한 내용은 주(註)로 취급해 두었기 때문에 특별한 원어의 지식이 없어도 읽는데 큰 어려움이 없다. 본 주석 총서는 비교적 자세하게 본문을 주해해 주었고, 보수주의적인 연구 결과를 본문 주석에 반영해 준 믿을만한 주석서 이다. 본 주석 총서는 아직 완결되지 않은 상태인데 피(Fee)박사가 편집장을 맡은 후로 새로운 필진을 초청하여 기존에 출간된 주석 대신 다른 주석으로(예: 누가복음, 로마서, 등) 대치시키는 작업도 병행하고 있다. 모리스(Leon Morris)의 요한복음, 브루스(F.F. Bruce)의 사도행전, 머리(Murray)의 로마서, 피(Fee)의 고린도 전서, 마운스(Robert H. Mounce)의 계시록 등은 학문적 가치를 인정받은 주석들이다. 이 주석 총서의 한국어 번역판은 생명의 말씀사에서 현재 출간 중이다.

(8) R.C.H. Lenski, Interpretation of The New Testament. Minneapolis: Augsburg Publishing House, 1933-1946.

본 주석 총서는 본래 Lutheran Book Concern에서 1932년 11권으로 펴 낸 것을 아우그스버그(Augsburg) 출판사에서 12권으로 출판하여 우리에게 전해지고 있다. 본 주석 총서는출판 된지가 꽤 오래된 것이지만 성경 본문을 포괄적으로 주석해 주었고 비교적 정확한 주석을 해 주었다. 렌스키 주석은 일반적으로 성경 헬라

어의 의미를 기계적으로 적용하는 점과 정통 루터주의
를 보호하는데 열을 올리는 점에서 연약성이 보인다.
그러나 본 주석 총서는 목회자들이 설교 준비를 하는데
큰 유익을 얻을 수 있는 주석서 이다. 본서의 한국어 번
역판은 백합출판사에 의해 출간되었다.

(9) The Tyndale New Testament Commentaries (Grand Rapids: Eerdmans, 1957–1974).

전체 20권으로 된 본 주석 총서는 주로 영국과 호주
의 복음주의 학자들이 참여하여 집필한 것이다. 원래
흠정역(KJV)을 근거로 보수주의적인 입장에서 본문의
뜻을 설명하는데 많은 노력을 기울였고 제 2차적인 문
헌들에 대해서는 약간의 언급이 있을 뿐이다. 본 주석
서는 비교적 현대의 자료들을 사용하여 보수주의 입장
에서 본문을 주석해 주었기 때문에 목회자들이나 설교
자가 큰 유익을 얻을 수 있으리라 생각된다.

(10) W. Hendriksen, New Testament Commentary (Grand Rapids: Baker, 1953–).

본 주석 총서는 개혁주의 입장에서 저술된 작품이
다. 헨드릭센(Hendriksen)이 마태복음, 마가복음, 누
가복음, 요한복음, 로마서, 갈라디아서, 에베소서, 빌
립보서, 골로새서–빌레몬서, 데살로니가전후서, 디

모데전후서-디도서 등 11권을 집필했고, 헨드릭센 (Hendriksen)이 소천한 후 그의 뒤를 이어 같은 화란 계통의 학자로 미국 개혁신학대학원(Reformed Theological Seminary, Jackson, MS)의 신약신학 교수를 역임하신 키스터마커(S. Kistemaker)가 나머지 책들을 집필 중이다. 키스터마커(Kistemaker)가 이미 출판한 책들은 사도행전, 히브리서, 베드로서-유다서, 그리고 야고보서-요한서신 등 네 권이 나와 있다. 헨드릭센의 주석은 신학적으로 건전하고 성경 본문을 잘 해석해 주었을 뿐만 아니라 설교자들을 위해 실제적인 적용이 많이 있기 때문에 설교자가 설교 준비를 하는데 크게 유익한 저서이다. 본 주석서의 한국어 번역판은 아가페 출판사에 의해 계속 출간되고 있다.

(11) The Word Biblical Commentary. (Waco: Word, 1982-).

본 주석 총서는 신구약 52권으로 계획되어 있으며 구약은 제 1권부터 제 32권까지이며, 신약은 제 33권 (마태복음)부터 제 52권까지 출판하도록 계획되어 있다. 본 주석 총서는 세계 각국에서 봉사하고 있는 학자들이 참여하여 원문의 뜻을 자세히 밝히려고 노력했고 최근의 문헌을 광범위하게 활용했다. 본서는 성경을 심각하게 연구하려는 성경 학도들에게 많은 자료를 제공해 주는 주석서 이다. 본 주석 총서 중의 몇 권은 이미 그 가치를 인정받고 있다. 그러나 목회자들이 한 가지 주목해야 할 사실은 본서가 복음주의적인 주석서라고 알려져 있지만 저자들 모두가 다 복음주의적인 입장에 서 있는 학자들이 아니며 어떤 학자는 복음주의라는 개념을 최대한 확대시켜 이해할 때 그 속에 포함될 수 있는 정도이다. 목회자들은 본 총서를 활용할 때 각 권의 신학적 입장을 여과시킨 후 조심스럽게 사용해야 할 것이다.

(12) 『박윤선 주석 총서』. 서울: 영음사, 1955-1979.

본 주석 총서는 구약 12권과 신약 8권으로 되어 있는 방대한 주석서 이다. 본 주석 총서는 언어에 탁월한 저자가 독일 서적, 화란어서적, 영어 서적 등을 광범위하게 참조하면서 성경 본문을 복음주의적이고 개혁주의적으로 주해한 주석서이다. 특히 본서는 저자의 깊은 명상과 기도를 통해 얻어진 내용들이 많은 지면을 차지하고 있다. 한 가지 부족한 점은 때때로 어떤 구절이 다루어져야 할 만큼 충분히 다루어지지 않았다는 점과 설교 부분에서 때때로 풍유적인 해석이 도입된 것이다. 본 총서는 신학적인 일관성과 경건성으로 인해 목회자의 설교 준비에 크게 기여할 수 있는 주석서 이다.

(13) 『이상근 신약 주석 총서』.서울: 총회 교육부,

1961-1975.

본서는 성경 본문을 주해 할 때 여러 가지 견해를 제시하고 그 중에서 저자가 본문의 뜻에 가장 가깝다고 생각하는 견해를 지적해 준다. 목회자는 설교 준비할 때 어떤 구절에 대한 다양한 견해를 본서를 통해 쉽게 접할 수 있다. 그러나 한 가지 부족한 점은 요약은 잘 되어 있지만 본문에 대한 통찰력은 돋보이지 않는다는 것이다. 하지만 한국의 목회자들은 박윤선 주석 총서와 함께 본서를 가깝게 활용해야 한다고 생각된다.

2) 각 권으로 된 주석

(1) 마태복음

▶ Broadus, J.A. Commentary on the Gospel of Matthew. Philadelphia: American Baptist Publication Society, 1886.

본서는 거의 1세기 전에 출판되었지만 좋은 주석이 얼마나 오랫동안 살아남을 수 있는지를 보여주는 주석이다. 저자는 교부들과 중세시대의 학자들을 많이 인용했다. 어떤 이는 본서의 특정한 구절의 해석(예, 마 24장)에 대한 의견을 같이 할 수 없을는지 모르지만, 일반적으로 본서의 주석은 정확한 편이다. 목회자들이 마태복음 연구에서 많은 도움을 얻을 수 있는 귀한 주석이다.

▶ Bruner, F.D., The Christbook: A Historical Theological Commentary. Waco: Word, 1987, 1990.

본서는 2권으로 구성되어 있다 (Vol.1: 마 1-12; Vol.2: 마 13-28). 본서는 유익한 신학적인 논의가 많이 담겨 있지만 모든 사람이 다 저자의 견해를 받아들일 수는 없다. 어떤 본문의 주해는 너무 임의적인 경우가 있다. 본서에서 목회자는 실제적으로 유용한 노트를 많이 찾을 수 있다.

▶ Carson, D. A. "Matthew," Expositor's Bible Commentary, Vol. 8. Grand Rapids: Zondervan, 1984.

본서는 학문적으로 충실할 뿐만 아니라 실제에 필요한 노트가 많이 있는 유용한 주석서 이다. 본서의 저자 칼슨 박사의 해박한 지식을 접할 수 있는 주석서이다. 본서는 목회자들의 설교 준비에 큰 기여를 할 것이다.

▶ Davies, W. D. and Allison, Dale C. The Gospel According to Saint Matthew (ICC). vol.1-3. Edinburgh: T & T Clark, 1988, 1991.

본서는 세 권으로 된 방대한 주석서이다. 제 일 권은 서론과 마태복음 1장 - 7장까지를 다루었고, 제 이권은 마태복음 8장 - 18장까지를 다루었다. 그리고 마지막 부분인 제 삼권은 마태복음 19-28장까지의 주석과 마태복음의 신학 그리고 초대 기독교 발전에 있어서 마태복음의 위치와 역할을 다루었다. 저자들은 1권, 2권, 3권을 마 1장 - 7장, 마 8장 -18장, 그리고 마 19장 - 28장으로 구분한 것은 어떤 신학적 원리에 근거한 것이 아니요 순전히 편의에 의한 것임을 밝히고 있다.

본서는 그 방대함이 보여주듯이 마태복음의 본문을 자세하게 주석해 준 점은 칭찬을 받아 마땅하고 독자들에게 많은 자료를 제공하고 있지만, 반면 그 방대함이 저자인 마태의 논의를 흐리게 하는 단점을 가지고 있다. 본서는 과격한 비평적 입장을 취하지는 않았지만 어떤 본문의 해석은 복음주의자들이 받을 수 없는 입장을 취하고 있다(예 마 1:18 해석). 독자들은 본서를 참고할 때 저자들의 신학적 입장을 여과시켜 사용하면 상당한 유익을 얻을 수 있으리라 사료된다.

▶ Gundry, Robert. H. The Gospel According to Matthew. Grand Rapids: Eerdmans, 1981.

본서는 편집 비평의 입장에서 성경 본문을 관찰했다. 그러므로 마태복음의 문헌적인 부분과 신학적인 부분에 자극적인 노트가 자주 나타난다. 목회자들이 설교 준비를 할 때 약간의 도움은 받을 수 있겠지만 크게 기대할 수는 없을 것이다.

▶ Ridderbos, H. Matthew. Bible Student's Commentary. Grand Rapids: Zondervan, 1987.

본서는 개혁주의적인 입장에서 본문을 간략하면서도 명백하게 주해 해준 주석서이다. 저자는 깊은 신학적 통찰력으로 일관되게 개혁주의 입장에서 본문을 해석하고 있다. 목회자는 본서에서 성경 본문의 의미가 무엇인지를 찾는 데는 도움을 받을 수 있지만 오늘날 삶에 필요한 실제적인 적용은 자신이 해야 할 것이다.

(2) 마가복음

▶ Cranfield, C.E.B. The Gospel According to St. Mark. Cambridge University, 1963.

헬라어의 본문을 자세하게 해석해 놓은 주석서 이다. 본서는 신학적인 내용을 통찰력 있게 다루어 주었다. 신학적인 입장은 철저한 복음주의가 아니기 때문에 독자들이 신학적인 입장을 여과시켜 사용해야 할 것이다.

▶ Lane, W. The Gospel According to Mark (NICNT). Grand Rapids: Eerdmans, 1974.

본 주석서는 복음주의 입장을 대표하는 작품으로 철저한 연구를 통해 본문을 주석해 주었기 때문에 목회자들에게 크게 유익을 줄 수 있는 주석서 이다. 특히 마가

복음에 관한 역사적인 정보를 얻을 수 있고, 신학적인 통찰력도 칭찬 받을 만하다.

(3) 누가복음

▶ Ellis, E. E., The Gospel of Luke (NCB). Grand Rapids: Eerdmans, 1981.

본서는 성경 구절의 배경과 목적을 잘 설명해 주었기 때문에 그 부분에 대한 유용한 자료를 제공해 준다. 그러나 본서는 구체적인 구절을 설명하는데 있어서는 깊이 있게 다루지 못한 약점을 가지고 있다.

▶ Marshall, I.H., Commentary on Luke (NIGTC). Grand Rapids: Eerdmans, 1978.

헬라어 본문을 비교적 철저하게 주석하고 있으나 누가복음 전체를 꿰뚫고 있는 신학적인 흐름을 잡아 주지 못하고 있다. 본서는 최근의 자료들을 활용하여 본문을 복음주의적 입장에서 광범위하게 접근하고 있다. 본서는 목회자에게 설교 재료를 직접 제공하기보다 강해 설교를 위한 기초 자료를 제공해 주는 역할을 한다. 성경 본문에 대한 지식이 없는 목회자는 큰 도움을 받을 수 없는 주석서 이다.

▶ Plummer, A. A., A Critical and Exegetical Commentary on the Gospel According to St. Luke (I.C.C.). Edinburgh: T & T Clark, 1922.

비교적 오래된 주석서이지만 아직도 유용한 자료를 얻을 수 있는 주석서이다. 본서는 많은 다른 주석서들의 등장으로 이전의 평판을 잃어가고 있기는 하지만 다른 I.C.C. 주석서들보다 신학적으로 더 보수적인 입장에서 본문을 주해해 준 주석서이다. 독자들은 본서에서 경건한 통찰력을 얻을 수 있을 것이다.

(4) 요한복음

▶ Barrett, C. K., The Gospel According to St. John. Philadelphia: Westminster, 1978.

헬라어 본문을 근거로 주석한 주석서이지만 많은 부분에서 진보적인 논평을 찾을 수 있다.

본서의 저자는 요한복음이 역사적 사실을 전달한다고 믿지 않는다. 특히 저자는 수난 이야기의 역사성을 수용하지 못한다. 하지만 본서를 여기서 소개하는 이유는 본서가 요한의 신학을 깊이 있게 제시해 주고 있기 때문이다. 목회자는 본서의 신학적 입장을 분별하면서 본서를 설교에 활용해야 할 것이다.

▶ Carson, D.A. The Gospel According to John. Grand Rapids: Eerdmans (Leicester: IVP), 1991.

본서는 최근의 자료들을 잘 활용하여 본문을 주석해 주었다. 본서의 저자는 성경 본문을 비교적 평이하게 주해해 주었다는 점에서 쾌거를 이루었다고 말할 수 있다. 본서의 여러 곳에서 필자로서의 칼슨 박사의 탁월함을 만날 수 있다. 뿐만 아니라 저자는 적절한 대목에서 요한복음의 신학적인 문제를 언급해 줌으로 목회자들에게 큰 도움을 주고 있다.

▶ Lindars, Barnabas. The Gospel of John (NCBC). Grand Rapids: Eerdmans, 1981.

본서는 비교적 간략하게 본문을 해석해 주었다. 그런 이유로 본서를 더 광범위하고 철저하게 본문을 다룬 다른 주석서와 비교할 수는 없다. 그러나 본서는 간결한 저술의 모범이 되는 주석서이며 목회자의 설교 준비에 약간의 도움을 준다. 본서의 신학적 입장은 비교적 복음적이지만 때때로 복음주의적인 목회자들은 어느 구절 해석에서 신학적인 긴장을 느끼게 될 것이다.

▶ Morris, Leon, The Gospel According to John (NICNT). Grand Rapids: Eerdmans, 1971.

본서는 보수주의적인 입장에서 저술한 모범적인 주

석이라고 할 수 있다. 본서는 예수의 사역의 역사성을 인정하면서 요한복음 본문을 백과사전 적으로 해석해 주었다. 본서는 바렡트(C.K. Barrett)처럼 요한복음의 신학에 대해서는 깊이 있게 다루지 않지만 요한복음의 신빙성과 역사성을 인정하고 있다. 그리고 본서의 주(註)는 많은 신학적 자료의 전시장과 같은 역할을 한다.

▶ Ridderbos, Herman. The Gospel of John: A Theological Commentary. Grand Rapids: Eerdmans, 1997.

본서는 리델보스(Ridderbos)가 그의 학문 생활의 성숙기에 심혈을 기울여 저술한 귀한 주석이다. 본서는 요한복음에 사용된 단어와 구절들을 하나씩 설명하지는 않았지만 넓은 구절들을 근거로 신학적 관점에서 다루어 주었다. 따라서 목회자들은 본서를 통해 요한복음에 흐르고 있는 신학의 맥을 점검할 수 있다. 리델보스의 다른 저작물이 그러하듯이 본서도 요한복음 연구에 없어서는 안 될 중요한 주석이다.

▶ 박형용, 『사복음서 주해』. 수원: 합신대학원출판부, 1994/2009/2015.

본서는 예수님의 선재에서부터 승천에 이르는 사건

들의 내용을 사복음서로부터 발췌하여 해당되는 구절들을 주석한 주해서이다. 본서는 정상적인 의미에서 사복음서 각 권을 주해한 주석서는 아니다. 본서는 사복음서에 기록된 예수님의 행적들을 중복을 피하면서 예수님의 생애의 흐름을 따라가도록 계획된 주해서이다. 그러므로 본서의 장점은 흔히 사복음서 기록의 중복과 배열의 차이 때문에 오는 혼란과 지루함을 피하고 예수님의 생애에 맞추어 일목요연하게 사복음서를 이해할 수 있다는 점이다. 본서는 저자가 목회현장에서 설교에 대한 압박감을 체험한 후 목회자들이 체험할 같은 압박감을 조금이라도 해소시키는데 도움을 주기위해 고안된 해석서이다.

(5) 사도행전

▶ Bruce, F.F. Commentary on the Book of Acts (NICNT). Grand Rapids: Eerdmans, 1962.

브루스(Bruce)는 두개의 사도행전 주석을 썼다. 하나는 헬라어 원문을 중심으로 쓴(증보판 I.V.P., 1991)이며, 본서는 헬라어를 참고하고 집필했으나 영어 독자들을 의식하고 집필한 주석서 이다. 브루스(Bruce)의 저작이 항상 그러듯이 본서는 많은 자료를 활용하여 본문을 주해해 주었기 때문에 목회자들에게 유익하지만, 사도행전 전체를 꿰뚫는 사상의 진전을 명쾌하게 보여주지 못하고 있다. 본서의 신학적 입장은 보수주의적인 입장에서 기록되었다.

▶ Harrison, E. Acts: The Expanding Church. Chicago: Moody Press, 1975.

저자는 본서의 제목이 암시하고 있는 것처럼 본서를 주해할 때 초대 교회가 어떻게 확장되었는지에 대해 관심을 보여준다. 저자는 사도행전 1:8에 제시된 대로 복음이 예루살렘과 온 유대와 사마리아와 땅 끝까지 전파되는 사실을 다루어 주고 있다. 따라서 본서는 다른 주석서에 비해 구절구절의 해석이 충분하지는 못하지만 신학적으로 건전하고, 간결하기 때문에 목회자들에게 유익을 주는 주석서 이다.

▶ Longenecker, Richard N. "Acts," The Expositor's Bible Commentary. vol. 9. Grand Rapids: Zondervan, 1981.

본서는 Expositor's Bible Commentary 주석 총서 가운데 가장 좋은 것 중의 하나로 인정받는 주석서 이다. 본서는 본문의 의미와 역사적 배경을 철저하게 연구한 후 주석한 주석서이기 때문에 사도행전에 관한 역사적 자료와 신학적 입장을 이해하는데 크게 도움을 준다. 목회자들이 설교 준비를 하거나 사도행전을 가르치는데 본서를 통해 큰 유익을 얻을 수 있다.

▶ Marshall, I.H. The Acts of The Apostles (TNTC). Grand Rapids: Eerdmans, 1980.

　　본서는 복음주의적 입장에서 저술된 주석서로 많은 유용한 자료를 제공해 준다. 본서는 최근의 연구 자료들을 활용하면서 본문을 주해해 주었기 때문에, 목회자들이 설교 준비를 할 때 또 사도행전 연구를 할 때 필요한 자료들을 제공받을 수 있다. 본서는 비전문가적인 독자도 읽는데 큰 부담을 갖지 않도록 기록되었다.

▶ Stott, John, The Spirit, the Church, and the World. Downers Grove: IVP, 1990.

　　저자는 본서를 그 자신의 특유의 방법으로 평이하게 기록해 주었다. 성령께서 초대 교회를 사용하여 복음을 땅 끝까지 전파한 사실을 염두에 두고 사도행전 본문을 주해해 주었다. 목회자들은 본서에서 성령의 사역에 관한 바른 입장과 건전한 신학적 입장을 접하게 된다. 본서는 사도행전 연구를 위해 꼭 필요한 주석서 중의 하나이다. 목회자들이 설교 준비를 할 때 많은 유익을 얻을 수 있는 주석서 이다.

▶ 박형용, 『사도행전 주해』. 서울: 성광문화사, 1981/수원: 합신대학원출판부, 2003/2007/2012.

본서는 사도행전 본문을 구절구절 주해하지는 않았지만 사도행전 전체의 흐름을 일목요연하게 설명해 놓은 주해서이다. 본서는 사도행전 1:8의 구조에 따라 복음이 예루살렘에서 땅 끝까지 확장되어 가는 모습을 독자들에게 밝힌다. 본서의 전반부는 열두 사도 중심으로 복음이 예루살렘에서 사마리아까지 전파되는 상황을 다루었고, 본서의 후반부는 바울 사도 중심으로 복음이 땅 끝까지 전파되는 상황을 다루었다. 독자들은 본서를 통해 누가의 사도행전 기록 목적과 교회의 설립, 성령의 계속적인 사역, 그리고 복음 전파를 통한 하나님 나라의 확장에 대한 자료들을 접하게 될 것이다.

(6) 로마서

▶ Barth Karl, The Epistle to the Romans. Oxford: Oxford University Press, 1968.

칼 바르트가 자유주의로 부터 분리한 것을 극명하게 보여주는 주석서 이다. 신학적으로 풍요한 내용을 담고 있으나 그 신학적 입장은 신정통주의 입장에 서 있다. 발트의 로마서 주석은 때때로 바울의 사상을 이해하는 데 도움이 되기도 한다. 하지만 발트의 주석은 신정통주의 신학을 전제하고 주석한 것이기 때문에 우리들이 모든 부분을 그대로 수용할 수는 없다. 발트가 설명하는 로마서의 중심 사상은 로마서를 연구하려는 성경 학도들에게 큰 도전과 유익을 준다. 그러나 본서는 일반 목회자들의 설교 준비에는 큰 도움을 주지 못하리라 생각된다.

▶ Morris, Leon, The Epistle to the Romans. Grand Rapids: Eerdmans(Leicester: IVP), 1988.

본서는 복음주의적인 저자가 은퇴한 이후 심혈을 기울여 저술한 주석이다. 모리스(Leon Morris)는 그가 신학을 가르치거나 강연을 할 때 로마서를 많이 참조했지만 은퇴할 때까지는 로마서 주석을 집필하지 않았다. 이 사실은 저자가 평생토록 축적한 신학지식을 총동원하여 본서를 집필했다는 것을 증거하고 있다. 저자는 본래 복음주의 입장에서 신학을 정립한 분이다. 그의 신학 입장은 로마서 본문을 해석하는데 많은 영향을 미치고 있다. 저자는 헬라어 본문의 뜻을 가능한 쉽게 독자들에게 전달하려고 노력했다. 저자는 중간 중간에 로마서의 신학적인 주제들, 즉 "하나님의 의," "로마서 내의 율법관," "칭의," "심판" 등을 심도 있게 다루어 독자들의 로마서 이해를 돕고 있다. 목회자들은 본서를 통해 많은 자료를 얻게 될 것이다.

▶ Murray, J. The Epistle the Romans (NICNT). Grand Rapids: Eerdmans, 1973.

　　본서의 저자는 개혁주의 입장의 조직신학자이다. 본서는 각 구절을 자세하게 다루어 주었으며 본 주석 전체에 개혁주의적인 신학 입장이 일관되게 나타나고 있다. 본서는 본서가 포함되어 있는 주석 총서 (NICNT) 중에 가장 그 가치를 인정받는 주석서 이다. 목회자들은 본서를 통해 좋은 주석이 어떤 종류의 주석이 되어야 한다는 것을 알게 된다.

▶ Sunday, W., and Headlam, A. A Critical and Exegetical Commentary on the Epistle to the Romans (ICC). 5th ed. Edinburgh: T and T. Clark, 1902.

　　본서는 비록 오래된 주석서이지만 무미건조한 주석서는 아니다. 문법적인 문제에 있어서 본서의 예리한 통찰력이나 신학적 논의는 독자들에게 흥미를 돋우어 준다. 본서는 보수주의적인 신학 입장에서 본문을 주해해 주었다. 목회자들은 본서에서 설교 준비를 위한 많은 자료를 얻을 수 있을 것이다.

▶ Wilson, G. B. Romans. The Banner of Truth Trust, 1969.

　　비교적 간략한 주석서이지만 목회자들의 설교 준비와 로마서 연구에 유익을 주는 주석이다. 본서의 저자는 분명한 개혁주의적인 입장에서 로마서의 각 구절들을 해석해 주었다. 로마서의 내용을 개혁주의적인 입장에서 개괄적으로 이해하기를 원하는 독자는 이 책에서 큰 도움을 받을 수 있을 것이다.

(7) 고린도 전후서

▶ Bruce, F.F. First and Second Corinthians (NCB). London: Oliphants, 1971.

본서는 간략하면서도 읽기 쉽게 기록한 주석서이다. 본서는 적은 지면 내에서 주석서가 이룰 수 있는 하나의 모델과 같은 주석이라고 할 수 있다. 본서의 저자는 간략하게 본문을 주해했지만 논쟁적인 주제를 다루는 데(예: 은사의 문제) 지혜를 발휘해 주었다.

▶ Fee, Gordon D., The First Epistle to the Corinthians (NICNT), Grand Rapids: Eerdmans, 1991.

본서는 흐로샤이데(F.W. Grosheide)의 Commentary on the First Epistle to the Corinthians (NICNT)대신 N.I.C.N.T. 총서의 고린도전서 주석으로 출판되었다. 본래 흐로샤이데(Grosheide)의 주석이 1953년에 출판되었기 때문에 시간의 흐름이 가져다주는 약점을 가지고 있었다. 그러나 독자들이 기억해야 할 것은 흐로샤이데(Grosheide)의 주석은 탁월한 주석이었고 개혁주의 입장에서 본문을 주석해 준 믿을만한 주석이었다.

피(Fee)의 주석은 약 40여 년간의 학문적 발전을 사용할 수 있었다는 점에서 그 가치를 인정할만하다. 피(Fee)의 『고린도 전서 주석』은 880페이지에 달하는 방대한 역작일 뿐만 아니라 주(註)에 나타나는 여러 가지 자료는 목회자들과 독자에게 많은 자료와 통찰력을 제공해 준다. 저자는 본서에서 바울이 고린도전서를 기록할 당시의 역사적 상황을 재조정하고 그 역사적 상황을 근거로 일관된 전망으로 본문을 해석해 주었다. 그리고 저자는 본문의 말씀이 오늘날 성도들과 교회의 삶에 어떻게 적용되어져야 하는지에 대해서도 적절한 말을 잊지 않았다. 저자가 오순절파에 속한 복음주의적 학자이기 때문에 어떤 성경 구절해석은 오순절파의 전통을 따랐지만(예, 고전 14:1-5 해석 참조) 결코 과격하거나 감정에 의존하거나 하지 않고 학자적인 판단에 근거하여 본문을 해석해 주었다. 목회자들과 독자들은 본서에서 많은 자료와 귀중한 요점을 제공 받을 수 있을 것이다. 본서는 앞으로 수년간 귀중한 고린도전서 주석으로 그 위치를 인정받게 될 것이다.

▶ Hughes, Philip E. Paul's Second Epistle to the Corinthians. Grand Rapids : Eerdmans, 1962.

본서는 저자의 해박한 학문이 반영된 주석서 이다. 저자는 헬라 원어의 뜻을 찾아 본문을 해석했다. 본서는 휴즈(Hughes)의 섬세한 학문적 경향이 드러나 있는 주석서이다. 그러므로 독자들은 본서에서 사려 깊고 믿을 만한 자료를 많이 제공받지만 읽는 데는 약간 지루함을 느끼게 된다. 본서의 신학적 입장은 복음주의적이다.

▶ Robertson, A. and Plummer, A. A Critical and Exegetical Commentary on the Epistle of Paul to the Corinthians (ICC). Edinburgh: T and T Clark, 1911.

본서는 긴 역사를 가지고 있지만 아직도 목회자들에게 큰 유익을 주는 주석서 이다. 본서가 포함되어 있는 총서(ICC)의 다른 주석서와는 달리, 본서는 주석으로서의 제자리를 차지하고 있다. 주석의 내용은 비교적 믿을 만하고, 간략하며, 유익한 통찰력을 제공해 준다.

▶ 정규남, 『고린도전서 강해』. 서울: 엠마오. 1994; 『고린도후서 강해』. 서울: 엠마오, 1994.

본서는 아세아연합신학원 부총장을 역임하시고 현재는 광신대학교 총장이신 정규남 박사가 충현교회에서 장년 성경공부를 인도할 때 사용한 자료를 종합 정리하여 출판한 강해서로 아주 평이하게 기록해 주었다. 하지만 본서가 출판되기까지의 그 기원의 특성 때문에 본서는 고린도전후서의 내용 개괄을 위해서는 유익하지만 심오한 신학적인 설명은 기대할 수 없는 강해서이다.

(8) 갈라디아서

▶ Bruce, F.F. A Commentary on Paul's Epistle to the Galatians (NIGTC). Grand Rapids: Eerdmans, 1982.

본서는 금세기의 바울 연구가인 저자에 의해 집필된 훌륭한 주석서 이다. 저자는 헬라어 원문을 해석하면서 가능한 많은 자료들을 활용해 주었고, 신학적인 논쟁도 저자의 특유의 필치로 읽기 쉽게 기록해 주었다. 때로 독자들은 특정한 주제에 대해(율법과 은혜의 관계 등) 더 충분한 논의를 요구할 수 있지만, 본서는 헬라어를 아는 목회자들에게 유익을 주는 책이다. 본서는 앞으로 표준적인 역할을 할 주석서 이다.

▶ Lightfoot, J.B. St. Paul's Epistle to the Galatians. Grand Rapids: Zondervan, 1971.

비교적 오래된 주석서이지만, 본서는 갈라디아 주석

으로서 제자리를 지키고 있다. 본서는 보수주의적인 신학 입장으로 본문을 주해해 주었다. 본서의 본문 해석은 철저하고 건전하기 때문에 목회자들에게 많은 유익을 제공해 준다.

▶ Skilton, John(ed). Machen's Notes on Galatians. Philadelphia: Presbyterian and Reformed Publishing Co., 1972.

본서는 메이첸(Machen) 사후에 그의 후계자인 스킬톤(Skilton) 박사에 의해 편집된 것이다. 물론 본서가 전통적인 의미의 주석서는 아니지만 독자들은 본서를 통해 주석은 어떻게 하는 것이며, 어떻게 현대 상황에 적용할 수 있는지를 배울 수 있다. 본서는 철저한 개혁주의 입장에서 기록된 책으로 아직도 목회자들에게 유익을 줄 수 있는 책이다.

(9) 에베소서

▶ Stott, John, God's New Society. Downers Grove: I.V.P. 1980.

아가페출판사에 의해 『하나님의 새로운 사회』로 번역 출판되었다, 본서는 에베소서의 본문을 깊이 있게 주해하면서도 평이하게 기록해 주었다. 목회자들에게 교회가 어떤 공동체이며 어떤 일을 해야 할 공동체인지 분명하게 보여주는 책이다. 목회자들은 설교 준비를 할 때 본서에서 많은 도움을 받을 수 있을 것이다.

▶ Wilson, Geoffrey B., Ephesians. Carlisle: The Banner of Truth Trust, 1978.

본서는 비교적 간략한 주석(143페이지)이지만 에베소서의 내용을 쉽게 일별할 수 있다는 점에서 장점이 있다. 저자는 에베소서의 본문 연구를 철저히 한 후 자신이 어려운 부분을 소화시켜 글로 표현할 때는 독자들이 부담을 갖거나 실증나지 않도록 전달했다. The Banner of Truth Trust에서 발간하는 책들이 항상 그러하듯이, 본서도 신학적으로 믿을만하고 유용한 많은 자료를 제공하는 귀한 책이다.

▶ 박형용 『에베소서 주해』, 수원: 합동신대원출판부, 1998/2006.

저자는 본서에서 교회의 중요함을 명백하게 밝힌다. 하나님이 아들을 희생시킨 것도 교회를(믿는 성도들) 이루기 위함이요, 하나님의 구원 계획을 널리 전파할 책임도 교회가 가지고 있음을 밝힌다. 저자는 하나님께서 교회를 중심으로 역사를 진행시키고 있음을 밝힌다. 저자는 개혁주의적인 입장에서 성경 본문을 주석해 주었다. 목회자들은 본서에서 에베소서의 신학적 흐름과 에베소서의 내용을 비교적 자세하게 접할 수 있으리라고 본다.

(10) 빌립보서

▶ Hawthorne, G. Philippians (WBC), Waco: Word, 1983.

요즘 저자의 활동이 두드러지기 때문에 저자에 대한 평가가 긍정적으로 나타난다. 하지만 본서는 복음주의 입장에서 기록되지 않았고, 어떤 구절의 해석은 납득이 가지 않는 해석을 포함하고 있다(예, 빌 1:27-30). 하지만 최근의 문헌들을 많이 활용했기 때문에 독자에게 유용한 자료를 제공해 주는 주석서 이다.

▶ Martin, Ralph P. Philippians (NCBC). Grand Rapids: Eerdmans, 1976.

저자는 최근의 문헌들을 활용하여 보수주의적인 신학 입장으로 대부분의 본문을 주해해 주었다. 그러나 본서의 저자는 때때로 보수주의적인 신학 입장에서 멀어진 경우도 나타낸다(예, 빌립보서 내의 찬송 이해). 비교적 간략한 주석서이지만 유익한 자료를 많이 제공해 준다.

▶ Silva, Moisés, Philippians (Baker Exegetical Commentary on the New Testament). Grand Rapids: Baker, 1992.

실바(Silva)의 빌립보서 주석은 호손(Hawthorne)의 주석의 약점을 보완해 주고 있다. 저자 자신도 호손(Hawthorne)을 자주 인용하면서 호손(Hawthorne)이 잘못 해석한 부분을 지적하고 있다. 실바(Silva)의 주석은 저자의 해박한 어학 지식을 동원하여 성경 본문을 비교적 건전하게 해석해 주었다. 물론 저자가 모든 요점에 대해서 전통적인 입장을 지지하는 것은 아니지만 그런 차이는 성경해석상 있을 수 있는 부분들이다. 독자들과 목회자들은 본서에서 최근의 자료를 발견할 수 있고 많은 통찰력을 얻을 수 있을 것이다.

▶ 박형용, 『빌립보서 주해』. 수원: 합동신학대학원 출판부, 1997/2011.

본서는 예수 그리스도 안에 있는 성도의 삶이 기쁨의 삶이어야 하는 교훈을 빌립보서의 내용을 주해함으로 확인시켜주는 주해서이다. 구속 받은 성도는 영원한 생명을 보장받고 사는 사람들이며, 하나님 나라의 시민권을 소지한 사람들이다. 그러므로 본서는 빌립보서의 이 주제를 붙잡고 전체 본문을 주해하여 설교에 도움이 되도록 한 주석서이다.

(11) 골로새서, 빌레몬서

▶ Moule, C.F.D. The Epistle of Paul the Apostle to the Colossians and to Philemon (CGTC). Cambridge: Cambridge University, 1958.

본서는 비교적 간략한 주석이지만 헬라어 본문을 근거로 명료하게 본문을 설명해 준 주석서 이다. 본서는 목회자들의 설교 준비에 많은 자료는 제공하지 못하겠지만 골로새서와 빌레몬서의 기본적인 내용을 파악하는데 유익한 주석서 이다.

▶ O'Brien, Peter T. Colossians, Philemon (WBC). Waco: Word, 1982.

본서는 헬라어를 근거로 집필했지만 헬라어를 알지 못하는 독자들도 충분히 이해할 수 있도록 기록되었다. 본서의 설명은 철저하고 정확한 편이다. 본서는 유익한 참고문헌을 많이 제공해 준다.

(12) 데살로니가 전후서

▶ Bruce, F.F. 1 and 2 Thessalonians(WBC). Waco: Word, 1982.

본서의 저자 브루스(Bruce)는 원래 학문적으로 철

저하고 문헌들을 자세하게 다루는 학자이다. 따라서 본서의 경우 서론이나 본서의 배경, 그리고 책의 부기(附記)로 나오는 "적그리스도"(The Antichrist)의 설명은 대단히 유용하다. 본서는 읽기 쉽게 저술되었지만 신학적인 부분은 깊이가 결여된 부분도 있다. 목회자들의 설교 준비에 도움을 주는 주석서 이다.

▶ Marshall, I.H. A Commentary on the Epistles to the Thessalonians. Grand Rapids: Eerdmans, 1982.

본서는 목사들에게 유익한 주석서 이다. 본서는 어네스트 베스트(Ernest Best)의 주석(Black New Testament Commentary)을 근거로 그 이후 문헌들을 사용하여 논의를 전개한다. 저자는 대부분의 결론을 보수주의적으로 내린다.

▶ 벨드캄프, H.(이일호 옮김) 『데살로니가 전서 강해』.개혁주의신행협회, 1988.

그리스도의 재림을 기다리는 그리스도의 교회가 어떻게 살 것을 데살로니가서를 통해 제시하고 있는 강해서 이다. 본서는 구절구절 주석을 하지는 않았지만 데살로니가서의 전체 내용을 일목요연하게 볼 수 있도록 강해해 주었다. 목회자들이 설교 준비하는데 크게 도움을 주는 강해서 이다.

▶ 박형용, 『데살로니가전후서 주해』, 수원: 합신대학원
출판부, 2008.

　　본서는 고난 가운데 처한 교회가 어디에서 위로를
받을지를 극명하게 보여주는 주해서이다. 저자는 하나
님이 역사의 주인이시오 역사를 주관하고 계심을 확실
하게 믿고 구속역사를 시작하신 하나님이 역사의 종말
에 그를 따르는 백성들에게 완벽한 새로운 세상을 마
련해 주실 것임을 본서를 통해 제시한다. 그리고 예수
님의 재림을 고대하며 사는 성도들이 매일 매일 어떻게
살아야 할 것을 본문을 통해 설명한다. 본서는 저자가
직접 설교를 통해 본문 주해의 내용을 확인하면서 완성
한 주해서이기 때문에 목회자들의 설교 준비에 크게 도
움을 줄 것이다.

▶ 조병수, 『주해 데살로니가전서』, 수원: 합신대학원출
판부, 1998.

　　본서는 현재 합동신학대학원대학교 총장으로 봉사
하고 있는 조병수 교수가 수년전에 내 놓은 데살로니가
전서의 주해서이다. 본서는 비교적 쉬운 용어로 데살로
니가전서 전체의 내용을 난 하주 없이 풀어 준 주해서
이다. 목회자들은 본서를 통해 데살로니가전서의 내용

이해와 설교 준비를 위해 유용하게 사용할 수 있을 것
이다.

(13) 목회서신

▶ Kelly, J.N.D. A Commentary on the Pastoral
Epistles (HNTC). Grand Rapids: Baker, 1981.

본서는 목회서신 가운데 유익한 보수주의 주석 중의
하나이다. 본서는 그리스도의 피로 값 주고 산 교회를
섬기는데 있어서 필요한 지혜를 제공해 주는 주석서이
다. 저자는 전반적인 면에서 건전한 주석을 해 주었고
비평적인 입장을 잘 정리해 주었다.

▶ Guthrie, D. The Pastoral Epistles: An
Introduction and Commentary (TNTC). Grand
Rapids: Eerdmans, 1957.

본서는 목회서신의 내용을 차분한 방법으로 주해 해
준 주석서 이다. 주석의 내용이 깊이 있는 것은 못되지
만 본문을 간결하면서도 명료하게 주석해 주었기 때문
에 목회자들이 목회서신 내용을 이해하는데 큰 도움을
준다.

▶ Stott, John R.W. Guard the Gospel: The Message

of 2 Timothy. Downers Grove: IVP, 1973.

본서는 본서의 제목이 암시하고 있는 것처럼 디모데
후서의 구절구절을 주해한 책은 아니다. 본서는 전통적
의미의 "주석"도 아니요, 전통적 의미의 "설교집"도
아니다. 본서는 저자가 성경말씀을 통해 하나님이 오
늘도 말씀하신다는 확신아래 교회의 삶과 성장을 위해
필요한 디모데후서의 메시지를 요약적으로 제시해주고
있다.

(14) 히브리서

▶ Bruce F.F. The Epistle to the Hebrews(NICNT).
Grand Rapid : Eerdmans, 1964

본서는 히브리서 주석 중에 휴즈(Hughes)의 주석
과 함께 가장 좋은 주석이다. 주석의 내용이 분명하고
덧 부치는 설명도 유익하다. 독자들이 본서에서 유익한
많은 자료를 얻을 수 있다.

▶ Ellingworth, Paul, The Epistle to the
Hebrews(The New International Greek Testament
Commentary). Grand Rapids: Eerdmans, 1993.

본서는 N.I.G.T.C. 총서의 히브리서 주석으로 출
판되었다. 대부분의 NIGTC 총서의 성격이 성경 본문

의 신학적 의미를 제시하는데 그 원래 목적이 있기 때문에 본서도 현대 독자들을 위해 성경 본문을 주해했다고 하기 보다는 주해할 수 있는 근거를 제시했다고 할 수 있다. 그러므로 헬라어의 지식이 없는 사람은 본서에서 큰 유익을 얻을 수 없을 것이다. 그러나 본서는 최근까지의 자료를 총동원하여 언어학에 조예가 깊은 저자가 본문을 다루었기 때문에 히브리서 본문의 구조를 이해하는 데는 큰 유익이 되는 저서이다.

▶ Hagner, Donald A., Hebrews (New International Biblical Commentary). Peabody, MA: Hendrickson Publishers, 1990.

본서는 엘링워즈(Ellingworth)의 히브리서 주석(NIGTC)과 달리 히브리서 본문의 내용을 차분하게 주해해 주었다. 본서는 구절구절의 내용을 조심스럽게 주해해 주었고 중요한 단어의 의미와 히브리서에 나타난 중요한 개념들을 잘 설명해 주었다. 목회자들은 본서에서 많은 유익한 자료를 얻을 수 있으리라 사료된다.

▶ Hughes, P.E. A Commentary on the Epistle to the Hebrews. Grand Rapids : Eerdmans, 1977.

본서는 저자의 해박한 지식으로 초대 교회의 자료들을 동원하여 본문을 주해하고 있다. 특히 본서는 초대 교회 이래로 히브리서의 내용을 어떻게 주석했는지 알려주고 있다. 브루스(Bruce)의 히브리서 주석보다 신학적인 주제를 더 깊이 있게 다루었다. 본서는 목회자들에게 큰 유익을 주는 주석서 이다.

▶ 박형용, 『히브리서 주해』. 서울: 도서출판 햇불, 2003.

본서는 히브리서 저자가 기독교 교리를 사용하여 성도들에게 그리스도의 탁월성과 대제사장 되심을 강조하고 그리고 신약의 성도들은 구약의 성도들보다 더 나은 믿음의 삶을 살아야 함을 권면하는 주제의 흐름을 잡고 매 구절을 해석한 주석서이다. 주석 말미에 본문 비평의 문제 그리고 설교를 위한 노트를 넣음으로 목회자들에게 큰 도움이 되는 주석서이다.

(15) 야고보서

▶ Davids, Peter. A Commentary on the Epistle of James (NIGTC). Grand Rapids: Eerdmans, 1982.

본서는 헬라어 본문을 근거로 주석 했지만 읽는 데는 큰 문제가 없다. 전문적인 지식이 없어도 유익을 얻을 수 있는 주석서 이다. 본서의 저자는 야고보서의 배경을 A.D. 50-60로 잡고 지혜 문헌과 묵시 문헌이 야고보서에 어떤 영향을 미쳤는지를 잘 설명하고 있다. 독자들의 설교 준비에 유익한 자료를 제공해 주는 주석서 이다.

(16) 공동서신(베드로 전후서, 요 1,2,3서, 유다서)

▶ Stibbs, A.M. and Walls, A.F. The First Epistle of Peter (TNTC). Grand Rapids: Eerdmans, 1959.

본서는 비교적 오래된 주석서이지만 신학적으로 비교적 보수주의적이며 조심스럽게 베드로가 저자임을 증명한다. 본서는 본문을 주석 하면서 실제적인 자료들을 많이 제공해 주고 있다. 목회자들은 본서에서 설교 준비에 많은 유익을 얻게 될 것이다.

▶ Green, E.M.B. The Second Epistle General of Peter and the General Epistle of Jude (TNTC). Grand Rapids: Eerdmans, 1968.

본서는 베드로후서와 유다서의 배경을 잘 설명해 주고 있으며, 주석 부분은 유용한 내용을 많이 제공하고 있다. 본서는 베드로 후서가 베드로의 저작임을 힘 있게 증거하고 있다. 본서는 복음주의적인 입장으로 본문을 주해한 주석서이다.

▶ Marshall, I.H. The Epistles of John(NICNT).
Grand Rapids: Eerdmans, 1978.

본서는 최근의 문헌들을 활용하면서 읽기 쉽게 저술
한 주석서 이다. 저자는 문제가 되는 주제들을 균형 잡
힌 자세로 잘 다루어 주고 있다. 본서는 목회자들에게
유익을 제공해 주는 주석서 이다.

▶ Stott, J.R.W. The Epistles of John(TNTC).
Grand Rapids: Eerdmans, 1978.

본서는 요한서신의 주석으로 고전적이라는 평을 받
는 주석이다. 스톳트(Stott)의 주석이 항상 그러하듯이
본서의 내용은 충실하면서도 쉽게 본문을 풀어 준 주석
서이다. 본서는 목회자들이 설교 준비할 때 유용하게
쓸 수 있는 자료들이다.

▶ 이순한. 『공동서신 강해』. 서울: 한국기독교교육연구
원, 1993.

본서는 베드로전후서, 요한 1,2,3서, 유다서를 함
께 묶어 출판한 주석서 이다. 원래 제목이 『공동서신
강해』 이기 때문에 구절구절 주석에 충실하지 못할 것
처럼 생각되지만, 실상은 본문 주해에 많은 관심을 보
인 주해서이다. 본서는 학문적인 깊이는 보여주지 못하
지만 목회자들이 손쉽게 읽어 내려 갈 수 있는 책이다.

(17) 요한 계시록

▶ Hendriksen, W. More than Conquerors. Grand Rapids: Baker, 1975.

본서는 무천년설의 입장에서 계시록을 주해한 주석서 이다. 본서는 진지한 해석과 복음주의적인 열정이 복합되어 있기 때문에 보수주의 진영에서는 고전적인 주석서로 받아들인다. 계시록의 해석에 많은 이론이 있고 자칫 잘못 해석하면 이단으로 몰릴 수 있는데 본서는 계시록을 바른 신학 입장에서 주해해준 책이다. 본서는 목회자들의 설교 준비에 많은 유익을 주는 주석서이다.

▶ Ladd, G. E. A Commentary on the Revelation of John. Grand Rapids: Eerdmans, 1969.

본서는 천년전 재림설의 입장에서 본문을 주석한 주석서 이다. 훌륭한 신약학자인 래드 박사께서 계시록의 본문을 심도 있게 다룬 계시록 연구의 필독서이다. 하지만 독자들은 래드의 계시록 20장의 주석을 주의 깊게 관찰할 필요가 있다. 본서는 독자들에게 많은 정보를 제공해 준다.

▶ Mounce, R.H. The Book of Revelation (NICNT).

Grand Rapids: Eerdmans, 1977.

본서는 계시록 주석들 가운데 많은 유익한 자료를 제공하는 주석이다. 본서는 계시록 20:4-6의 천년을 문자적인 천년으로 받는다. 본서는 본문을 비교적 건전하게 주석해 주었고 많은 정보를 제공해 주기도 한다.

▶ Beale, G. K. The Book of Revelation (NIGTC). Grand Rapids: Eerdmans, 1999.

본서는 현재 미국 필라델피아 소재 웨스트민스터신학대학원(Westminster Theological Seminary)의 신약교수로 봉직하고 계신 빌(Beale)박사에 의해 집필된 주해서이다. 본서의 특징은 그동안에 계시록 분야에서 연구된 많은 저작들을 참고하여 본문의 내용을 비교적 자세하게 설명한 귀한 계시록 주석서이다. 본서는 신학적으로 건전하기 때문에 계시록을 연구하고 설교하는 학자들이나 목회자들이 안심하고 참고할 수 있는 주석서이다.

4. 마치는 말

전질로 된 주석류와 각 권으로 된 주석류를 가능한 많이 설명하려고 노력했다. 그래서 마치는 말은 간단히 기록하고자 한다.

목회자는 정규적으로 설교를 할 수 밖에 없다. 그리고 목회자를 긴장시키는 것은 설교의 회수가 생각보다 훨씬 많다는 사실이다. 그래서 목회자에게는 설교를 위해 자료가 충분히 있어야 한다. 우리는 모든 주석이 신학적으로 일치 하지도 않을 뿐만 아니라, 본문의 해석도 차이가 있음을 인정해야 한다. 그러므로 목회자는 어떤 한 주석이나 몇 개의 주석에 전적으로 의존할 수 없다. 단지 목회자는 여러 주석들을 참고하여 성경의 진정한 뜻을 찾아내야 한다. 목회자들은 개혁주의 신학적 입장으로 기록된 주석을 자신의 서재에 몇 권씩 소장하고 있으면 크게 유익을 얻을 수 있다. 그리고 다른 주석들은 자신의 결론이 너무 과격한 입장이 아닌지 확인하고 다른 사람들의 생각은 어떤 것이었는지를 참고하기 위해 필요할 수 있다.

여기서 필자가 도움을 받는 방법을 소개하고 마치고자 한다. 필자의 책상 옆에는 자료 철이 있다. 거기에 마태복음에서부터 계시록까지 성경 각권에 해당하는 서류철이 준비되어 있다(구약은 몇 부분으로 나누어 사용함). 필자가 성경을 묵상하거나 어떤 서적을 읽을 때 유용한 생각이 떠오르면, 그 내용을 곧바로 적어서 해당되는 서류철에 넣어 둔다. 마태복음의 서류철 속에는 마태복음에 관한 내용들이 모아져 있고, 계시록의 서류철에는 계시록에 관한 자료들이 모아져 있다. 필자가 설교를 준비할 때는 우선 본문을 여러 각도에서 묵상하고, 서류철에 모아진 자료를 참고하고, 그리고 설교의 윤곽이 어느 정도 잡히면 주석서를 참고한다. 그리고 필자는 설교의 내용을 한자 한자 완전하게 기록한다.

본 논문이 많은 목회자들에게 조금이라도 도움을 주었으면 한다.(*)